U0017217

# 自灰燼中綻放

## 一場名為八仙塵燃的震撼教育

財團法人賑災基金會——編著
張錦德、倪汝枋——撰文

# 目次

## Part 2

## 看見醫療團隊的努力

Part 3

八仙塵爆之後的省思

推薦序

# 用愛疼惜，守護未來

中央研究院院士
徐建仁

二〇一五年六月二十七日晚上八點半，新北市八仙樂園發生了台灣史上最嚴重的公共安全事件，造成四九九人遭受平均體表面積四十四%的燒燙傷。在這場重大公安災難中，台灣展現優異的救難應變能力與醫療實力，三%的死亡率遠低於國際預估的二十五%。

然而，大量燒燙傷患者以及怵目驚心的搶救現場，不僅讓國人留下難以磨滅的痛苦記憶，也敦促我們重新檢討如何強化緊急醫療與照護體系統的完整性與應變效率？如何配置、調度及應用傷者與家屬的復原後續支持？以確保未來發生類似意外時，能有理想的應變能力。

## 健全緊急醫療服務體系

由於傷勢嚴重者數量龐大，不是單一醫療院所能負擔，衛福部透過「區域緊急醫療應變災害中心」，整合北八縣市資源進行支援，使收治能量及救護車資源達到最大彈性應用；同時透過民間組織的協助，召募社工師及心理師，搭配中央與地方政府的社政體系，以「一案一社工，一案一關懷」的原則，積極協助傷者家庭走出傷痛陰霾，回歸社會生活日常。

針對這次重大公安事件，衛福部已很快全面檢討設備的維護與更新、人員的培訓與維持，並將「燒燙傷照護團隊運作」納入醫院評鑑的試評項目，以促使醫院完備燒燙傷重症處置能力。衛福部也開始推動國家型燒燙傷資料庫、補助醫護人員進修燒燙傷相關課程、培訓燒燙傷治療復健人才、強化燒燙傷病患復健及社區服務等工作，來提昇燒燙傷救護量能、強化大量傷患轉診制度，以及緊急醫療服務（EMS）系統。期使醫院及相關機構，能在第一時間提供傷患三項基本功能：緊急處置穩定生命跡象、傷患疏散分流、傷患收治或轉院，以降低災害的擴大。

## 燒燙傷醫療再定位

二〇一九年三軍總醫院成立了第一個「國家皮庫」，大體皮膚成為公共資產。衛福部宜參考專家建議，由醫界與政府共同研商，比照器官捐贈移植流程，將全國醫院納入國家皮庫，統一管理與分配大體皮膚，進而加入國際救援行列，與世界接軌。為了大幅提昇燒燙傷的急性後期照護，亦可參考歐美國家，研議設立「國家級創傷復健中心」，結合護理與復健專業團隊進行治療。針對此次八仙塵燃事件，新北市政府運用社會大眾善款以及「賑災基金會專案賑助經費」所成立的「六二七燒燙傷專案管理中心」，就運用心理治療與物理復健的配套服務，有效提昇傷者的復原程度與生活品質，減少家屬在照護上的困擾與無助。

燒燙傷病患的復健與照護相當繁複，影響傷患回歸社會的成果，由於燒燙傷案例不多，即使在醫學中心等級的醫院，燒燙傷專科病房並不多見，造成家屬在傷者照護上的困擾與無力感。若能以集中配套方式，進行中重度燒燙傷患者的復健照護，或許才能在兼顧營運成本與整體治療效果。

## 向傷者及家屬伸出友善支持的手

燒燙傷患者在手術完成後，必須在漫長的復健過程，承受刺骨的痛楚、龐大的費用、與沉重的照護需求，造成傷者及家屬的身心與經濟負擔。即使挺過身心痛苦回到社會，仍須承受異樣的眼光及身體功能的障礙。

非常感謝本書的受訪者願意現身說法，透過分享自己的經驗，讓社會大眾瞭解到他們所承受到的生命之重。希望所有讀者們在閱讀之後，能夠感受正向的生命力，產生同理心與包容心，一起支持傷者回歸社會。期許政府與民間，透過這堂四九九人的生命教育課程，共同檢視與改善我國的災難應預防措施、緊急醫療救護系統、大量傷患救援機制、與社會安全網絡。

陽光社會福利基金會、羅慧夫顱顏基金會等民間組織，長期推動臉部平權、消弭外表歧視的社會運動，他們所表達的社會關懷，就是對燒燙傷朋友們最大的支持。民應該努力為「礙」發聲，伸出友善的雙手，發揮支持的力量，給予傷者朋友更多的關懷與協助。

希望我們能從過去的災難記取教訓，多一分防災意識，多一分安全警覺，使類似「八仙塵燃」的悲劇不再發生。用寬廣的包容、支持與仁愛，對需要的人伸出友善之手，提升全民的防災意識，強化社會的防災韌性，許給台灣人民更安全、更平安、更美好的未來！

# 在傷痛與癒合的路上
## 八仙塵燃報告

賑災基金會

讓我們先來複習一些關鍵字。日期，二〇一五年六月二十七日；時間，晚上八點半。地點，新北市八里八仙樂園；事件，四十秒的火災；受傷，四九九人；死亡，十五人。平均燒燙傷面積，人體四十四％；死亡率，三％；傷者全數出院期間：一年。

回到六年前的仲夏之夜，當一道彩粉噴向舞台射燈時，灼熱的燈泡隨即將之點燃，粉塵瞬間焚燒蔓延。在短短四十秒中，現場的笑鬧聲轉為尖叫哭號，災難瞬間來臨。近五百位參加派對的年輕傷者，此後面臨漫長而艱辛的重建及復健過程。

八仙塵燃是台灣重大的公共安全災難，事故發生時，不僅舉國關心，也引起國際的注目。依當時的重傷比例及燒燙傷面積，外界原預估死亡率將達二十五％。在醫療團隊鍥而不捨的努力之下，在生與死的拔河當中，最終將死亡率壓低至三％，受到國際高度肯定，也成為第十一屆亞太燒傷會議的矚目焦點。

國人在這次事件中所展現出的相互關懷及整體應變能力令人感佩，最令人驚豔的則是醫療團隊的堅實實力。然而，在付出了這麼重大的社會成本之後，我們回頭審視這次事件，不禁要問：在這條傷痛與癒合的路上，我們學習到了什麼？

## 復原，不僅僅是手術成功

災難發生後，最直接面臨的問題是如何讓撐過死亡威脅的四八四位傷者重新回到社會。一般外科手術或許可以倚賴醫生的妙手來復原，然燒燙傷的治療絕非僅止於此，反而在手術完成之後，才是復原的開始。在漫無止境的復健之路上，傷者的復健必須在錐心刺骨的身體痛楚，與沉重的治療復健費用，及謹慎的照護之下進行，這些對傷者及家屬的身心經濟造成非常沉重的負擔。

出院後，復健、照護以及衍生問題，其實都是對於傷者與家人的層層考驗。而即令非常幸運地能夠在治療復健後順利回到社會，被火紋身後的外表往往容易引人側目，又或者是皮膚失去正常調節體溫功能，而使得對一般人來說再自然不過的流汗都變得艱難，種種的後遺症都會讓他們後續的路走得很辛苦。

但我們相信，傷痛總會癒合，或正在癒合。例如黃博煒，在當時傷者傷勢嚴重程度評估中被列為第一，燒燙傷面積達九十％以上，歷經截肢、復健，重入社會成為最嚴峻的考驗，而他克服了重重困難，活得積極樂觀；又或者像夢想成為模特兒的林佩璇，全身七十一％燒燙傷，引發敗血症致休克，搶救後導致腦葉受損退化，在家人照護陪伴之下，漸漸恢復到溝通無礙的程度。

還有更多年輕的、美好的堅忍面孔，他們的人生都是進行式，他們的未來也將繼續下去。

## 關鍵角色：緊急醫療服務系統的絕對重要性

悲痛以外，這次事件仍有其價值，那就是重新檢視、盤點我國的醫療資源分布。災難本身當然是讓人震驚與難過，唯一值得慶幸的是，災難發生在醫療資源最豐富的北部都會區，半小時車程內就有林口長庚醫院、馬偕醫院淡水院區、新光醫院等三個醫學中心等級醫院，且致災地點是在沒有密集外圍人潮的八里地區。設想這場災難如果發生在西門町或者信義特區，那麼災難現場恐怕不只是燒燙傷患者，還可能會產生人員踩踏奔逃的混亂場面。又或是發生在墾丁海邊、離島地區，傷者的後送與治療，會不會更加困難與費時？

我國的衛生福利部針對類似大量傷患產生早已研擬大量傷患轉診制度，而平常即已運作穩定的緊急醫療服務（EMS）系統——包括醫院、相關部門和機構——確實在第一時間提供傷患三個基本功能：緊急處置以穩定生命跡象、傷患疏散分流，以及傷患收治或轉院，成為這次災難發生後可以迅速從混亂中重新穩定狀況、降低災害風險發散的最主要原因。

但另一方面，儘管針對偏遠地區以及離島海域，我國早已建立行之有年的空轉後送遠距會診平台，只是，萬一發生類似的大量傷患傷亡事件時，現有的機制是否可以對應？又或者是否有其他支援性措施可以輔助？這些課題則是未來政府部門該進一步超前佈署的方向。同時，但凡設備的維護與更新，人員的培訓以及維持、其維運機制以及成本控制與經費來源，不僅是未來更加需要被重視的環節，亦考驗著政府主管單位的規劃能力。

## 做正確的事：建立國家級皮庫、研擬設立創傷復健中心可行性

同樣值得密切關注的，還有台灣燒傷暨傷口照護學會戴念梓理事長所提出的國家皮庫的功能強化構想。

自八仙塵燃事故後，醫界便極力建議政府儘速成立國家級皮庫。二〇一九年，第一家國家皮庫於三軍總醫院成立，可供移植的大體皮膚成為公共資產，大幅減輕了嚴重燒傷患

者的經濟壓力。但這只是跨出了第一步，未來是否可以如戴理事長所構思的將全國醫院都能納入國家皮庫的保護傘底下，還需要醫界與政府單位共同研商可行性。

這些等待馳援燒燙傷者的大體皮膚，如能比照器官捐贈移植流程，由國家皮庫統一管理分配，未來結合本次八仙塵燃事故的醫療經驗，在質與量皆穩定的情況下，可望加入國際救援的行列，讓台灣再度與世界接軌。

台大醫院林昀毅醫師所提出的國家級創傷復健中心，則是另一個著眼於大幅提升燒燙傷治療成效的急性後期照護概念。在事件之後，新北市政府運用社會大眾善款以及賑災基金會專案賑助經費所成立的六二七燒燙傷專案管理中心，直接運用市立聯合醫院的團隊與空間，透過雷射治療設備的引進與應用、心理治療以及物理復健的配套運作，有效地提升了傷者的復原程度與生活品質。同時，就近照護也減輕了家屬的負擔及壓力。

不過隨著三年專案的結束，專管中心隨之完成階段任務，卸牌熄燈。然而，一來仍有許多燒燙傷患者還需要進一步的治療，其次是這樣的照護確實可以大幅提升治療成果，一如長庚醫院楊瑞永醫師所說：「八仙塵燃的傷者都很年輕，我們把他治療好，不僅是救了一個人，也救了一個家庭，更救了一個社會。」如果未來能設立創傷復健中心，將會是燒燙傷患者乃至其他肢障病友家庭的一大福音。

燒燙傷醫療在我國僅屬整形外科的一部分，相較於歐美國家以專科甚至是結合護理師、復健治療的專業團隊方式進行治療，非常不同。造成此現象，很重要的原因在於燒燙傷病患在台灣其實相對不多，因此燒燙傷專科病房其實並不多見。因此不管是國家皮庫的積極運作議題，或者設立國家級創傷復健中心，其牽涉到的還有許多諸如經費來源、維護營運機制乃至於法令規範、收費計價等等的問題，都需要相關單位進一步地研議可行性。

即令如此，我們仍可以集思廣益，如何能在兼顧醫療營運順暢及社會健全照護的前提下，使得這項方案得竟全功。

## 感同身受：沒有人是完美的

除了醫療、復健以及緊急救護體制等議題以外，或許來自社會上異樣的眼光，是我們更需要投注理念倡議與良善呼籲的一環。現在是電子訊息川流不息的網路社會，無論是誰，都能輕易發表意見或者批判，快速、匿名、難以究責。當社會新聞報導傷者克服障礙、重入社會之時，我們常會在社群媒體或新聞網站的貼文中讀到毫無同理心的酸言冷語。又或者在公共場合，甚至職場，有良善的援手，也有冷漠的拒絕，甚至不公平對待，這些有形無形的歧視與惡意，往往使傷者的重生之路走來格外艱辛，甚至造成滿布瘡痍的心理創傷。

身體的傷看得見，會癒合；心裡承受的壓力及傷痛呢？社會難道沒有協助與維護的責任嗎？

一如陽光社會福利基金會、羅慧夫顱顏基金會等民間組織夥伴們長期推動臉部平權、消弭外表歧視的社會運動所想表達的，更多時候，我們對傷者最大的支持，便是來自於同理心。如果我們可以正確的認識到包含自己在內，沒有人是完美的，如果我們可以做到感同身受，人飢己飢，這樣的支持力量，更多時候比起經濟上的支援更能夠給予傷者朋友更多的支持與協助。

## 讓意外更有價值：二〇一五年六月二十七日這一天

事件發生時，八仙塵燃的受災者平均年齡只有二十二歲。二〇一五年六月二十七日以前，有人是游泳健將，有人是跆拳國手，有人懷抱著夢想要成為城市小姐，有人已經在成為音樂家的路上踏穩腳步，但一場塵燃卻將他們的人生規劃全部打亂，甚至必須永遠放棄原來的夢想。

然而，一扇門被關閉了，另一扇窗也隨之敞開。事發至今，不少新聞或網路媒體針對八仙塵燃的傷者做後續追蹤報導，我們可以看到，許多人不但勇於面對治療的痛苦，更進一步地將這些經驗轉化為助人的動力，並且以各自擅長的方向，或成為健身教練，或成為心理諮商師，也有以自己為例，鼓舞無論是甚麼原因而身處於逆境的人，永遠不要放棄自己。

也有仍在努力不懈，慢慢修復自我的。他們首先是堅韌的存活下來，再來克服肉體難忍的苦痛，過程之艱辛令人心疼，讓人想告訴他們，慢慢走，沒關係。除此之外，傷者家屬的支持與陪伴也是復原之路不可或缺的重大支柱。

二〇一五年六月二十七日這一天，八仙樂園中四九九人的人生受到了重擊，也是對社會大眾的當頭棒喝。這些年輕的傷者讓我們上了一堂沉重的生命教育課程，我們由衷的希望，在這堂課程之後，會讓我們學會用更寬廣包容的支持與愛互相扶持，並在檢視與反思中，將我們的緊急救護系統、大量傷患救助機制、社會安全機制等等，更加地完善。我們想得更周全，做得更多，終將讓這悲痛的一天更有意義，讓意外的發生更有價值。

在傷痛與癒合的路上，我們陪伴彼此前行，並期盼能在下一次意外來臨之前，做好準備。

# Part 1

# 傾聽傷患及家屬的故事

# 變調的歌繼續大聲唱
# 奇蹟男孩吳聲宏

塵爆後一年多，他開始用手機書寫來抒發情緒，創作了〈愛的分享〉這首歌。歌曲得獎，對他來說，不僅是鼓勵，也是契機，為他開啟人生的新方向。

在陽光社會福利基金會桃竹服務中心，吳聲宏雙手扶著助行器，用力從輪椅站起，緩緩挪步到體操床墊旁，以伏地挺身的姿勢趴上床墊，然後慢慢平舉左手。只見他身體不自覺地晃動，肌耐力似乎還是不夠。「四肢要輪流抬起，每次抬起要撐住十秒鐘。」陽光基金會社工師林志光表示，床上運動主要是訓練核心肌群，如果身體容易晃動，或是抬手時身體會偏向另一邊，就表示核心肌肉控制還要再加強。

隨著反覆練習，吳聲宏的身體趨向穩定，晃動的幅度也逐漸縮小，結果他一開心，竟

HE
DREAMER

然擺出ＹＡ的手勢，這一鬆懈，讓他又跌躺在床墊上。

對於很多八仙塵爆的傷患而言，床上運動並不陌生，這是他們出院後復健的日常。然而一直到了五年後的今天，吳聲宏還是必須得每天來到服務中心做床上運動。事實上，他剛開始用助行器練習站立、行走，也不過是二、三年前的事，比起其他傷患，足足落後一大步。

## 鬼門關前走一遭

「我只記得大概的情況，我在舞台後方，突然爆炸，發生火災，一群人狂飆，我也一直跑、一直跑，拖鞋都掉了，腳有著火的感覺。我先衝去廁所沖水，然後看到漂漂河，就直接跳下去了。」吳聲宏一個字一個字緩慢地說出記憶中的二〇一五年六月二十七日。當天他與表兄弟四人一起去八仙樂園遊玩，結果表哥沒事，表弟有輕微燒燙傷，而最嚴重的就是他。

很多新聞報導，吳聲宏原本已衝了出來，但是為了回頭救兩名孩童，結果造成全身六十五％的二至三度燒燙傷。對此，他表示完全沒印象：「是家人說是我說的，在急救處理傷口時，醫護人員要轉移注意力而跟我閒聊，然後他們又轉告給我的家人。嗯，我想最有可能是爆炸的瞬間，我抱著人逃離火災，而不是重回火場救人。」到底有沒有救兩位孩童，成了歷史懸案，若真有其事，他還是由衷希望他們平安。

這一晚他被送到台北聯合醫院中興院區後，起初還有意識，知道自己躺在病床一直等待，後來因為中興醫院沒有燒燙傷中心，二十九日趕緊轉院到衛生福利部桃園醫院，轉院後因為雙腿燒傷嚴重，院方立即進行筋膜切開手術，避免組織壞死，這之間他就沒有印象，陷入了昏迷。

再次醒來大約是九月底，已經是三個月後了，他的人生也徹底變了調。原來手術順利結束後，他被送往加護病房觀察，期間歷經了三次急救，還一度休克。「聽家人說，我瞳孔放大，身體一直晃動如同癲癇發作，對！不正常晃動，好像是因為胃出血，然後又緊急動了手術，氣切讓我呼吸。」

醫護人員全力搶救，終於在鬼門關前將吳聲宏救回，卻因為腦部短暫缺氧引起病變，而傷及腦部、中樞神經，使得運動和語言功能受損，症狀如同小腦萎縮症患者，頭部和身體會不自主的劇烈晃動，雙腳則是無法站立，並且有語言障礙等後遺症，必須靠藥物控制病情。

## 假的，一切都是假的

如同其他腦傷患者一樣，昏迷的時候完全沒有意識，連來探病的家人都不認得。當他有意識認出家人，已經是醒來後一陣子。雖說是認得家人，但很多事都記不起來，部分記憶喪失，反應也變慢。

「就……一切都是假的，沒什麼求生意志，對！」吳聲宏緩慢說出醒來時的第一個念頭，他認為很多事都很不符合現實。「全身包著紗布，臉、脖子上，多了鼻胃管、氣切管，完全認不出自己。像我的腳指甲，此後都不會生長，我就覺得很奇怪，可能受到的創傷打擊太大了吧！沒辦接受現實。對！所以覺得都是假的。」當時他完全不知道促使指甲生長的甲母質已經受損。

可能是腦部受創，也可能是嗎啡還停留在體內，這段期間他的精神狀況不佳，還會疑神疑鬼。「例如我會叫媽媽拿以前買過的東西來醫院，結果媽媽說已經丟掉了，那我就不記得那東西是不是真的丟掉？又感覺其實還在，是媽媽騙我，感覺是假的。對！就開始懷疑很多東西。」現實感的薄弱，甚至讓他懷疑人生而做了傻事。

住在普通病房期間，除了哥哥、姊姊幫忙照顧，家人也請了二十四小時的看護。有一天晚上，吳聲宏趁著看護洗澡，身旁沒人時，解開病床上的護欄，想讓自己從床上摔下來。

所幸這樁鬧劇最後是烏龍收場，他平白跌了一跤，反而驚動了家人與看護，被問起時，他隨口說想自己下床，矇騙過去。

「會有這念頭是因為整個感覺就是假假的，渾渾噩噩，沒有很踏實的感覺，所以也覺得好像死了也不會怎麼樣。」他傻笑著提起過往，對自己曾經做的錯事，覺得有些尷尬。

## 就像踩在螞蟻窩上

由於恢復的情況不錯，可以發聲、吞嚥食物，醫護人員也陸續拿掉他的氣切管、鼻胃管。這段時間除了進行燒燙傷的清創、植皮手術，因為高壓氧能迅速增加腦組織及腦脊髓液的含氧量，從而迅速改善腦細胞的缺氧狀態，使受損腦細胞的恢復，他也進行高壓氧治療。「那時候有幽閉恐懼症的感覺，一個人被關進太空艙，我就蠻害怕的。」他笑說因為心中一直恐懼，所以對於療程的效果沒有太多感受，幸好現在的他已經沒有幽閉恐懼的困擾。

另外桃園醫院也開始安排復健，吳聲宏認為桃園醫院的復健跟中風患者的復健很類似，而讓他印象最深刻的就是傾斜床。由於他還無法自行下床，必須依賴傾斜床練習站立，傾斜床透過調整不同的角度，讓傷患被動地體驗在不同角度時身體的感覺。最後傾斜床逐漸增加立起的角度，讓長期臥床的他，再度體會站立時的狀態。

「我躺在床上，床直立後，腳可以踩到踏板，很像踩到螞蟻洞，被萬隻螞蟻叮咬，感覺非常痛、癢。」因為太久沒下床，加上大腿燒傷後，開始結疤、充血，因此他格外有感。「因為身體被綁住了，手也不能幫腳抓癢什麼的，就生不如死，蠻痛苦的。護理人員都要轉移我的注意力，不然我一上去就是哭，非常抗拒。」雖然說話吞吞吐吐，但這一段記憶倒是敘述得相當生動，他彷彿就像殉難者，被綁在十字架上，整個人插在螞蟻窩上，讓人聽了也忍不住想抓抓身體。

除了物理復健，桃園醫院也安排了語言治療。「有意識後，我一直都可以說話發聲，儘管我覺得我在講話，但別人聽不懂。」就連親密的家人也無法正常溝通，必須慢慢拼湊才能瞭解吳聲宏要表達什麼，唯一聽得懂的只有語言治療師。

## 用唱歌治療說話

這位桃園醫院的語言治療師非常關心吳聲宏，他們後來還成為朋友，即使出院後，還會主動來找他，帶他出去走走。他們從林口長庚醫院出發，治療師推著輪椅帶他到林口竹林山寺，散散心、曬曬太陽，讓早期鬱悶的心情，開朗了不少。

而治療師的語言治療也相當另類，因為受傷前的吳聲宏喜歡唱歌，從小就有音樂夢，於是治療師鼓勵他多開口唱歌訓練。之後桃園醫院更邀請他與其他傷患在院慶活動上，演唱歌手江蕙的歌曲〈落雨聲〉。

十一月二十三日，吳聲宏還在普通病房練唱〈落雨聲〉，照顧他的姊姊無意間拿起手機側錄這一段短片，並且放上臉書。「落雨聲／哪親像一條歌／誰知影／阮越頭嘸敢聽／異鄉的我／一個人起畏寒／寂寞的雨聲／捶阮心肝……」只見影片中的他搖頭晃腦，努力唱出歌詞，雖然詞不成句，曲不成調，但是每一字他都用盡力氣，抖動的脖子還能清晰看見氣切口癒合的黑色疤痕，讓人鼻酸。結果一曲未歇，他就當場淚崩，情緒激動地邊哭邊唱。

「雖然我唱得很激動，身體不自覺的抖動，對！會一直動、一直動，但我其實不會痛，會哭是因為這是一首寫給母親的歌，我非常有感覺。」這段影片受到廣大迴響，歌手江蕙得知，也在臉書上留言：「相信你的努力一定會成功的，聲宏請繼續加油！二姐（江蕙）給你滿滿滿滿滿的打氣。」

十二月七日，桃園醫院院慶上，無法下床的吳聲宏被家屬抱上舞台，與另兩位八仙塵爆傷患，顧欣妮、陳慶萱共同演唱〈落雨聲〉。他依舊抖動著身體，努力克服剛癒合氣切傷口的痛，一起跟著用力唱出歌詞，歌聲感動現場許多民眾。然而對於這次成功的表演，他卻顯得相當害羞：「現在不敢再看，也不敢再聽當時的演唱。根本就是五音不全，我……可能看個三、五秒就關掉。」

## 夢境幻覺分不清

吳聲宏的傷口大多集中在四肢，身體也有部分燒傷，隔年一月初，他的傷口大致上都處理完畢，終於從桃園醫院畢業了。只不過腦傷使得他的行動、表達能力都還需要加強，加上身上還有些許傷口，有時候稍微用力，膝蓋或其他地方還是會出血，因此家人一致認為再住院一陣子比較安全，於是他繼續到桃園長庚紀念醫院住了一個月，直到月底，家人覺得負擔太重，而且快要過年才決定回家。

回家後，照顧的工作就落在媽媽肩膀上。過完年後，他們繼續回到桃園長庚醫院就診，並進行針灸治療。「針灸不是治療疤痕，而是針對腦傷部分。每次治療，醫生會把針插入頭部附近。」因為傷到腦部，有一段時間他有失眠的問題，也容易產生幻覺。他到林口長庚醫院看神經內科，透過藥物治療安定腦神經，結果吃了藥卻完全睡不著。

「有時候會突然醒來，覺得好像在作夢。很難講，那是已經真實發生的事，整個精神狀況很奇怪，感覺有些東西很像是作夢，非真實的感覺，也好像有點預知未來的感覺，不知道是夢，還是真實發生？我也不會講，對……。」他極力想要表達當時半夢半醒的精神狀態，但是越說越困惑，後來與醫生討論後，藥物治療沒有太大幫助，就決定停藥。

除了跑長庚醫院，吳聲宏也去陽光基金會進行復健，分別去了位於新北市新莊的新北重建中心，以及桃園市中壢的陽光基金會桃竹服務中心。在新北市復健時，也順道進行靜脈雷射治療。他認為兩邊的復健差不多，除了進行疤痕按摩、拉扯，也對其行動不便的肢體進行大關節物理治療，讓他在床墊上訓練肌肉核心。此外還有訓練手部活動的職能治療，不同的是，新北重建中心多了語言治療。

## 賴皮不想復健

在新北重建中心，因為中心督導的關係，他認識了曾獲金曲獎的泰雅族歌手依拜維吉，在督導的提議下，協助他進行語言復健。「在老師指導下，語言改善蠻多的，以前可能沒辦法完整溝通。對！講一句話可能講前面三個字就斷掉了，就……嗯……你……好……啊！然後要停一下才能繼續講。」由於肺活量不足，他還踩健身車練習，現在他說話雖然依舊緩慢，但已經可以說完一整段話。後來依拜維吉還成為他的音樂啟蒙老師，比起說話，唱歌要有高、低音，力氣的拿捏，就更加困難。

在陽光復健時期，一開始都是由媽媽陪吳聲宏搭計程車前來復健，近年來他行動能力改善，便自己搭復康巴士。有一次吳聲宏鬧脾氣，不想做復健，像小孩子一般，對於每天週而復始的復健，他感到厭煩而排拒，一直耍賴喊著要回家。而媽媽求好心切，希望他將整個復健課程都做完，於是媽媽掉頭就走，留下他一人。「剛開始的時候，情緒比較不穩定吧！跟媽媽有點爭執，我就想說算了，那我自己回家，所以跟護理師借錢想搭車回家。」結果被護理師察覺，護理師當下也裝傻沒錢，要他乖乖做完復健。

慈祥的媽媽，對於兒子的復健卻一步也不退讓，也因為她的監督，吳聲宏後來都乖乖復健，聽從治療師的指示，認真將動作做到位。現在他身上、四肢的疤痕，經過治療師的按摩、拉扯後，平坦許多，也不影響到關節活動。至於其他塵爆傷友都會遇到的疤痕疼痛問題，因為他的感覺神經受損，對於痛倒是沒有太多感受。

「可能別人會羨慕我疤痕不會痛，但他們不知道我非常羨慕他們，不用坐輪椅，活動自如，只要給人按摩疤痕就好。」儘管不會痛，但對於癢，他的感覺就特別敏銳，他會抓、會摳，甚至讓疤痕流血，「血跑出來就比較不會那麼癢，就像被蚊子叮咬，會想一直抓是一樣的。」

事實上，除了癢以外，疤痕對他的影響並不多，他也不需要像其他傷患一樣，必須進行重建手術。而他無法像其他傷患可以自主行動，主要是還是因為腦、神經受傷，因此還是需要繼續復健。現在他靠著助行器，或者有牆、椅背等讓他可以用手撐扶，就能讓身體站立。只不過若久站，腳上疤痕就會充血而發癢。至於走路，靠著助行器也能行走，只是步伐不穩，隨時有可能跌倒，身旁必須要有人幫忙戒護。「我覺得走路還可以。」他對自己很有信心，開始試著將雙手放開，挑戰不用助行器，自行站立。儘管笑得很開心，但是他的進度已經晚了其他傷患二、三年。

八仙塵爆發生五年後，大多數的傷患都已經復學、復工，但是對吳聲宏來說，他已經無法回到原來的工作崗位。塵爆前，他已經退伍，並且做了二、三份工作。畢業於台北科技大學土木工程系，第一個工作是營造工程師，三不五時就要跑工地，後來他換跑道轉做ＬＥＤ的業務工程師，主要是協助客戶的售後服務。

「我覺得都還蠻符合我想要的工作，結果就發生這個意外，對！」儘管無情的意外中斷他的工作，卻為他打開另一扇門。

塵爆後一年多，他開始用手機書寫來抒發情緒：

你就像月亮　我像星星一樣
無私的把我照亮
給我力量　給我夢想
讓我有勇氣追逐遠方
你就像天使折斷翅膀
放棄原本美好的天堂
只為了照顧我受的傷
我是隻受傷的鳥
忘記該如何飛翔
你的愛　替我療傷
讓我飛翔　讓我飛翔
等待的日子很漫長
快點好是我的希望
希望一切別來無恙

有感而發的文字書寫，原本是要獻給母親，剛好被大愛電視台記者發現，就幫他尋找樂團譜曲，創作了〈愛的飛翔〉這首歌。

〈愛的飛翔〉是由吳聲宏與地下樂團「偏執狂」合作，由他作詞，樂團編曲。由於歌詞相當動人，使得唱起歌來總是憤怒吼叫、失聲吶喊，帶有濃重搖滾風格的「偏執狂」樂團，在瞭解他的故事後，認同創作的初心，為他量身製作了抒情曲風，執著地幫他完成夢想。

「我很感謝他們，寫出了我對媽媽的心意，我覺得自己寫的東西能變成一首歌，這感覺蠻特別的，蠻喜歡這種感覺。」

## 圓夢發行數位音樂

「寫歌時我覺得自己唱，應該會比別人唱感觸會更深吧！因為是在寫我自己的故事，我想要感謝媽媽這一路以來的照顧。」他不止寫歌，也參與了演唱，雖然練唱時，還是有口齒不清、換氣不足的問題，使得發音和速度常常跟不上樂團伴奏，要不斷停下重來。不過，團員們總是很有耐心的陪著他，一起慢慢完成這首歌。「不要聽我的聲音的話，我覺得他們做的音樂很好聽。」他笑說現在聽到自己的歌聲，還是很不習慣。

後來，〈愛的飛翔〉入圍二〇一八年旺旺集團舉辦的「第二屆旺旺孝親獎詞曲創作大賽」，對他來說，不僅是鼓勵，也是契機，為他開啟人生的新方向。從此他用手機記錄生活的一切，幻化成文字，希望寫出一首首動人的歌曲。

初試啼聲後，吳聲宏接受陽光基金會社工黃美鳳的建議，抱著嘗試的心態，參與陽光基金會的「燒傷及顏損青年圓夢計畫」。這是陽光基金會針對燒傷青年，提供多元的探索與學習機會，協助他們對自我有更多認識與瞭解，克服身體限制，並看見生命發展的可能性。從撰寫企劃開始，逐步提升自己重返社會的競爭力。

越寫覺得越有興趣，從此他積極的投入歌詞創作，還跟依拜維吉老師合作，在老師與陽光基金會協助下，二〇一九年，吳聲宏推出個人數位音樂，共收錄三首歌曲，除了〈愛的飛翔〉，還有〈I don't care〉及〈疤〉兩首歌。

其中歌曲〈疤〉的創作動機始於二〇一八年十月，他在新聞上看到了普悠瑪翻車事件，他想以文字鼓勵在此意外中受傷的人。「我覺得普悠瑪事件跟八仙塵爆很像，都是開心出遊，但遇到意外才變成悲劇。」跟音樂老師合作後，她修改歌詞，比較符合吳聲宏自己的狀況。「老師提醒我創作還是要回到與自己的故事相契合，才能感動人。」

## 〈I don't care〉

另一首歌〈I don't care〉則是有感於網路上很多酸民，對於塵爆傷患的惡意批評。「就一笑置之吧！我覺得他們還蠻無知的，不知道前因後果，應該要增加修養才對。像台北市錢櫃KTV大火，也有人說活該，防疫期間還亂跑、愛玩，我就蠻有感觸的。」他認為酸民的想法太偏激、太不客觀。「假如去遊樂場，然後雲霄飛車故障摔下來，要說我們活該愛玩嗎？」話說得很重，一字一句都可以明顯感受到他的心底還是起了波瀾。

「請你管好你的嘴／別盡說那些酸酸的自以為／你以為你是誰／神聖的判斷／錯與對／別老是躲在鍵盤裡面／用雙手毀滅我的世界……」儘管嘴上說不在意，對於網路謾罵，他也不是全然接受。直白的歌詞，表達出對網路謾罵的痛恨，其實這也是大部分塵爆傷患的心情。

有時候網友的一、兩句話也會刺中吳聲宏的內心，他也曾經懷疑，「那天不要去八仙就好了，或者就自私一點，不要救人，自己就沒事了。」時光冉冉，誰都無法回到過去，但是問他今天坐著輪椅在路上，如果又遇到有人需要幫助，還會出手嗎？

「嗯，愛莫能助吧！可能我會越幫越忙，或是叫他們快跑之類的。」他想了很久，小心翼翼的回答了這假設性的問題，顯然相當清楚自己的身體狀況。「旁邊都沒人嗎？是怎樣的危險？可能我現在嘴巴說不想幫忙，到時候還是會看當下的反應吧！如果不危險的話，可能就……」他笑了笑，笑得很靦腆，這位吃盡苦頭的大男孩，仍保有善良、熱心的一面。

陽光圓夢計畫為他帶來相當大的鼓舞，他開始一步步規劃夢想之路，從中嘗試挑戰自我、實現夢想。現階段他想專心做一個作詞人，也積極的參加徵詞比賽。「這是我現在的興趣，除了興趣，未來也希望靠這個機會來養活自己，而且這是我目前可以做的，不需要太多肢體控制的工作。」依拜維吉老師也鼓勵他多寫、多閱讀，把自己投射到其他人的故事裡，或者是戲劇、電影的角色裡，想像他們，用他們的心情寫歌。

## 被推著往前走

劫後餘生，吳聲宏與其他患者一樣，價值觀傾向把握當下、珍惜家人。然而另一方面，或許腦部受傷的關係，也或許幾次八仙塵爆的判決，讓他對人性也開始動搖。「總覺得災後比較不容易相信人，可能看到很多人說要幫助我，然後就沒下文了。長期下來我覺得就聽聽就好。像哥哥說要帶我出國旅行，後來也不了了之。」出乎意料，他最後開了哥哥一個玩笑。只是玩笑歸玩笑，這一路走來，確實很多的承諾都跳票，也因此當有善心團體、人士給予幫助，他格外感到感激。

他非常感謝陽光基金會、桃園醫院、長庚醫院等醫療機構，提供很多醫療服務與資訊，並且讓他有地方可以進行復建。至於個人方面，像是桃園醫院的語言治療師、大愛記者、陽光社工黃美鳳、偏執狂樂團以及音樂老師也都是他感謝的對象。

「最感謝的還是家人。哥哥、姊姊，在住院期間都是他們處理醫院的大小事。媽媽，出院後都是她陪我去陽光、長庚。雖然是老梗了，但沒有她就沒有現在的我，媽媽辛苦了！」吳聲宏笑說自己個性很被動，他可以從從昏迷到身體不斷地顫抖，在行動上完全需要依靠別人，變成現在可以靠著助行器簡單行走，每天坐著輪椅搭復康巴士前來復健，這一切都是被「他們」逼著、推著往前走。也因為一路上都有家人、貴人默默的支持，他對自己的未來是正面樂觀。

採訪結束後，吳聲宏自行收拾東西裝進環保布包，掛上輪椅的後背，在桃竹服務中心替代役的陪同下，搭電梯下樓。一如往常，復康巴士的司機已經在樓下等候，利用機具將他連同輪椅拉進巴士。這一段路免不了還是需要人幫忙，但很明顯的，他離「自己照顧自己」的目標，又邁向一大步。看著布包上的微笑貓咪圖案，讓人感到相當窩心，雖然一開始他輸在起跑點，但每週五天鍥而不舍的努力復健，也讓他逐漸的迎頭趕上，假以時日，他一定也會順利抵達終點。

# 我的未來不是夢

## 重回實驗室的陳培源

傷後回到職場，他不願屈就輕鬆的工作，努力復健終於重回熟悉的崗位。陳培源不怕累、不怕難，只想證明自己是真正的康復了。

跟陳培源約在新北市聯合醫院板橋院區，他剛從五股的新北產業園區趕過來，午餐還沒吃。只見他右手拇指、食指和中指夾著筷子，從免洗碗中撈起麵條，一口一口往嘴裡送。他幾乎是低著頭以口就碗，鮮少拿起紙碗，整個吃麵過程慢條斯理又小心翼翼，看起來與一般人無異，卻又有無法形容的彆扭，彷彿是左撇子用右手吃飯。

「我是右撇子啊！只不過兩隻手都動過重建手術，重新接過，現在雙手的小指都不太能動。」他解釋手指結構中，小指力氣最小，受傷後小指更加無力。「受傷後才發現小指

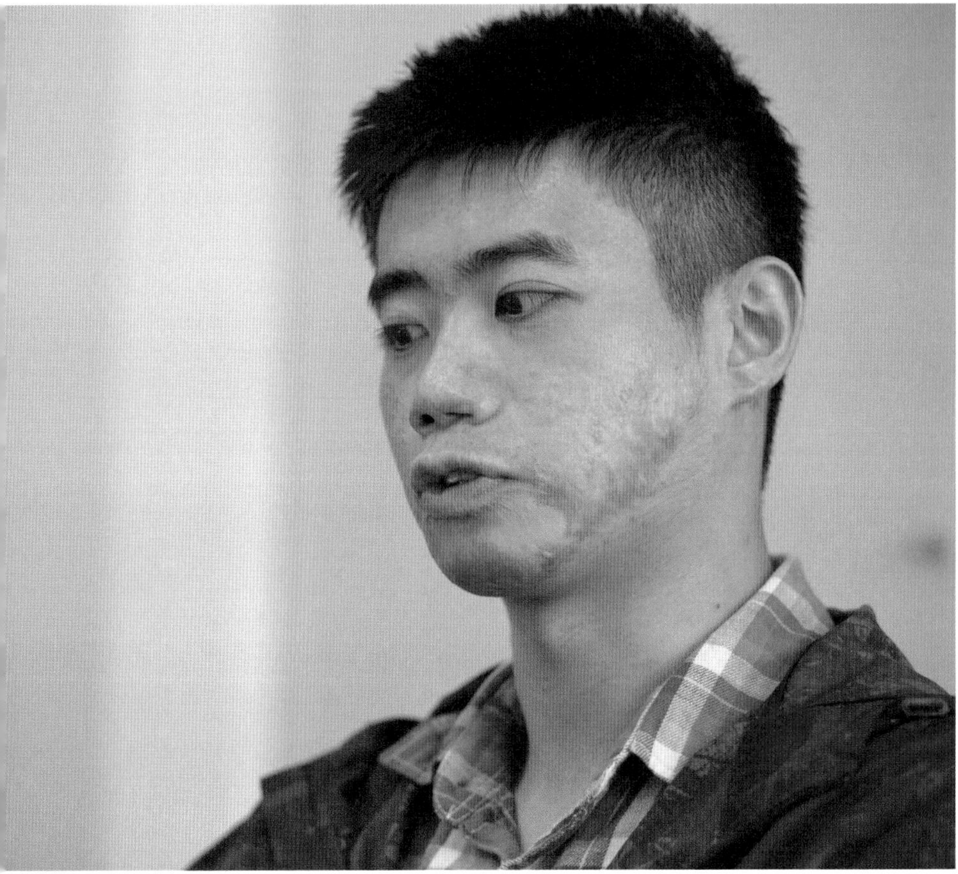

其實還是有些幫助，尤其是別人找零錢給你，小指無法合攏，零錢常常會滾出去。」他露出靦腆的微笑，臉頰至下巴有幾塊清晰可見的傷疤。

## 人生中的一時興起

說起陳培源的不幸，真是讓人不勝唏噓，他可以說是臨時起意參加「Color Play Asia—彩色派對」。當天早上他跟朋友原本依計畫到八仙水上樂園遊玩，到現場才得知晚上有彩色派對，同行朋友中有四人一時興起決定參與派對，卻沒料到，這個決定為他們的人生選擇了一條坎坷的路。

陳培源位於彩色派對活動場地中間，他依稀記得事發時現場一片混亂，直到火滅了才獲悉混亂是來自於大火。這時候他發現自己身上衣物有燒過的痕跡，才知道自己也燒傷。「其實自己也不太清楚狀況，知道出事了，身體有灼熱感，然後跟著大家往外衝。沒多久就被撞倒，跌倒後也不知道是火燒過來。」他描述當晚的情形，很多狀況都是後知後覺，記憶全是片段的模糊印象，意外來得又急又快，讓人措手不及。

陳培源並沒有逃離火場太遠。他被人推倒在地後，再也沒辦法移動，只能躺在地上等待救援。他驚覺自己身上不只衣服被燒掉，皮膚的狀況也很不妙。「我知道自己燒傷了，而且開始感受到傷勢非常嚴重，雙腳已經不能走路。」他在地上躺了一陣子，遲遲沒人理會，現場只有工作人員在幫忙搶救，但都集中在外圍，沒人注意到離舞台不遠還有五、六個人受傷倒地。

等了好久才有人偶爾跑來關心一下，看看這幾個人是否還清醒，並送上一小瓶礦泉水。工作人員幫忙淋水在他身上，可是一瓶礦泉水連澆一隻手都不夠。他請工作人員幫忙叫救護車，一度還很樂觀以為半小時後就可以抵達醫院治療。然而並沒有救護車來把他送走，他只能一直躺在那裡，漸漸的感覺到越來越冷，有失溫的現象。

「躺一陣子就是覺得奇怪，怎麼還沒有被送到醫院？自己會不會倒著倒著就昏過去？後來才知道救護車已經將整條台十五線交通都癱瘓了。」這一晚，陳培源真的是等到懷疑人生，直到半夜十二點過後他才被送到醫院。上了救護車，他交代完基本資料就意識模糊，隱約聽到醫院的床位都不夠，之後救護車將他送去哪裡？他已經都記不清了。

## 與死神拔河

他先在三軍總醫院松山分院住了十天左右，由於多次感染，還引起敗血症，院方甚至發病危通知，因此又被轉到台大醫院緊急處理。他昏迷了一個多月，「七月完全沒有記憶，大概在加護病房的後期才比較有印象。沒辦法說整天都有記憶，只知道我終於來到醫院，被人叫醒，進手術房動手術。」等到他有清楚的意識，知道今日是何夕，已經是八月中了。

清醒時陳培源瞄了一下雙手，都被包裹起來了。「我猜想雙腳一定更嚴重，四處瞄一瞄，差不多全身都中了。」他全身面積有六十五%是三級燒燙傷，大多集中在四肢和軀幹，左右臉頰和下巴則有局部燒傷。他看見家人來探病，覺得非常愧疚：「自己把自己弄受傷。」

這段時間父母確實相當辛苦，因為即使清醒後他還是經常感染，一直發燒，身體狀況極不穩定。事後聽父母說，每一次收到病危通知都是以淚洗面。八月底他還因為服用太多藥物沒有辦法代謝，兩個星期內就洗腎五次。

「我很感謝父母，那段時間真的很辛苦，必須放下工作來照顧我，真的很不好意思。」

儘管家屬只能利用探病時間才能進加護病房，但父母一直守候在醫院。有時進行清創植皮手術，從手術房回到加護病房已經深夜十一點，但他們仍然堅持守候不肯離開。幸好當時台大醫院附近有旅館提供給傷患家屬免費住宿，讓住在桃園龜山的父母能有暫時落腳休息的地方。

每一次進手術房清創植皮，家屬都很煎熬，不過陳培源覺得此時的手術已經是例行公事。他對加護病房最有印象的反而是換藥：「換藥很痛，到後來大概是心理作用吧，看到護理師推著藥車，身體不知不覺就會感到疼痛。」

## 加護病房的哀嚎

換藥是加護病房的日常生活。每天早上七、八點，傷患就被喚醒換藥，而換藥可不比清創植皮，還可以麻醉止痛。陳培源笑著說，不是他怕痛，而是每次換藥，整間加護病房都在哀嚎。「每一床輪流換藥，就每一床輪流叫，只要聽到前一床的哀嚎聲，就知道下一個輪到我了。」

八月底陳培源轉進普通病房，除了清創植皮手術，每天還會有復健師來幫忙進行被動式復健。當時他四肢已經可以活動，復健師鼓勵他下床練習走路，但其實這是不可能的任務。他即使手扶著輪椅也很難站立，「腳踩在地上就感覺刺痛，站個幾秒就需要坐下來休息。」雖然他並未憂心終身都可能如此，但他坦言完全沒有想到自己會被燒到不能走路。「我在加護病房後期還樂觀想像：可能就住個幾個月吧！出院後傷口就好了，頂多身上留個疤痕做紀念，可以回去工作，完全不清楚復健是怎麼回事。」

這時他開始懷疑出院後要怎麼生活？他明白要恢復過往的行動自如，可能不是幾個月就能辦到，而是需要一段漫長時間。他在普通病房住到九月底，之後又在台大復健科林昀毅醫師的幫忙下，轉到復健科病房住了兩個星期，直到十月中才出院。

果然不出所料，陳培源出院後只能倚靠助行器行走，完全沒辦法上下樓梯，雙手也只能稍微移動，無法大幅度張開。剛出院時他的生活幾乎無法自理，家人又沒有居家換藥的經驗，每次換藥全家都手忙腳亂，耗時數小時，傷口遇刺激便疼痛不已，稍不小心又會流血，讓他苦不堪言。

## 頭上的枷鎖

出院後這一年，陳培源到新北市政府與陽光基金會合作設立的「新北陽光重建中心」進行復健。有別於其他燒燙傷患者出院馬上就訂做壓力衣，他身上的傷口面積大，因此大約到重建中心半年後才開始穿壓力衣。而且剛開始的時候他還得包紮完傷口才能穿，「此時傷口還不穩定，穿壓力衣時稍微擠壓就會流血。尤其是關節處的傷口，只要一流血就更不容易好，蠻麻煩的。」

另外由於傷及臉頰和下巴，他也戴起頭套。有些傷友不願被火紋身的臉被外人看到，會選擇戴起頭套當作保護，但是陳培源正好相反，他覺得戴頭套相當奇怪。「每次戴頭套出門，都會受到不友善的眼光。好像看到頭套就知道我不是正常人，所以後來我出門都不戴頭套。」他只有在家裡和重建中心時會勉強戴上，「我對臉上的疤痕也是會在意，但真的在意也只有一個月，後來越看越習慣，那時心裡只有一個念頭：最嚴重不過如此罷了。」

另一個讓他不想戴頭套的原因，就是戴頭套比穿壓力衣更加悶熱。「戴了頭套沒辦法吃東西，嘴巴只能半開，頂多可以用吸管喝飲料，要吃東西還是得拿下。」另外眼睛、鼻孔雖有開孔，但是頭套的彈性壓力讓他必須一直把眼睛用力睜大，而且呼吸也不順暢。

一年後他去陽光基金會進行３D塑模，製作透明壓力面膜。透明面膜比頭套更緊，可以更有效壓制疤痕生長。「更緊就更不舒服，臉上能動的範圍更少，幾乎把臉全部固定住，連說話都不清楚。」他戴了兩、三個月，不習慣後就放棄，之後連頭套也不戴了。

## 流著血吃飯

陳培源在新北重建中心進行腳部物理復健練習走路，同時也進行手部職能復健，活絡手肘和手指的關節，職能治療師還會幫忙按摩增生的疤痕。剛開始他不太能久站，扶著助行器站立、走路，雙手還會微微顫抖。

他主要是腳踝沒辦法動，在急性期治療時，曾進行筋膜切開手術釋放肢體腔室的壓力。

因為傷到神經，之後林昀毅醫師利用電療刺激他的神經，出院後他在新北重建中心繼續電療，大概三個月後就可以行走。除了電療，他認為復健時多練習走路也有很大幫助，一年後他還可以彎曲腳踝蹲下，但仍無法完全像正常人，即使到現在仍得輕扶外物才能蹲下，相當辛苦。

大約復健一年後，陳培源覺得四肢略有恢復，但還不能活動自如，特別是雙手。他將手向上挪動摸臉表示：「當然還是可以吃飯，就是有點勉強，手彎進來頂多摸到下巴。」手肘的疤痕讓他無法將手再往上抬，當時幾乎不可能摸頭或抓背。「關節容易受傷，常常吃一頓飯，手用力往內縮，手肘關節就流血，很麻煩。」

他的手指也受到火吻，上面布滿疤痕，吃飯、寫字都要重新學習，得習慣只有四根手指，姿勢、習慣都和過去不同。「更早之前吃飯都是被餵食，之後才拿湯匙練習。」他笑說只能抓著或者說是用手夾著湯匙吃飯，從來沒想過可以再度使用筷子。

不論是手肘還是手指，每一次復健時，治療師幫忙進行疤痕拉扯都讓他痛不欲生。他笑說復健反而讓疤痕都在痛，痛完又流血，每天周而復始。更糟糕的是效果又有限，他一度想放棄。幸好在重建中心已經有其他傷友開始進行重建手術，效果也不錯，在傷友的建議下，他前往林口長庚醫院進行手指重建手術。

「用得到手指的地方太多了，寫字、拿東西都是從手指開始。手指要是沒辦法動，就算手肘可以動，這隻手也沒有用。」陳培源表示，會想去做重建手術，除了讓自己在生活上能夠自理，更重要的是在工作上雙手有更大幅度活動的需求。後續他針對雙手的手指、手肘等四個部位都進行重建手術，取腹部和鼠蹊部的皮膚來縫補手指、手肘上的疤痕，前後兩年多。之後回到公司上班，還曾經請假進行重建手術。

## 半天工作半天復健

後來他又在醫生建議下進行三次臉部小手術。「臉部就是把部分疤痕拉緊對切，剛開始疤痕比較大片，越修越小，然後縫起來。手術完後臉會稍微緊一點，過一陣子才會比較鬆。」他輕描淡寫地描述，聽起來卻讓人起雞皮疙瘩。原本不太在意外表的大男孩卻決定動臉部手術，可以想像他的臉部是受了多麼嚴重的傷。

復健一年後，二〇一六年六月新北市聯合醫院成立「燒燙傷復健暨後期急性照護中心」，在復健科主任林昀毅醫師建議下，陳培源也另外到照護中心復健治療。他覺得重建中心和照護中心的復健方式相差不大，但照護中心多了一台「工作模擬功能復健儀」可以強化訓練生活、工作所需要的手勢與技能。

大約在照護中心復健一年後，陳培源才開始進行雷射治療。「剛來新北聯醫，身上還是有傷口，所以沒有像其他傷友馬上進行雷射治療，等傷口比較穩定才開始做雷射。」他笑說當時聽其他人分享，雷射治療後還是會有新傷口，這一點讓他卻步。「舊傷未好新傷又來，雖然不難照顧，但總是多了一件麻煩事要處理。」

剛開始主要是進行手部雷射治療，由於雙手已經進行重建手術，重新貼上完整的皮，但是縫線處又產生新的疤痕，非常適合利用二氧化碳飛梭雷射進行淺層疤痕治療。後期因為他也開始進行臉部小手術，於是也利用銣雅鉻雷射來保養臉部。他覺得打雷射有點像被針戳到，瞬間還是會感到刺痛。

## 重新適應人群

二〇一七年初，當手指開始進行重建手術，陳培源就回到公司上班。他原本在台灣檢驗科技公司（SGS），在安規實驗室擔任檢驗工程師，受傷期間公司不但支付全薪，當他重返職場後，公司還將他轉調收發室，調整職務，讓他半天工作、半天復健。

「雖然不能回到原本的實驗室，但公司沒有放棄我，讓我做輕鬆的文書工作適應職場。」他重新習慣職場生活，雖然在同一間公司，但是全新的處室還是有機會接觸到陌生的同事。他坦承剛開始心中還是會有點緊張：「太久沒有接觸到陌生人，之前在醫院、重建中心都是傷友，大家都戴頭套，不會覺得自己比較特殊，但是回到公司或走在路上，就會覺得別人好像都在看我。」

不只是他不習慣，同事也有些不習慣，這是因為上班都戴著壓力頭套，同事隔著頭套只能看見他迷茫的雙眼，還以為臉部受到很嚴重的傷害。後來他決定把頭套摘下，結果同事都覺得「還好啊」、「沒有很嚴重啊」、「還是很帥氣啊」，原本的不安也消失於無形。

陳培源努力工作回報公司，二〇一七年十一月榮獲新北市勞工局表揚，成為身心障礙就業服務的模範生。儘管獲得殊榮，但他心心念念還是想回到原本的工作崗位。過去他擔任檢驗工程師的工作內容是針對電器、電子設備進行安規檢驗，拆開產品後操作儀器檢測。此時他的手指雖然恢復到可以靈活動作，但手臂的疤痕攣縮還是相當嚴重，影響手部進行精細動作，無法順利拆解零件。

## 真正的康復

隨著手術成功以及努力復健，陳培源越來越覺得自己應該可以回到原本的工作，正好此時公司也詢問他的意願。討論之後他似乎看到一線曙光，接下來他利用下班時間到實驗室觀摩，重新熟悉工作。「剛開始還不太習慣，真的太久沒做這麼精密的工作，我有想過速度可能會變慢，需要慢慢熟悉。」經過努力爭取，二〇一八年初他終於如願以償，重新調回實驗室。

比起收發室的文書工作，實驗室的檢測工作更為辛苦，壓力也更大，陳培源為何這麼想回到實驗室呢？他開玩笑表示：「薪水比較多啊！」隨後又認真地說：「那本來就是我的工作，只有回到實驗室，我才覺得自己真正康復了。」

走過浩劫，陳培源除了感謝父母、公司，也感謝一路以來接觸過的護理人員、社工、心理師，他們不時地關心、鼓勵他，讓他能夠回復最佳狀態。走過這一遭，他才發現這社會有很多弱勢族群需要幫助，「我自己也受到很多幫忙，有善心人士的捐款，還有公司同事的愛心捐助。」因此他不僅為自己，也為其他燒燙傷友請命，期待新北市聯合醫院能夠繼續提供雷射治療補助，「除了我以外，還有很多傷友持續在進行雷射治療。」

除了感謝，他現在看事情的角度更為寬廣。「災後幾個月也曾經想過，這會不會是一場夢？會不會醒了就好了？或是當天晚上如果回家就好了？又或者當時我剛好去廁所是不是就沒事了？」無數個疑問卻無法得到任何解答，只能選擇放下。他笑說，現在就是做好自己覺得正確的事，「今天走在路上仍是會看到路人異樣的眼光，在網路上也會看到沒來由的謾罵。但現在沒那麼在意，就像疤痕會癢，就是習慣而已。」

陳培源再度露出靦腆的笑容，儘管上揚的嘴角旁仍有清晰可見的的疤痕，但都遮掩不住那U形向上的曲線。這些印記就如同前方道路上的層層荊棘，不管再怎麼密集、再怎麼糾結，都無法阻止他向前邁進的步伐。

# 願做快樂的捕鳥人
## 雙簧管女孩賴思妤

傷後一年，她的手指活動度只有受傷前的七成，肺活量也因吸入性灼傷而受到影響，但她從來沒有放棄夢想，雙簧管女孩在生命舞台上的演出令人動容。

二〇一六年六月二十七日，八仙塵爆滿一週年，衛福部與新北市政府合作於新北市聯合醫院板橋院區成立「燒燙傷復健暨急性後期照護中心」，在新北市聯合醫院板橋院區成立，開始營運這一天，中心特別邀請雙簧管女孩賴思妤演奏莫札特歌劇《魔笛》〈我是一個快樂的捕鳥人〉及經典台灣民謠。輕快、愉悅的旋律，顛覆了人們對雙簧管音色高昂、悠揚的想像。

事實上更出乎人意外，在一年前，雙簧管女孩賴思妤還因八仙塵爆而重傷，雙手、雙

腳都被包紮起來。時序往後推演，二月，當她重拾雙簧管，不管怎麼用力吹氣，依舊是斷斷續續無法成調。如同貝多芬三十多歲，被耳聾困擾而創作了〈第五號交響曲〉，烈火重生的她，這四個月以來，每天耗時三小時練習，練到手指都裂開流血，才有如此一氣呵成完成精湛演出，她開心笑說自己才恢復原本六、七成水準。

## 命運響起了敲門聲

二〇一五年，賴思妤就讀東吳大學音樂研究所，時值暑假，她和學姊及學姊的朋友一群人去八仙樂園參加彩色派對。「表演快結束時，有些遊客正陸續離開，靠近舞台前方空出一片空地，我就好奇過去看看。」這決定為她們的命運響起了敲門聲，當她們走近舞台，瞬間塵粉閃燃，整個舞台都燃燒起來。

賴思妤和朋友趕緊向外逃命，一路上都看到受傷的遊客或坐或臥在地上，後來她與學姊體力不濟也躺在地上等待救援。她在兵荒馬亂之中弄丟了手機，向其他人借手機後反而猶豫起來：「發生這麼嚴重的事，家人應該很擔心。」她改撥朋友手機號碼，結果沒有回應，只好硬著頭皮聯絡住在台中的家人。家人接到電話並沒有料到這麼嚴重，但第一時間就趕緊北上。

緊急救援時刻，賴思妤被其他遊客搬移到外圍較安全區域，也因此與學姊失散，「那時候就是很痛，意識模糊。上了救護車，聽醫護人員說最近的是馬偕醫院，之後就沒印象了，醒來後就在台大醫院。」現在想起來恍如隔世，前幾年回想起這段往事仍心有餘悸。之後聽父母描述，她是先被送到台北市聯合醫院陽明院區，但是北上的家人卻撲了空，這一晚傷患實在太多，她被輾轉送到台大醫院，而父母再次聽到寶貝女兒的聲音已經八月了。

賴思妤全身面積有五十九％二到三度灼傷，集中在四肢、腹、胸、背部等處，脖子上也有部分灼傷。由於大面積燒傷，細胞為了增加新陳代謝會開始組織水腫，而腫脹所產生的壓力無法疏解，會往內壓迫血管、組織，若不及時處理，可能造成大塊組織感染壞死、神經缺損，甚至需要截肢才能保存生命。

台大醫院整型外科黃慧夫醫師緊急為她執行「筋膜切開術」疏解組織水腫的壓力，也就是把皮膚切開，再把筋膜也切開，讓壓力經過一段時間發炎退散，才關上傷口。之後醫療團隊陸續為她進行清創植皮手術，她還記得醒來之後還做過二到三次植皮手術，每次動完手術都可以感受到傷口的疼痛。「特別是換藥時更是極度痛苦，傷口是一整片的刺痛，痛到皺眉，護理師還問我需不需要止痛，我都說很需要。」

相較於痛，她更擔心自己的傷勢。當時完全不清楚自己四肢的狀況，只看到手腳都被包紮起來，試著移動卻怎樣也動不了。她非常清楚不是麻醉的關係，「麻醉醒來會有物理跟職能治療師幫忙做復健動作，當下卻沒有人幫忙，但確實也動不了，我覺得大事不妙。」學音樂十多年，雙簧管是她最喜愛的樂器，她無法想像會有不能吹奏雙簧管的一天。「手完全不能動很痛苦，覺得人生一片黑暗，那段時間都是靠家人、朋友、師長的安慰才走出來。」她甚至厭世地想，自己是否已經殘廢。

幸好天無絕人之路，她還在昏迷中，復健科林昀毅醫師已經幫忙安排被動式復健。醒來後她也開始進行物理、職能治療，嘗試慢慢恢復手腳功能。然而因為臥床太久，剛開始下床時幾乎無法走路，「走路是一門功課，加上腳也燒傷，物理治療師都要陪我走路復健，練習蹲下和站立，活絡關節。」每次練習至少一小時以上，直到十月出院為止。

## 獨自北上復學

出院後雖然大部分的傷口已經癒合，但稍動一下身體，皮膚就可能冒出巴掌大小的水泡，水泡破掉後又形成傷口，賴思妤實在無法照顧自己，於是跟著家人回到大甲老家。正好此時台中市政府與陽光基金會合作，為八仙塵爆傷患在西屯成立了中部地區燒燙傷重建中心，家人每天接送她從海線大甲，翻山越嶺來到台中市區進行復健。

重建中心除了提供無障礙空間、復健器材，也有職能、物理治療師幫助傷患復健，另外還有心理諮商師與社工為傷患及家屬進行心理重建服務。同時也會定期親至各地傷患家中探訪、提供居家復健教學服務，關懷傷患後續復健情形與需求。而賴思妤剛開始也不知道如何照顧傷口，也不能馬上回台大醫院求診，幸好陽光都有派人到家裡幫忙，並且安排居家環境的規劃。

在重建中心，賴思妤已經可以行走，因此主要進行手部職能復健，教她如何彎手，以及手指的練習。她幾乎每天都到重建中心報到，照表操課做一整天復健，如此進行半年多後，手部逐漸改善，可以慢慢提起物品，甚至用筷子吃飯。

此時她也在陽光訂做壓力衣。穿壓力衣不是一件方便的事，當時她的皮膚還很脆弱，必須慢慢穿以防破皮，她形容就像穿絲襪一樣。為了方便穿脫，她的壓力衣分成上半身和下半身，再細分成一節一節，手指到手腕一節、手腕到手肘一節。即使如此，在家人協助下，她每天仍要耗費一小時才能穿上。而穿上後幾乎整天都得穿著，只有洗澡時才能暫時脫下。

二〇一六年二月，儘管家人不放心，賴思妤還是決定獨自北上回東吳大學繼續學業。比起同時期重傷者，她復學的時間算是提早半年。「復健這段時間相當煎熬，想轉變一下心情。住院時學校老師都有來醫院探望，他們也相當支持我復學。」除了上課，她也到陽光基金會的民生重建中心進行復健，並且回台大醫院繼續就診。後來經傷友建議，考量交通因素後，改到馬偕醫院復健。六月二十七日「燒燙傷復健暨急性後期照護中心」開幕，在林昀毅醫師建議下，她來到新北聯醫板橋院區進行復健。

從出院到復學，有很長一段時間，賴思妤身上的疤痕又紅又腫，不僅會痛也會癢。相較於痛，她覺得癢比較麻煩：「螞蟻爬滿全身的癢，尤其是夜深人靜，沒有其他事情分散注意力時就更癢了。」她常常癢到睡不著，每次癢起來都很想伸手去抓，但是醫護人員會警告她：「絕對不能抓。」林昀毅醫師還為此幫她調配藥物，讓她服用抗組織胺及擦類固醇藥膏，可惜效果有限。「癢時是一次全部在癢，有時候會覺得身體某個部位像是被蚊子叮到而特別癢，如果去拍打，結果別的地方也跟著癢起來。」

## 準備重拾雙簧管

這段時間除了透過復健處理疤痕所造成的攣縮，她也開始進行鬆疤手術。「我的虎口疤痕會攣縮，因此很緊，要鬆開才比較好活動，另外小指頭也因為疤痕攣縮而沒有力氣。我的狀況算好，很多傷友的手指被疤痕拉扯形成彎手指，幾乎不能動。」她在黃慧夫主治醫師建議下，分別為虎口及小指進行鬆疤手術，目前的雙手是動過多次手術的結果。

除了鬆疤手術，在傷友介紹下，她還前往長庚醫院進行雙手重建手術。「就是拿整塊鼠蹊部的皮，移植到手背上。」她將手背翻轉朝上，解釋原本手背上都是被火紋身的疤痕，手術時切掉疤痕再植皮上去，「比起手背原本的坑坑疤疤，當然是整片平整的皮覆蓋上來，手的關節才容易彎曲。」她身上沒有太多的皮可以提供傷口重建，只能挑選重要部位進行重建手術，至於手臂和腿上的其他疤痕，就需要靠雷射治療磨平。

「手術是最快的方式，當然也可以用雷射治療，但沒有像手術迅速。雷射主要是將疤痕磨平，讓皮膚更為平整，如果要去除疤痕，還是植皮最快。」她再三強調手是自己的，雖然是主觀感受，但她確實認為手術前後有很大差別。而她會特別想採用手術治療，最主要的原因還是想要讓手指在最短時間復原，她才能吹奏最愛的雙簧管。

賴思妤從小學習雙簧管，曾榮獲高雄市全國學生音樂比賽優等第一名、文化盃第一名。二〇一三年協演海軍軍樂隊雙簧管首席，於國家音樂廳表演；同年協演國立台灣交響樂團附設管樂團音樂會。原本計畫碩士班畢業後報考交響樂團，夢想成為知名的雙簧管演奏家，但八仙塵爆讓她長達八個月無法吹奏最愛的樂器，甚至一度音樂夢碎。

雙簧管是透過簧片振動來發聲，它的音質獨特，具有穿透力，吹奏時必須控制嘴唇的壓力及有效運氣，才能發出美妙的音色，運氣方式是使用腹式呼吸控制吹奏時的氣壓。賴思妤和其他傷友一樣都有吸入性嗆傷，因此肺活量差，必須更努力練習才能吹奏樂器。

賴思妤回憶，還在加護病房剛拔除呼吸管時，連講話都很困難，需要語言治療師幫忙訓練。「做肺活量訓練時，叫我們持續『啊』十五秒。」之後在中部地區燒燙傷重建中心復健時，物理治療師則建議她走跑步機訓練肺活量。

除了吹氣，演奏雙簧管時需要手指隨著音符變化靈活地按鍵，因此當她燒傷的手背開始長出一塊塊疤痕，簡直是為她的演奏生命宣判了死刑。「雙手的疤痕又腫又僵硬，缺乏彈性，能動的幅度只有一點點。不要說無法像以前靈巧，簡直是障礙，關節一直在卡關，最可怕的是永遠不知道會不會恢復正常。」

她曾用意志力強迫雙手，結果稍微用力皮膚就裂開流血。「痛得不得了，還是沒有辦法做到受傷前能做的動作。」事實上不要說是吹奏按鍵，她連組合雙簧管都困難重重，「組雙簧管就像開關瓶蓋，有些組件要轉緊，有些組件要鬆開。如果力量不夠，根本組不起來。」當時她已經陸續在台大醫院和陽光基金會進行了半年的職能復健，然而細部動作始終做不到位，吹奏的樂音也不成調。

## 來自陌生人的「關心」

歷經復健、手術、雷射等治療，如今賴思妤的傷口和疤痕大多處理完成，生活自理沒有太大問題。二〇一七年五月，她舉辦畢業獨奏會，向自己的體力與耐力挑戰，之後順利取得碩士學位。「目前手指靈活度已恢復，只是吹氣還稍嫌不足，物理治療師說肺活量可以訓練，但我覺得已經是極限。」她不清楚是否因受傷的關係，總覺得自己的能力和外表都和舞台上的演奏家不太一樣。

賴思妤謙虛表示，就算沒有受傷，自己和頂尖的雙簧管音樂家還是有段距離。國內配置雙簧管演奏的樂團其實不多，而且大多已飽和，演奏之路本來就不容易。她開始思考是否朝音樂教學發展，「但是……這樣的狀態教小朋友，我自己也會很害怕，怕身上的疤痕會嚇壞小朋友。」語氣中透露出她對身上的疤痕仍是十分在意。

她的煩惱不是杞人憂天，每次走在路上或是搭乘大眾運輸工具，身上的疤痕總是吸引陌生人的「關心」。「可能出於善意，也可能是好奇或關心，他們會問你怎麼了？每次被問到，都覺得有點困擾。」因此她出門都會穿件長袖外套遮掩疤痕，偏偏她的汗腺大多都被燒壞而無法排汗。「平常還好，天熱時穿外套出門真是折騰。我有試過不穿外套出門，但一定會被問，有時候自己的狀態沒那麼好，很不喜歡被人問東問西。」她無奈表示，生活中總有些時刻想要放空、想要保留個人空間，真的很不希望跟陌生人有太多接觸。

目前賴思妤還是繼續到照護中心進行復健及雷射治療，希望將疤痕磨平一點，在外觀上能夠更接近正常人。走過這一遭，她非常感謝同學、師長的支持，讓她提早復學，重拾雙簧管，同時也感謝因八仙塵爆事件而認識的醫護人員，他們都會邀請她到醫院義演，這些演出陪她走出塵爆傷痛。她也特別感謝黃慧夫主治醫師，不但把她從鬼門關救回來，還保住她的雙手。「醫生有給我看燒傷時的照片，真的慘不忍睹，筋膜劃開很深，之後都是醫生一針一針縫起來。雖然現在醜醜的手跟醜醜的腳，但是至少都還可以用。」她也很感謝照護中心的醫護人員。「例如林昀毅醫師，他很關心我們，一路幫忙我們復健。還有臨床心理師王鼎嘉，他解開我許多的糾結。」

## 珍惜當下，珍惜親友

訪談之間，醫院響起警鈴聲，是火災消防測試。對於突如其來的鈴聲與廣播，她顯得淡定而從容，笑著說：「還是會緊張一下，直到碩士班畢業前，每次聽到警鈴聲或看到火還是會怕，就連路上看到瓦斯行也會離得遠遠的。」

除了無盡的感謝，賴思妤心中還是有一絲遺憾；塵爆發生當晚，她與學姊逃離爆炸的舞台，躺臥在園區內等待救援，她們望向漆黑的天空：「學姊不斷跟我道歉，說都是她帶我來才會這樣，我說沒關係。當時沒有想到，那是我們最後一次對話。」之後她與學姊失散，學姊雖然獲救，卻因敗血症併發多重器官衰竭不幸過世。

她得知這個消息已經是很久以後了，她相當自責：「有時候會覺得很對不起學姊，為什麼是她而不是我？」與心理師會談後，王鼎嘉心理師表示，面對突如其來的重大災難，當下能照顧好自己已經很不容易，鼓勵她學習放下。

災難的無情與學姊的離世讓賴思妤更加珍惜當下，儘管她對未來、工作仍感到迷惘，但她還是會想朝演奏之路繼續前進。「努力讓自己出國完成夢想，如果不行，留在國內陪伴家人也是不錯。」無論未來的樂章如何譜曲，只要雙手還能拿起雙簧管，她就如同《魔笛》裡的快樂捕鳥人，繼續透過音樂散播希望、快樂的正能量。

# 不被命運KO
# 跆拳國手黃家慧

塵爆意外粉碎了她的跆拳國手夢，但因此帶來人生與事業的春天。惡火可以傷害她的外表，卻傷不了她樂觀美好的內心。

走進黃家慧開設的火鍋店，店內的裝潢就如她身上的一襲黑衣，散發一股神秘氣息。然而即使店內燈光昏暗，也很難不被她露出的雙臂所震攝，那被火紋身的火龍臂布滿了盤根錯節的疤痕，第一眼看到就讓人心生畏懼。是該害怕，五年前這雙手可是陪著黃家慧，征戰國內外大小比賽，擊倒無數對手。

身高一七〇公分的黃家慧，從國小就開始學習跆拳道，十多年的苦練，讓她成為跆拳道國手。二〇一五年，她在中國文化大學體育系的最後一年，還拿下大專盃重量級第三名。只可惜這份殊榮沒有開心多久，六月二十七日這一晚，她就被無情的塵爆閃燃一拳給KO。

闇夜的重擊

那陣子黃家慧正準備辦離校手續，一群同學互約前往八仙樂園參加「Color Play Asia—彩色派對」慶祝畢業。她還記得當天晚上八點半，活動快要結束時，她收拾手機到防水袋，等待朋友會合再一起離開，突然一道火光往天空竄去，當下她還以為是舞台特效。

她的疑惑還未得到解答，隨著火光而來是此起彼落的尖叫聲，「下一秒就發現不對，看到火焰遠遠的很快燒了過來，我立刻轉身快跑。一跑馬上被後方的人給推倒，不但被人家踩了，也被火燒了。我趕緊起身往外跑，回頭一看，那火焰足足有兩層樓高。」驚魂未定的她跑向攤販區，看見前方冰鎮飲料用的方形水桶，身上的灼熱讓她不加思索直接跳進水桶。

突然間有一位女孩也跳了進來，一直哭、一直叫。可是冰桶並不大，她想說女孩可能更需要，就爬起來離開。此時有一位工作人員過來幫忙，黃家慧請他在燒傷部位淋水，可是現場只有飲料，工作人員就用運動飲料幫她淋四肢的燒傷部位，赫然看見黃家慧身上的傷口都掛著因燒傷而剝落的皮。

工作人員似乎受到驚嚇，他小心翼翼攙扶著黃家慧往可以淋水的角落走去，行進間黃家慧也才意識到自己腳底已經沒有皮保護，一路拖著都是血印。來到角落後，工作人員離開去幫助其他傷患，她才發現角落太偏遠，「由於失火，園區的電源被切斷，角落顯得非常陰暗，沒有人發現我躺在這，那豈不是很危險？」她開始大喊叫救命，幸好有一群人跑來幫忙，他們用8字型雙人游泳圈，把她扛到大廳。這時候陸續已有救護車、消防車進來，她也向人借手機打了電話給家人。

她漸漸感覺到自己有些失溫，意識也開始模糊，幸好不時有工作人員前來安撫情緒，鼓勵她很快就可以坐上救護車。時間不知過了多久，就在昏昏沉沉快要睡著，忽然聽到有人在叫她，她看到媽媽沈淑燕女士在人群裡，邊跑邊呼喊著她的名字。

原來當天晚上父母接到電話，立刻就從鶯歌開車到八里。「媽媽還是有一種第六感吧！她就是覺得不對勁，爸爸還以為是吃泡麵燙傷，想說去水上樂園是能燒得多嚴重。」剛開始他們以為黃家慧會被送到鄰近的馬偕醫院，結果到了醫院急診室，不但找不到人，卻看到一個個塵爆傷患被送達，每個都是皮開肉綻、血肉模糊，當下意識到事態嚴重，擔心可能連女兒在哪裡都找不到。「媽媽直覺認為我一定還沒有出來，馬上又趕到八仙樂園來找我。」

母女重逢後，黃家慧第一句就是：「對不起，我又惹麻煩。」原本他們還以為黃家慧可以坐自用車去就醫，殊不知她的四肢都燒傷，根本無法上車。父母請人幫忙把她扛到園區大門外，想攔路邊的計程車。「真的很恐怖，一條路從大廳到門口全都躺滿了人，一個一個，身上都是血肉模糊，而且不斷的哀嚎，就像人間煉獄，我不知道他們是否還活著。」回想當時的畫面，她仍是膽戰心驚。

好不容易來到園區外，才發現計程車根本進不來，整條台十五線都在塞車，當下只能攔下救護車。照正常程序，車上的醫護人員要先進行篩選，結果一看到她的傷勢，立刻就讓她上車。原來四肢的神經都燒壞了，加上性格剛強，因此從災難發生後，她只感到身體灼熱，卻不覺得痛，不哭不鬧的鎮定模樣，讓父母還以為傷勢並不嚴重。

## 沒有人希望意外發生

這一晚黃家慧被緊急送到台北榮民總醫院，已經有其他傷友正被搶救中。她還記得被推進急診室時，撲面而來的是很濃的烤肉味。「絕對不是美味的氣味，非常難聞，是肉燒焦的味道。」醫護人員幫她注射麻醉劑，她還以為傷口處理好就能回家休息，結果這一躺就是三個月。

她全身面積有五十四%燒傷，大多集中在四肢，胸口、腹部和背部，臉上也有部分燒傷。以燒傷面積而言，同行八人當中，她和另兩位同學傷勢最為嚴重。對於這樣的結果，個性樂觀的她甚感慶幸。她不曾怨懟同學的邀約，認為沒有人會希望發生塵爆意外，相反的還很擔心其他同學是否獲救。

黃家慧一上救護車就跟父母說同學還在裡面，要趕快去救他們。之後在加護病房昏迷時，還因為擔心朋友，心跳指數一路升高：「因為他們在我前面，火燒過來時他們會比我更嚴重吧？」她並不清楚同學的狀況，事實上粉塵燃燒很快，有些同學站得更靠近舞台，結果傷勢還沒有她嚴重。

黃家慧在加護病房住了二十一天，前兩週都在昏迷，醒來後一直以為自己在做夢，想說怎麼可能傷得這麼嚴重。她四肢的傷口都包裹起來，有一次醒來剛好是換藥時間，「看到腳真實的模樣，就是爛爛的血肉模糊，這怎麼會是我的腳？」直到九月出院，她總共做了二十一次清創植皮手術。

這段期間，每次看到親友來探訪，她都勉強擠出笑容，那是怕人擔心的強顏歡笑。「當下心情非常低落，我是一名運動員，從此可能沒辦法繼續運動。醒來後很多事都無法自理，就連最簡單的吃飯、上廁所都要重新學習。」她直言人生就像走到盡頭，幸好父母的觀念相當積極、正向，認為只要活著就好。「媽媽覺得不管我變成怎樣都是她的女兒，很多事可以重新再來。如果不是媽媽的支持，我可能也會放棄自己吧。」

除了父母之外，朋友們也很關心，曾擔任文大體育系系學會會長的她，為人十分海派，人緣好更不在話下。每次加護病房的探訪時間都是爆棚，也因此親友都必須輪流進去探望她。有一次最後來訪的剛好是跆拳道教練宋玉麒，之後就是換藥時間，結果教練一直不肯離去，就是想留下來看傷勢有多嚴重。

曾經還有一位朋友，過了探訪時間還沒有離開，「剛好加護病床有隔間，加上醫護人員很忙碌，就沒發現朋友還在裡面。」她表示在加護病房一直有不安全感，情緒很不穩定，需要人陪，「朋友看出我的心情，就留下來陪我三小時，等我睡了才默默離開。」在加護病房期間是她生平第一次獨自面對自我，這全新的經驗，讓她有些陌生，覺得在加護病房的每一天都很煎熬。

## 第一回合：與疤痕纏鬥

黃家慧是台北榮總第一位出院的塵爆嚴重燒傷患者，她剛好住滿三個月。儘管如此，身上還是有很多傷口，而回家不如醫院方便，每天換藥就要三個小時。幸好她相當樂觀，認為自己的傷口恢復不錯，而樂觀的不只有她自己，連父母也是如此。

「我在畢業前考上體育系研究所，爸媽覺得我不能停下來，因為受傷的人容易心情低落，應該像正常人一樣，讓生活回歸正常。為了不讓我的人生只剩下復健，他們希望我回去讀書。」二〇一五年十月初，她才出院幾天，就回到文大攻讀碩士班。

這是相當大膽的決定。出院時她連下床都還站不穩，需要靠助行器才能行走，但是父母依舊每天開車載她上陽明山。幸好有些研究所同學是大學的同班同學，會主動到停車場接她上課。「當時的我也很怕被別人撞到，可能一撞就受傷，身體還是很脆弱。」下課後同學再護送到停車場，由父母載下山，之後不是回家休息，而是驅車前往台北榮總復健。

當初黃家慧還在加護病房，醫院就開始安排復健。「復健師覺得我很認真，因此一路以來都是同一位復健師來幫我復健。我可以恢復得這麼好，台北榮總的復健有一半功勞，復健師超級嚴格，希望我快點好。」回到台北榮總主要是進行心肺運動，因為她在加護病房躺太久，她笑說：「第一次在加護病房坐起來，心跳就跳到一百五十，醫生都快嚇死了。」

於是她試著走跑步機、練舉重等簡單的復健，如果還有時間就前往新莊頭前庄活動中心，這裡有新北市政府與陽光基金會合作設立的「新北陽光重建中心」。她在此進行手部職能復健，按摩、拉扯手臂上的疤痕，並且練習用手拿東西。中心還有心理諮商服務，這段期間她跟其他塵爆傷友交換心得，發現他們幾乎都會做惡夢，而她自己或許生性樂觀，並沒有做過惡夢。

出院後的第一年，黃家慧每天都由父母接送，文大、北榮、新莊，或者是北榮、文大、新莊，周而復始，直到第二年四肢機能逐漸恢復才自己開車。看似無風無雨的一路順遂，卻仍有一般人難以想像的痛楚，她每天都要努力奮戰，只不過這一次纏鬥的對手是疤痕攣縮。

「不知道自己復健到底有沒有用，可能今天做完，隔天早上醒來後就付諸流水，肌肉、關節又恢復原狀，跟沒做一樣。」疤痕攣縮常讓努力復健都做了白工，她形容自己每天早上就像被對手擊倒一般，身體僵硬無法起身下床。原本前一天復健後可以蹲、可以站，隔天卻又像機器人，動作卡卡行動遲緩。為了加強復健的效果，後來她連睡覺都會戴副木，試著把彎曲的手腳拉直。

儘管不見起色，她仍每天乖乖去復健，因為復健師鼓勵她這段時間是關鍵期，如果復健沒有確實，疤痕會一直拉扯，之後手和腳可能更加拉不開，最後只有動手術一途。同時也有資深傷友分享：「或許覺得每天醒來都歸零，但是有一天會忽然發現自己正在進步。」如此的鼓勵十分有用，有一天醒來她發現自己確實是越來越好。

第二回合：命運的迴旋踢

復健一年後，黃家慧的手腳總算能活動自如，只不過手雖然可以動，能動的角度卻不大，而且無法伸直。這是因為塵爆發生時她被人推倒，雖然手臂有些地方閃過火勢，但是靠近手肘內側的周邊還是遭到火吻，之後疤痕攣縮使得雙手可以向內彎，卻無法伸直。

此外她的手指也因燒傷而有些障礙，「一開始連滑手機都沒辦法，即使到現在拿東西也容易手滑，因為我幾乎沒有指紋。出國要快速通關，海關的指紋辨識機都感應不到我的指紋。」手指抓不穩還是小問題，手伸不直才是大麻煩，她與醫師和復健師討論，評估復健效果有限，手已經沒有空間可以拉直，要直接開刀才能處理。她擺出揮拳的姿勢解釋，要先把手肘附近的疤痕切除，然後割取肚子上的皮膚，以一比一的比例補在雙臂上。

由於到新北重建中心復健的傷患相當多，無形中壓縮到復健時間，正好新北聯合醫院板橋院區成立了「燒燙傷復健暨急性後期照護中心」，吸引許多新北重建中心的傷友來此治療、復健。在傷友的提議下，黃家慧決定一試。

她在照護中心主要是練習核心肌群，透過棒式（plank）以肘撐、平板、撐體等徒手運動，或是搭配機器，懸吊繩訓練進行TRX懸吊式阻抗訓練（Total Body Resistance Exercise），逐步加強核心肌群的基礎訓練，提高全身從雙臂、腹部核心、臀部大腿、雙腳的肌肉。這是因為她在躺醫院躺太久，核心肌群都有些退化。

照護中心也安排雷射治療，進行四肢疤痕的磨平。「我很沒有耐心，差不多十次覺得沒有效果就放棄了。」受傷嚴重連大氣都不吭一聲，卻反而覺得雷射治療相當痛，「大概是體質關係，有被燒的感覺，就覺得又要挨痛。」她不但停止雷射治療，後來開始工作，連復健也都沒去。

逐步停止治療、復健，不是黃家慧偷懶，這意味著身體狀況逐漸恢復。災後第二年，她的人生起了重大變化。「我放棄繼續攻讀碩士，因為太累了，學業、復健兩邊都顧不好，於是決定休學。」除了無法兼顧，最重要的原因是她覺得該放棄運動這一塊。

這樣的決定需要很大的勇氣。熱愛跆拳道的她，大二比賽時被對手踢斷十字韌帶卻不肯開刀，就是怕從此無法再練習跆拳。她是靠著意志力一路過關斬將，雖然大學畢業後不再當選手，但她還是考研究所，並且有機會到新竹的學校擔任體育老師。

「必須放棄運動，因為我手腳的汗腺都被燒光。這些地方沒辦法流汗，一運動就會悶熱，然後疤痕就會開始癢。」這時候汗水會從其他沒受傷的地方，例如臉部、胸口、背部大量流出。「那感覺非常不舒服，好像被鎖住，就是想流汗流不出汗，不想流汗的地方又大量冒汗，只能待在冷氣房運動，可是運動員怎麼可能都在冷氣房？」

放棄的不只是運動員的身分，連擔任教練的生涯規劃也得放棄。「因為我沒辦法教，動作做不出來，要怎麼教別人？」她指出跆拳有其技術性，基礎動作必須扎實，但是她受傷後後多姿勢卻做不到位，腳也踢不上來，根本無法教學。

事實上黃家慧也是一名游泳教練，擁有救生員執照。汗腺受傷其實不影響她在水中游泳，但是對運動的堅持使她在教學上也無法妥協。「疤痕攣縮讓我無法做到划水、踢腳的正確姿勢，教學就是希望學生可以學到更好的技能，我當然不能教人錯誤的姿勢。」

## 第三回合：火鍋店的逆襲

看似瀟脫地放下一切，其實心中也歷經幾番猶豫和思量。一起去八仙樂園的學弟，游泳成績更出色，受傷後恢復也更快，復學後雖試圖參加比賽，可是成績卻不盡理想。學弟的經驗如壓垮駱駝的最後一根稻草，讓她決定回到起跑點，放下一切讓自己重新來過，此後只將運動當作興趣。

她很快就轉換跑道，試著尋找出路。她曾到哥哥開設的義大利麵店幫忙，也曾去手搖飲料店打工，但都接連受挫。特別是手搖飲料，由於手指燒傷，抓握要更用力，然而茶攤裡的瓶瓶罐罐表面都相當溼滑，一搖飲料不小心就飛出去，努力了幾次，最後只好放棄。

半年後黃家慧的舅舅看這樣下去也不是辦法，提議到火鍋店幫忙。這個建議讓她下一回合踢出關鍵的一腿。如同其他傷友，受傷後的黃家慧也很怕火，幸好火鍋店使用電磁爐，店裡又開冷氣，在廚房備料也用不到火，讓她相當適應新工作。她對工作十分認真，二〇一八年在家人支持下，在鶯歌開了自己的火鍋店。

火鍋店吸引了當時新北市副市長侯友宜的關注，還特地排開新北市長的選舉行程跑來用餐。另一位關注她的則是學長魏榑程，開店半年後，經友人介紹到鶯歌用餐。先前學長曾看過黃家慧受傷的新聞，覺得她開朗又正向，不但加了臉書和ＩＧ，還展開熱烈的追求。學長每天新竹、鶯歌兩地跑，連續吃了兩個月火鍋，終於抱得美人歸。

二〇一九年五月二十五日，在侯友宜市長的見證下，黃家慧與魏榑程步入禮堂，完成終生大事。

「感覺對了吧！爸媽也希望我早點結婚，另外受傷期間注射很多藥，醫生雖然說影響生孕的機率很小，但是我們和雙方父母都認為早點結婚，為將來『做人』計畫提早準備。」黃家慧強調「感覺對」是重要因素，「先生對我很好、很疼我，他不在乎我身上的疤痕，反而會保護我。」

從來都沒有國賠

看似剛強的黃家慧坦承，早期很在意身上的疤痕。她在復健期間認識一位傷友，原本是幼兒園的老師，第一天回去上班，受到學生異樣的眼光而很受傷，這讓黃家慧對身上的疤痕更在意。

「後來開火鍋店，我內外場都做。比起繁忙的工作，我覺得比較辛苦的是，我會在意客人的眼光，現在皮膚跟一般人不太一樣，很多人都會一直盯著我的手看。」她無奈表示，有些客人或許出於關心，也有不少客人是感到訝異，有些人知道她是八仙塵爆的傷患，更露出嫌惡的眼光，甚至出言不遜。

不友善的眼光與批評，一直以來都沒有停過。早在五年前，她剛出院沒多久，有一天回台北榮總復健時，因為黃媽媽還在停車場，她全身四肢都包著繃帶，一個人用助行器慢慢走進醫院。搭電梯時遇到一位六、七十歲的老婦人，開口就問說：「妹妹是八仙塵爆受傷的嗎？」她以為人性本善，老婦人是在關心，就回答：「是。」沒想到老婦人馬上變臉罵道：「你們都是浪費國家資源的小孩。」接下來就是「活該」、「國賠拿多少？」等不堪的字眼一直辱罵，直到走出電梯還尾隨在後繼續罵。

「我走得很慢，擺脫不了她，只好邊走邊哭。」幸好後來是護理師走近，老婦人才悻悻然離去。回憶起過往，她滿是委屈跟氣憤，再三聲明：「很多人誤以為八仙塵爆的傷患都獲得國家賠償，但是我們真的沒有拿到國賠。」

從那天開始，黃媽媽不再讓黃家慧獨自進醫院。不過說來神奇，被老婦人罵的那天下午，當她準備回家時，在大廳看見一位爸爸牽著小孩。小孩問爸爸：「那位姊姊怎麼了？」爸爸說：「姊姊受傷了，你要跟姊姊說加油喔。」那小孩真的跑過來說：「姊姊要加油喔！」她在同一天裡，感受到人心最惡毒也最善良的一面。

## 跆拳女孩長大了

現在對於旁人奇怪的眼光或不友善的批評，她反而較能釋懷，甚至可以無視。「反而是我先生、朋友比我更在意，他們會想保護我。有時候去路上逛街，旁人不友善的眼光，他們還會瞪回去。」她笑說。

浴火重生之後，黃家慧特別感謝北榮醫護人員的用心照護，其次她也感謝默默幫忙、捐款的善心人士。她表示國內社會非常關心八仙塵爆的傷患，很多人捐了善款，像自己的醫藥費就高達一百三十萬，如果沒有捐款，一個普通家庭怎麼可能負擔得起？

當然，她最感謝的還是父母和先生，特別是父母的照顧。「出院後爸媽拿每一次的開刀前同意書給我看，有一次蠻可怕的，上面寫『有截肢的風險』，我就覺得爸媽當時要簽下去真的是……對他們來說應該是蠻難過的決定。」不只是急性期治療，她還記得每次去復健，復健師拗手時都會痛到大哭大叫，「媽媽都會默默走出去，自己一個人哭，就是心疼我吧！我覺得我很辛苦，但家人更是辛苦。」

因此現在的黃家慧更珍惜家人，「意外真的很可怕，未來會發生什麼事情實在很難預測。」她笑說比起學生時代大咧咧的性格，現在變得比較敏感，也想得比較多。其實不是她想得多，而是她長大了，那位過去在場上揮汗競賽的跆拳女孩長大了，儘管賽場已經轉變，但為了不讓家人失望，她仍秉持著跆拳道百折不屈的精神，一拳一腿，踢出她的美麗人生。

# 再度綻放的睡美人
## 城市小姐林佩璇

對於未來，林媽媽只希望林佩璇能夠照顧自己……林佩璇對於未來的看法則依舊樂觀：「我想當歌手，拍寫真。」她仍保有少女時期愛表演的夢想。

「我從早上玩到晚上，然後……有很多人，可是我跟同學在漂漂河那……」「我是在下面，可是舞台是在上面，然後舞台爆炸，燒到下面去。然後我看大家都跑，可是我不敢跑，因為火都一直跟著那個……那個……跑的那些人，我不敢跑。」

林佩璇坐在輪椅上，一個字接著一個字，慢慢述說著八仙塵爆當時的狀況。突來的塵爆從她口中說出，有如卡通畫面，卻讓人笑不出來。

二〇一五年六月二十七日這一晚，剛從莊敬高職表演科畢業的十八歲少女林佩璇遭逢

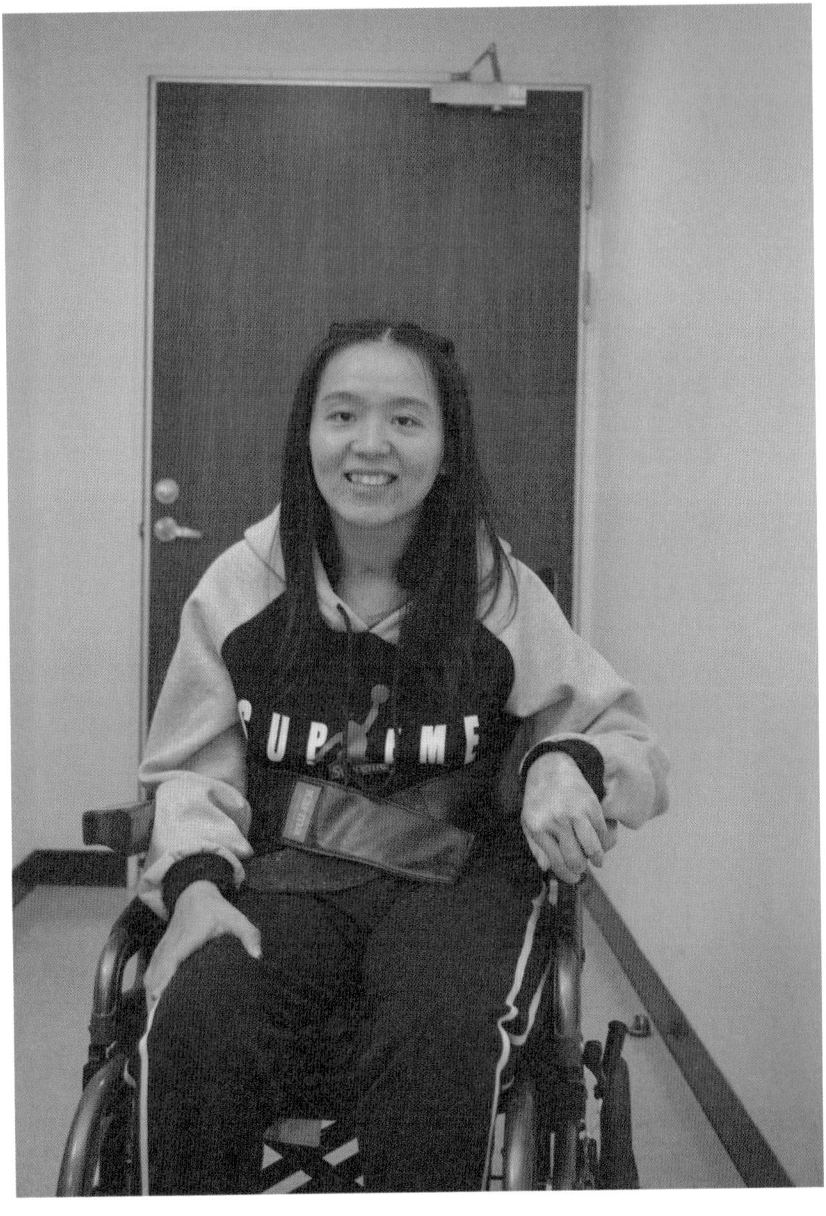
SUPREME

這場意外，搶救後卻因缺氧休克造成腦部損傷，讓她智力退化彷若幼童。

「我不大確定佩璇是真的記得，還是因為聽我們說過。我問她：『你們有哪些人去八仙？』她們一行共八人，其實她只記得一起復健的兩、三位同學而已。」林媽媽邱蕙娟女士說，女兒受傷後意識還很清楚，他們第一時間趕去醫院時，曾向他們敘述事發經過。「可能我們再轉述時也有談到這些，之後她就有印象了。」

林媽媽轉身問她：「還會怕嗎？」

「不會。」林佩璇笑說。

## 雪隧中的噩耗

八仙塵爆當晚接到女兒同學電話的情景，至今仍是林媽媽最不願回憶的過往。當時全家人前往宜蘭接剛放暑假的哥哥回台北，就在雪山隧道的車陣中接到電話，她還心存懷疑：「你們去玩水怎麼會燒到？是不是打翻泡麵？」渾然不覺北台灣另一端正發生重大公安意外。同學說林佩璇大概二度燒燙傷，林媽媽完全沒有概念：「我還利用塞車時間上網查詢，感覺挺嚴重，很難想像那個場所會燒成這樣。」她開始慌了，一直打手機聯絡全班同學，偏偏卻始終聯絡不上也去八仙樂園的同學。

直到半夜林媽媽終於聯絡到同學，才知道她們很早就坐上救護車，被送到新北市聯合醫院三重院區。當她趕到三重院區，寶貝女兒身上吊著點滴，意識清醒，並沒有插管治療，還一直問同學送到哪去。

「我問她：『很痛吧？』她跟我說不會很痛，叫我們不要擔心。」儘管看到女兒燒壞的皮膚掛在身上，然而對燒傷的陌生，還以為這只是一般的皮肉傷，時間久了皮膚就會長出來，疤就會好，殊不知前方還有許多難關。

由於三重院區沒有燒傷中心，親友們一直提醒林媽媽要趕快轉院。「其實佩璇也有兩位同學先送到三重院區，後來轉到其他醫院。我們當時也想轉院，就一直去按那個……」

「加護鈴。」默默在一旁聽著的林佩璇補了一句話。

「對！按了加護鈴問醫護人員，轉院需要什麼手續？」得到的答案卻是轉院風險太高，而且北台灣其他醫院也幾乎沒有空病床，狀況的嚴重讓林媽媽心存顧忌而放棄了轉院的念頭。直到六月二十九日早上，林佩璇身體腫脹，院方才緊急與家屬討論，表示要進行筋膜切開術疏解組織水腫的壓力，要他們趕快轉院。

幾番洽詢，他們決定轉到台中榮民總醫院，而一到達台中榮總的加護病房後，立刻插管治療。「照X光，肺部全是白的，都是吸入性的粉塵積在裡面，狀況很嚴重。」林媽媽臉上盡是自責，當初太晚轉院，讓女兒平白受許多苦。此時林佩璇的意識仍很清楚，家人在加護病房外用電話為她打氣，還可以點頭，甚至有想要翻身下床的舉動。

## 半夜的手機鈴聲

林佩璇的狀況不佳，醫療團隊針對她的肺部進行治療，而X光片上的肺部情況時好時壞，有一邊的肺慢慢轉黑，一星期之後，兩邊又開始泛白。之後的二十多天，肺部一直重複感染，醫生也一直用抗生素治療。

當時台中榮總有位八仙塵爆傷者因為傷重不治，林媽媽得知後將別人的不幸投射到女兒身上，而更加恐慌：「那孩子是半夜走的，每次半夜聽到手機鈴聲，我真的很害怕。」最終恐怖的手機鈴聲還是響起，女兒因為感染引發敗血症，休克將近十分鐘。

當他們趕到加護病房外時，醫護人員還在裡頭搶救。醫師出來說明情況，並詢問是否要拔管？因為休克時間太久，命就算救回來，也有可能一輩子臥床。當時還有胸腔科主任共同會診，也認為狀況不樂觀。主任說：「不救，你們會很痛苦。但是救了她，以後就是她痛苦。」回想起那天的情形，林媽媽忍不住掉下眼淚。

面對生命的抉擇，林佩璇的家人還是捨不得放手，拜託醫師無論如何一定要幫忙度過難關。最後林佩璇的命雖然搶救回來，卻陷入昏迷，而感染的問題也並未結束，必須持續用抗生素壓制。當時她在白天的狀況較為穩定，夜裡生命數據就非常混亂，醫院發了幾次病危通知，後來還在加護病房洗腎。「每一次進加護病房，病床旁就多一些不知名的儀器。醫生說葉克膜也一直準備在旁邊。」幸好葉克膜最後沒有派上用場。

為了能讓林佩璇穩定呼吸，又擔心繼續插管會有氣管內管併發症的疑慮，醫生在她的喉嚨附近進行氣切造口手術，氣切造口上則放置氣切套管。醫護人員一方面穩定她的生命跡象，降低肺部感染，另一方面由於全身面積有七十一％燒燙傷，也持續進行清創植皮手術。

「每次看佩璇都咬著嘴唇，不曉得她是不是很痛？她無法回應，那模樣真的像植物人。尤其眼睛特別明顯，她的眼睛張開卻無法聚焦，一眼看東，一眼看西。」病況讓林媽媽好心痛，一度想要放棄：「我很懊惱，為什麼沒有智慧放手，讓她受了那麼多苦。」林媽媽非常悲觀，還曾動念頭要帶女兒一起走。

除了在加護病房隔著玻璃探望，這段期間，林媽媽只有在動手術時才能看到心愛的女兒。「從加護病房推出來時，我就跟在病床旁一直跟她講話。雖然她無法表達，我們還是沿路喊著：妹妹要加油喔！會好喔！」這是唯一可以跟女兒近距離說話的一段路。「直到病床推進電梯後，我們又匆匆忙忙跑樓梯下樓，再沿路陪她進手術房。」

## 呼吸是本能

從七月開始，加護病房及手術病房外的等候室，就是林媽媽一家人的生活範圍，台中榮總醫院提供的家屬休息室位於地下室，幾乎收不到手機訊號，因此他們大部分時間都守在加護病房外，醫院門診時間結束，走廊關燈後則到院外徘徊，一直到身心都疲憊不堪，才會回到休息室，十分辛苦。

幸而台中福華飯店提供八仙塵爆家屬免費住宿，雖然他們比較晚得知訊息，卻也在飯店棲身了短暫時間。由於林佩璇仍在昏迷中，為了長期抗戰，他們決定在東海大學附近租學生宿舍，結果房東得知他們是塵爆的受災家屬，二話不說就提供他們免費住宿。

四個多月的漫長昏迷，每一天對家人來說都是煎熬，「只要聽到佩璇又開始發燒或感染，就會忍不住掉淚，醫生好像怕我們承受不住，都沒跟我們討論腦部問題。」醫師的話題只圍繞在燒傷面積、傷口變化等。「大概認為佩璇醒來的機會可能不大，但礙於法規，又不能馬上宣布她是植物人。」

十月，林佩璇的生命跡象漸趨穩定，傷口也處理得差不多，醫師委婉向家屬表示，要將昏迷中的林佩璇轉到普通病房，但醫師覺得她的情況非家人可以獨立照顧。「醫生建議我們考慮找安養院，因為氣切管還在，所以要找有呼吸設備的照護機構。」林媽媽更加茫然了，「如果真的要出院，我要帶回家自己照顧。」甚至異想天開，以為租一台醫療用的呼吸儀器，就可以接女兒回家自己照顧，堅強的母愛令人動容。

幸而一星期後醫師告訴他們，前一晚林佩璇的嘴巴動了，但不能確定是有意識想要說話，還是無意識的動作？由於氣切管會阻礙發聲，於是換上可發聲的氣切管。林佩璇似乎真的開始有意識，接下來一星期，醫師每一天都訓練她自主呼吸。

醫護人員把氣切套管出口塞住，並用生理監視器監測血氧狀況、呼吸次數、心跳和血壓，並且漸進性增加塞住氣切套管的時間。「護理師在旁引導她呼吸，可是又不確定她聽不聽得懂。」林媽媽笑說，剛開始訓練一小時，試試看能否自主呼吸；之後延長到兩小時、四小時。「超過四小時又不行了，得打開管路讓她呼吸。」四小時是個關卡，這一關練習相當久，之後再進階到八小時、十二小時、二十四小時。

林佩璇不負眾望，展現堅強的求生意志，這段呼吸訓練又讓她在加護病房多待了幾星期。儘管可以自主呼吸，但很多時候她都處於昏昧狀態。「我一直問她：知道我是誰嗎？我覺得她知道我是媽媽，有時候換別人來探望，她未必會有反應。」每到探病時間，林媽媽都盡可能用電話跟林佩璇說話：「我真的是對著空氣說話，也不管她懂不懂，就一直跟她講話，告訴她從小到大發生的事情。」

## 靜脈雷射治療

可能是剛移除呼吸管，林佩璇的聲音沙啞而且音量很小，但林媽媽堅信她有反應。此時她的眼睛仍無法聚焦，卻會輕挪身體想要循聲辨人，林媽媽很想知道她的反應，便透過電話說：「妹妹如果聽得到聲音，就用力眨眼睛。」「結果她真的有眨眼！我也擔心那是錯覺，有時候會問：妹妹可以親我一下嗎？結果她真的會嘟嘴。」雖然只是自己的期待，醫師也不認為林佩璇真的有意識，但比起之前完全沒反應，林佩璇的確已經慢慢在甦醒。

醫師在佩璇昏迷期間曾幫她做腦波檢查，卻測不出腦波，這表示她的腦沒有思考，會一直沉睡下去。即使後來清醒，但因為休克時腦部缺氧太久，已經傷到腦葉，因此智力會退化成幼童狀態，行動和言語都變得遲緩。林媽媽上網查詢，得知腦傷可以做高壓氧治療，於是去詢問主治醫師，得到的答案卻是醫院的高壓氧設備已經停艙，無法安排高壓氧治療。

後來林媽媽在醫院的雜誌看到「氦氖靜脈雷射」介紹，靜脈雷射治療主要運用在中風、三高等代謝症候群，可提高血液攜氧量，加速新陳代謝，達到細胞修復效果。「就是將低能量的雷射光打入靜脈血管，增加血紅素攜帶氧氣的能力，可以使腦部、神經等需要氧氣的生理組織，獲得足夠的營養供應，對於腦傷患者有改善效果。」她再次詢問主治醫師，但經過復健科醫師的評估，卻找不到林佩璇的血管因而作罷。

儘管如此，卻澆不熄林媽媽好不容易燃起的希望火苗，愛女心切的她又拜託主治醫師再請復健科進行評估，看看是否可以在其他地方找到血管。於是在復健科主任親自幫忙下，終於找到可以注射的血管，才大功告成。

林佩璇在台中榮總共做了十次一個療程的治療。休息一星期後，她轉院到三軍總醫院進行下一個療程。靜脈雷射治療確實改善了腦傷，治療後她不但可以叫爸爸、媽媽，還能簡單拼湊出一些句子。

二〇一六年十二月，在行政院與新北市政府共同成立的「六二七燒燙傷專案管理中心」協助下，將林佩璇轉送到三軍總醫院內湖院區的普通病房。之所以沒有選擇讓她直接回家，是因為三總也有提供靜脈雷射治療；其次，在加護病房都是醫護人員照顧，即使後來轉到普通病房，考量她長期昏迷，還是由醫療人員幫忙照顧，偶爾才讓家屬在旁觀摩學習。

換句話說，轉到三軍總醫院之後，林媽媽才開始學習如何照護、處理傷口。「護理師都很疼愛她，之前在台中榮總，像洗澡這種大工程，都是護理長帶一群護理師來幫忙。她們邊幫她擦澡邊教我回家要如何處理、清潔。」林媽媽第一次幫女兒洗澡，已經是出院後的事。幸好這時候她已經可以坐輪椅，乖乖坐著讓媽媽和祖母幫忙洗澡。

## 第一次坐輪椅

說起第一次下床坐輪椅，也是件不容易的事。三總剛好有一位男護理師，在護理師幫忙下她終於坐了起來。「那時候我很懷疑，佩璇有辦法坐嗎？」不過所謂的「坐」其實借助很多外力。護理師在她的左邊墊了枕頭、前面放抱枕、再用帶子將身體綁在椅背上，這才讓她「坐」在輪椅上。

儘管姿勢東倒西歪，林媽媽還是常常推著輪椅，帶女兒去跟其他住院的同學打招呼。「到處繞繞比較開心，對於病情也有幫助。這時我才知道可以慢慢讓她離開病床，這是之前完全不敢想像的事。」

在三總除了繼續進行靜脈雷射，林媽媽也開始參與協助林佩璇復健。三總的復健比較偏重大肢體、大關節的物理治療，很多中風的老人家來此復健。而林佩璇的復健必須透過牽引機器，進行手腳牽引運動。當時她的手還沒有握力，必須用繩子將手綁在拉環上；她的腳會不自覺打開呈現八字腿，也必須綁起來；至於身體則是用安全繩將她挺直固定在輪椅上，結果機器一拉，她的眼淚也跟著掉下來。

復健後回到病房，林媽媽聽從護理人員的指示幫佩璇拉扯疤痕。「我當時心想，她已經沒有辦法自己活動，如果再不幫忙拉的話，疤痕會更緊。」林媽媽求好心切，每次拉扯都很用力，也很勤於幫女兒穿戴副木，一戴就是二十四小時，不得已才會拿下來休息。虎媽般的復健方式，連主治醫師看了都搖頭：「媽媽太殘忍了。」其實林媽媽知道疤痕用力拉會痛、副木戴太久會有反效果，神奇的是女兒不哭也不鬧，默默讓媽媽用力拉扯，也因此關節彎曲、伸展角度，並沒有因疤痕攣縮而有太多影響。

二〇一七年一月，林佩璇終於出院回家過年，由於三總和家裡距離遙遠，家人不知道該帶去哪裡復健。於是林媽媽打電話詢問其他受傷同學，才知道陽光基金會提供復健服務，她也才想起在台中榮總時，陽光的社工就有來宣導燒傷知識以及急性後期的復健。

「他們來教如何穿壓力衣，可是當下我真的沒有心情聽。我根本不知道佩璇會不會醒來，我不想聽這些，我只要她醒來就好。」有別於三軍總醫院的復健，陽光的復健主要是針對燒燙傷患者，都是由復健老師徒手進行疤痕的按摩、拉扯，並且讓林佩璇躺在體操墊上練習翻身。

比起其他傷友，林佩璇的疤痕攣縮並不嚴重，她的行動限制主要還是因為腦部受損。

因為理解能力差，對於復健老師的指導似懂非懂。「老師帶妹妹帶得很辛苦，她完全聽不懂老師的指示，全身軟趴趴，就連基本的跪、蹲也沒辦法，完全要靠老師的力氣帶動。」當時的復健幾乎完全沒有進展。

## 重啟大腦密碼

二〇一七年六月，林媽媽經由傷友得知新北聯合醫院在板橋院區成立了「燒燙傷復健暨急性後期照護中心」，林媽媽抱著姑且一試的心情前去參訪。照護中心給她的第一印象是「環環相扣的醫療服務」，「裡面有整型外科和復健科的醫生，再從醫生、護理師到復健師，復健師分成職能、物理，另外還有心理治療，隨時遇到問題可以隨時解決，提供很完善的照顧。」

林媽媽提到，女兒的腳始終抬不起來，呈現垂足狀況。整形外科宋定宇醫師懷疑她是神經受損，跟復健科林昀毅醫師討論後安排檢查，發現確實是腿部神經受損。還有一次林佩璇肚子痛卻無法說明，只是皺著眉頭，手按著肚子，護理師發現了，檢查後才知道是脹氣。

這些其實都很不容易，尤其是林佩璇剛到照護中心時，表達能力不佳，無法及時反應身體狀況。「幸好照護中心的醫護人員都對她很好，像對待小朋友一樣，很有耐心，一直問、一直跟她溝通。」林媽媽表示，認知功能雖然在靜脈雷射治療後大幅進步，但是大多時候還是不太會說話，或是說了其他人也聽不懂，必須要靠得很近，聽她慢慢說、慢慢猜，才能大致瞭解意思。

八仙塵爆的傷患都是年輕人，每次來照護中心復健，休息時彼此可以聊天，但林佩璇完全無法加入，只能雙眼無神地坐在一旁。就算有人主動問候，也沒有反應，或是反應速度很慢。「如果不是很熟的人，她也記不起來你是誰，沒辦法跟人家進一步互動，好像與世界隔絕。」

林昀毅醫師認為，她的語言、記憶、認知功能受到腦傷影響，看到的世界與一般人不同，甚至觸眼所及的物體形狀可能有些扭曲。在林醫師的建議下，林媽媽帶去眼科檢查，證實由於腦部受損，影響到她的視覺。

後來林昀毅醫師與臨床心理師王鼎嘉評估後，認為林佩璇具有腦部功能復健的潛力，於是幫她進行「認知功能復健」。「腦傷很特別。腦部每一區塊之間都有連結，如果大腦受傷，會將連結的路徑截斷，使得語言、認知出現問題，即使心裡想要做什麼，也無法安排身體進行反應。但是路徑被截斷，不表示沒有其他通路，可能還是會有別的路徑相通。」

王鼎嘉指出，林佩璇就像一株睡著的植物，不澆水就不會有反應，但只要給予足夠的刺激，就會發現她還是有覺察能力，會笑也會不開心。

王鼎嘉心理師表示，認知復健的原理不難，就是給予患者更多的刺激，想辦法讓腦部受傷後殘存的連結可以發揮功能。說來簡單，但是她的認知與表達能力有限，心理師透過一年的時間，利用圖畫、遊戲等活動才逐漸訓練她的認知功能。

「我無法參與心理會談，可是每一次佩璇出來都很開心，還會比手畫腳表演給我看。」林媽媽笑說，現在女兒的認知功能確實有大幅的進步，不但會主動跟人聊天、簡單說出一些句子，還會開玩笑。

## 重回選美舞台

目前林佩璇雖然退化至幼童的智力，但是心智年齡還是停留在愛漂亮、在意別人眼光的十八歲。至於記憶喪失就像剝洋蔥一樣，最外層的記憶，也就是越最近的記憶反而記不得；越久遠的記憶，像小時候發生的事，她反而還記得一些，可以片斷敘述。林媽媽說：「我們以前常去一家餐廳吃飯，可能我曾在餐廳跌倒，當時大家笑了很久。最近我們再經過餐廳時，她會說：『我記得以前有人在這裡跌倒，好好笑喔。』」一旦細問到底是誰跌倒？

她就無法詳述了。

在做認知治療期間，林媽媽還帶林佩璇去新北聯醫三重院區，進行在台中榮總失之交臂的高壓氧治療。高壓氧能迅速增加腦組織及腦脊髓液的含氧量，促進有氧代謝，改善腦細胞的缺氧狀態。「高壓氧治療一年多以後，她對老師的指令漸漸可以理解，甚至還會提出問題。」林媽媽舉例說，有時候老師要林佩璇用力抬一下左手，她抬起左手時還會問老師：「是這樣嗎？」在認知方面的進步也加強了復健的效果。

在照護中心的復健，除了加強疤痕按摩、拉扯，也讓林佩璇練習站、坐、行走以及手的抓合。以站立來說，剛開始是站傾斜床，也就是將她五花大綁在傾斜床上，透過調整不同的角度，讓她被動地體驗在不同角度時身體的感覺，以及血壓和心跳的變化。傾斜床逐漸增加直立的角度，讓長期臥床的她體會站立的狀態，同時當傾斜床直立，床腳的腳踏板會將刺激從腳底傳到腦部，促進腦神經的活化。

這樣的訓練相當有效，目前林佩璇已經可以在別人從背後環抱之下，藉由助行器站立。如果要走路，就更加困難，由於核心仍不夠穩定，不太會踏步，她還得練習重心的轉移。林媽媽說：「我們抬起右腳時，重心會在左邊，她就需要別人幫忙壓住左腳，才能將右腳抬高。」

「要拍照嗎？耶！」聽到走路，林佩璇不自覺脫口而出，這不是無厘頭搞笑，而是受傷前的她就超愛表演，因此現在聽到「走路」、「站立」等關鍵字，就會聯想到要上台表演。其實高一時，林佩璇就開始兼職當模特兒，十六歲時曾參加城市小姐比賽，一六八公分、四十六公斤的身材相當出眾，獲得最佳人緣獎。

二〇一七年八月「全球城市形象大使暨全球城市小姐選拔大會」於板橋凱撒大飯店舉行全球城市小姐總決賽，還邀請林佩璇擔任出席嘉賓。為了能讓自己穿上花仙子禮服，面對媒體展現復健成果，這段時間除了努力減輕體重，她更加努力讓自己站起來。

八月十二日，林佩璇穿上禮服，重回伸展台。而且在眾人攙扶下站了起來。雖然只有短短幾秒鐘，但她越來越有力氣，不再搖搖晃晃，與往日不可同日而語。如此驚人的進步，林媽媽當然功不可沒。自出院後，林媽媽就關掉早餐店全心照顧。她們先在祖母家住了一年多，祖母一起幫忙照顧。林媽媽笑說，現在洗澡時不用特別固定，叫她把手抬高，也不像以前四肢無力，完全抬不起來。

「手抬高！」聽到手抬高，林佩璇還真的抬起手來。

「手抬高伸直，就可以直接沖水，現在佩璇可以幫忙的也比較多，對不對？」林媽媽轉身問林佩璇。

「對！」林佩璇笑得很燦爛，能夠分擔媽媽的辛苦，是一件快樂的事。

## 日本圓夢之旅

一年多後她們搬回家，並在照護中心的協助下申請補助改造居家環境，將廚房改裝成簡單復健的場所；主臥室也改建，增設了懸吊式移位機，可以將林佩璇從床上移動到輪椅上。另外也添購幾張不同功能的輪椅。「輪椅還有兩段式，可以躺平洗頭。」在這些器材協助下，減輕林媽媽許多負擔。以前她不知道可以申請輔具，只會傻傻地使用蠻力，「醫護人員看到都搖頭說：佩璇媽媽，這樣不到兩年你就可以退休了。」

二〇一九年林佩璇全家到日本一遊。「佩璇沒受傷前就很嚮往去日本，以前都沒去過，受傷後這念頭還一直存在。」林媽媽笑說：「我自己都沒有出過國，帶著輪椅怎麼去日本？」但照護中心的護理師一致認為，應該讓林佩璇出國走走，給她不同環境的刺激，對於認知上會有幫助。她們主動幫忙訂機票和飯店、規劃行程，讓一家人順利成行。

「下次我要出國，我還要！」聽到關鍵字「出國」，林佩璇立刻開心起來。

目前林佩璇每週還是會到照護中心進行復健與雷射治療。她的疤痕不算厚，不像其他傷友因攣縮而無法彎曲或伸直；許多傷友煩惱的疤痕痛、癢問題，對她也沒有太大影響。

至於其他傷友仰賴的重建手術，也要等她復健到大關節都可以自主活動後再進行，以免她停下復健後會忘記動作。林佩璇的手始終無法伸直，林媽媽總自責是自己沒有照顧好，不過林昀毅醫師檢查後發現是關節上有骨質增生，導致手肘無法伸直，因為沒有不舒服，手臂的活動也未受限太多，暫時先不處理。

問林佩璇會不會痛？「會痛！是媽媽拉太大力啦！」童稚的模樣，讓人忍俊不住。

## 後段班的迢迢復健路

塵爆發生至今，大部分傷友都已復學或回歸社會。「剩下的像佩璇這樣，我們都自稱是後段班，還需要努力。」林媽媽自嘲地說。她擔心照護中心會因為傷患變少而收編，「幸好項院長跟我們保證不離不棄。」

林媽媽衷心肯定照護中心的存在有其必要，主要是因為八仙塵爆發生後，他們曾像無頭蒼蠅般無所適從。雖然有醫療人員協助，但對於燒燙傷照護知識的陌生，使林佩璇在出院後延宕許多治療與復健的機會。如果照護中心繼續存在，未來不幸再發生燒燙傷意外，便多了一個場所提供傷者照護和復健。

「真的很感謝賑災基金會和新北市聯合醫院，特別是林昀毅醫師以及照護中心團隊，他們讓佩璇進步那麼多，幫了很多忙。」林媽媽表示，各界的幫助都讓他們點滴在心頭。「我也要感謝醫生和護理師，他們讓我變漂亮喔！是他們幫我做動作，讓我疤痕都變軟了喔！」林佩璇也是真心感激照護中心。

對於未來，林媽媽只希望林佩璇能夠照顧自己。「只要能夠自己刷牙洗臉、自己吃飯，我們就比較不會這麼擔心，畢竟我們能陪她的時間總是有限。」語氣中透露出為人父母的擔心，深怕以後自己不在，女兒要怎麼辦？相較於林媽媽的憂心，林佩璇對於未來的看法則依舊樂觀：「我想當歌手，拍寫真。」她仍保有少女時期愛表演的夢想。

「不是這種啦！是長期、穩定的，你想要做什麼？你不是說想要賣什麼？」聽到林佩璇的願望，林媽媽露出慈靄的笑容，一掃剛剛的憂愁。「喔，賣香水啊！因為身上會很香。都在百貨公司裡面，不用曬太陽。」林佩璇笑著說。

不論是生活自理或是賣香水、拍寫真集，這些願望其實很小很小，小到幾乎任何人都做得到。但看著林媽媽推著林佩璇的輪椅，前往復健室長長的廊道，卻又如同她們的未來，雖然看得到目標，卻又異常的遙遠。

# 努力運動，掌握人生
## 健身教練陳勁綸

體育系出身使他深諳復健對燒燙傷的重要性，也讓他成為復健運動的模範生，未來他將用自己的專業幫助更多人，為更多人帶來健康。

「腳踩著踏板，用力往外蹬，讓身體拉伸，這是出力是向心；然後慢慢收縮身體，將腳慢慢縮回，這是離心。向心比較累，但是腳收縮時不能太快，姿勢要 hold 住、要用力，不過只要身體放鬆就不會太累。」坐在多功能重量訓練機，聽著健身教練陳勁綸指示，讓身體一伸一縮，不但可以訓練腳部關節，也能同時訓練大腿肌群。

「你需要多運動了。」聽著健身教練的建議，心裡還真不是滋味，但看著他雙手上布滿著燒傷疤痕，不開心的感覺立刻變成慚愧。因為這雙手在五年前可是包緊繃帶，想動也

ROGUE

動不了，經過五年鍥而不捨的復健、運動，才有今天強健的模樣，讓人忍不住想起知名的廣告詞：「一個男人，連自己的體脂肪都控制不了，還談什麼掌握人生。」而陳勁綸用「努力復健」重新掌握自己的人生。

## 禮讓他人先上車

五年前，陳勁綸與從小到大的好友共五人，參加在八仙樂園舉辦的彩色派對，卻發生不幸。「現場突然『喀』一聲，然後就一片閃燃。」事發當下他們做鳥獸散，都不知道自己在哪裡。「當時並不清楚狀況，後來看到新聞才知道原來那麼恐怖。我只知道出事了，知道自己被燒了。」

儘管距離舞台有段距離，但他仍被波及。為了儘快降溫，他忍住疼痛硬撐著走到漂漂河，跳進河裡。他和在河裡遇到的朋友被人用８字形游泳圈從漂漂河扛到大廳，此時消防及救護人員已陸續進來搶救，並依照傷患的傷勢輕重，分發傷檢單的色卡。

「我是覺得自己狀況應該沒有那麼差，我看四周有些人都快要昏迷了。」他跟朋友說：「不然我們再等一下，讓嚴重的人先上去。」他先聯絡姊姊，也不急著上救護車。稍晚姊姊從社子島趕來，他才又被抬到園區外面等待救護車。結果這一禮讓，拖到快半夜才被送到醫院，一上救護車就意識模糊。

陳勁綸全身燒傷面積五十五%，大多集中在四肢，其中腳的傷勢最嚴重，臉部也有輕微灼傷。他屬於中度燒傷患者，抵達林口長庚紀念醫院加護病房時並沒有插管治療，而且不久後就醒來。他還記得塵爆的傷患分散在加護病房的四周，病床之間有簾子隔開。他的好友陳天順也被送到林口長庚醫院，但在其他病房，兩人緣慳一面。

雖然很快就恢復清醒，但剛開始仍無法大幅度活動四肢，不免有些擔心。「幸好醫護人員一直幫我打氣，出院才是真正的考驗，要一直復健。」他是國立體育大學體育推廣學系學生，雖然才剛念完大一，卻已知道一些運動傷害，對於燒傷的疤痕攣縮有初步認識。「我很清楚身體一定不會比之前好，自己有個底，希望可以回到之前的狀態，越接近越好。」

## 鼓舞人心的影片

陳勁綸的意識相當清醒，就連在八仙樂園遺失的手機，還有人幫忙拾回，很快就交到他手中。在加護病房期間，由於朋友都非常關心，礙於探病時無法前來，女朋友建議拍個短片讓大家瞭解現況。

七月三日，災後第五天，對著女友掌鏡的手機，他忍住痛一字一句地說著：「我有認真吃東西，換藥都乖乖換，雖然很痛，可是還是要忍。」影片中，他不時用舌頭舔拭受傷的嘴唇，忍著痛苦說出一字一句，但仍然不減自信地表示：「第一個已經先走路了，那我要搶第二個。趕快復健，趕快走路，趕快回去陪伴關心我的人。」女友將短短一分鐘的影片放上臉書報平安，短短幾天便獲得七十萬人觀看，新聞媒體也紛紛報導，期盼他的正面思考也能鼓勵其他傷者，一時之間成為熱門話題。

手機分享好消息，卻也帶來不幸的消息。七月六日，他從新聞中得知好友陳天順傷重不治，心情十分低落。「家人選擇隱瞞，可能擔心我的傷勢，不敢跟我講，但我還是知道了。」除了難過，還有很大的壓力。「在加護病房時半夜都會偷偷哭，我怕……我怕其他人也會離開，因為他們都有插管治療，真的很擔心。」談起朋友，他感慨萬千。這段期間還有一位朋友情況比較不樂觀，幸好後來他們都度過難關。

最終陳勁綸沒有如願成為第二位下床行走的傷患，他的傷勢比預估的嚴重，足足在加護病房躺了一個月。幸運的是，許多重度燒傷患者還在昏迷與死神搏鬥時，他不但逐漸活動手腳，可以使用手機，還可以自己吃飯，只不過這並不代表他從此就化險為夷。

走路像大猩猩

在加護病房時陳勁綸的雙腿歷經三次清創植皮手術，轉到普通病房後又動了一次手術，總共四次。「手術過程中都上了麻藥，沒有感覺，開刀出來後超級不舒服，昏沉的不舒服。」真正的痛苦還沒有開始，開始換藥之後才知道什麼是真正的痛。「在普通病房時得要頻頻換藥，第一次換藥到最後一次換藥我都是清醒的，那時候還蠻希望自己在昏迷中，因為真的非常痛，比起清創植皮，沒有比較痛，而是超級痛。」能夠讓一個體育系大男孩脫口說出「超級痛」，想必這滋味非常人所能忍受。

儘管在加護病房時還無法下床，身上的傷口也還會痛，但為防止關節攣縮，陳勁綸仍有空就練習伸直及彎曲四肢，甚至還會忍痛拗折，讓四肢關節的角度和靈活度都可以回復到正常狀態。七月底他轉到普通病房，終於可以下床了，但腳上的傷疤容易充血，讓他無法久站。「腳會麻、會刺、會痛、會脹又超癢，所以沒辦法站太久。」這個情況沒有特效藥，只能靠時間慢慢恢復。「儘管復健再努力、角度再改善，刺、痛、脹、癢還是會存在。五年了，到現在還是一樣，只是比較輕微。」

陳勁綸下地的時候雖然不用助行器，但仍要扶著圍欄、靠著床邊慢慢走，而且模樣十分奇特。「很不像正常人，雙腳外八，腳跟翹起來，墊著腳尖才能走。」其實他全身傷勢最嚴重就是腳，腳的活動度很差，尤其是腳踝、膝蓋都有傷口。「膝蓋沒辦法打直，也沒辦法蹲，走起路來超級不自然，很像猩猩。」身高一百八十公分的他如此形容自己，還真的有些滑稽。

比起雙腳，陳勁綸雙手的傷勢較輕。左手比較嚴重，偏偏他是左撇子。「日常生活還好，我就用右手拿湯匙吃飯。至於寫字的話，還是可以用左手慢慢寫。」他對自己的傷勢相當樂觀，儘管傷口阻礙了左手的活動，但仍勉力讓手指活動。

## 復健的忠實擁護者

陳勁綸在二〇一五年八月出院。住院期間，陽光基金會的社工就來醫院幫忙。出院後除了回長庚醫院門診，他也前往新北市政府與陽光基金會合作的「新北重建中心」進行復健。在重建中心主要是進行物理及職能治療，透過疤痕的按摩拉扯來恢復關節活動度。他是第一批在此復健的傷友，由於體育系的背景，他知道這些看來單調、枯燥的動作都有其目的，陽光基金會的復健就是盡可能讓傷者回復正常：「所謂『回復』就是身體能和正常人一樣做到日常生活中的動作。」想要回到正常生活，就要持之以恆地復健、運動，即使枯燥仍甘之如飴。

二〇一六年七月在傷友介紹下，陳勁綸來到新北市聯合醫院板橋院區的「燒燙傷復健暨急性後期照護中心」復健，同時針對雙腳進行雷射治療，淡化腳上疤痕的顏色。「新北重建中心個案愈來愈多，我是最早去陽光的八仙傷患，受傷程度又比較輕，我想還是優先禮讓其他傷友，不要再去占名額。」復健一年多後，他也計畫訓練身體其他部位，因此選擇離家較近的新北聯合醫院。

照護中心的復健基本上是延續陽光重建中心的復健治療，但多了跑步機、腳踏車，紅繩懸吊系統（Redcord）等設備。此時他的膝蓋和腳踝復原得差不多，開始練習跑步、騎腳踏車來加強心肺功能，緊接著訓練關節活動度，「就是持續復健，復健完再運動，一直到康復為止。」不愧是體育科班出身，他是復健運動的忠實擁護者，認為沒有復健運動處理不了的疤痕；如果不行，就再多做幾次復健運動。

## 塵爆燒毀游泳教練夢

陳勁綸出院後傷口大多修復，因此二〇一五年十月他便回到國立體育大學復學，繼續大二學業。只是這一年為配合身體狀況，他修的學分比較少，且以通識課程為主。學校也很體恤他，儘量讓他遠距上課，以電子郵件交報告和考試。

當陳勁綸正式回到校園上課，已經是大三開學了。他就讀的體育推廣學系以運動保健、運動訓練等運動教學為主，較之傳統體育系課程發展較為多元，大三學生必須到健身房、運動中心或學校實習。他屬於以術科和指考成績入學的一般生，喜歡游泳和籃球，擁有救生員與C級教練執照，原本計畫大學暑假都要從事游泳教學，卻因八仙塵爆而游泳夢碎。

首先是關節的靈活度不復從前，而疤痕攣縮更讓他做不出游泳姿勢，更遑論進行教學。他花了兩年時間，透過復健改善疤痕攣縮，終於可以下水做出標準動作，結果發現體力大不如前。「長期久坐或躺臥，基本上肌耐力就會流失；即使下床了，但沒有繼續運動，肌肉很快就會退化，體力也會一直流失。」運動對身體機能的影響，他有深刻的認識。他進一步解釋，雖然自己年輕、體力恢復快，然而住院、復健時期都沒有下水游泳，即使有進行其他運動，身體的運動機能還是會改變。「游泳就是要一直游，體力才會變好，這完全騙不了人。」

最後就是心理關卡，因為他對於疤痕外觀相當在意，無法接受自己在大眾面前袒胸露背，有很長時間他不敢下水，「後來就算下水了也是包得緊緊，穿全身式泳衣，到了最近我才慢慢接受。」

事實上陳勁綸相當在意外觀，儘管他身上的疤痕比起其他燒傷患者還要來得平坦，「早期當然會在意別人的眼光，在意到不喜歡出門。」大概是出院後接近一個月，他根本就是畏懼出門，「第一個天氣熱，第二個自己傷勢也還沒有到完全康復，再加上負面情緒比較多，基本上都待在家裡。」他對疤痕的糾結要隨著時間慢慢地過去，才逐漸打開。

會如此在意外觀，是因為一直以來他都有在維持身材，在受傷前他就時常游泳、健身，讓自己的體態保持最佳狀態。兩年前他還去醫院進行微整形手術，針對肩頭比較凸出的〇・五公分疤痕，經由局部麻醉將其割除，也是因為外觀上看起來相當礙眼。

## 永不放棄的運動家精神

陳勁綸沒有成為游泳教練，但他並未停止運動，他決定要朝運動訓練、健身教練的領域發展。他受傷後的第一份打工是二〇一七年在台北市世界大學運動會擔任工作人員，之後經由學長介紹到頂尖運動行銷公司的營運所工讀，工作內容為處理各種球類場地的租借、接洽客人並提供球場資訊，以及不定期規劃、舉辦體育活動和賽事。有時他會去體適能部門（即健身房）支援，這些實務經驗讓他在上課之餘對健身產業有更進一步的瞭解。他對重量訓練也很有興趣，「重量訓練對於選手來說很重要，我以前也會健身、訓練，但會做不一定會教，因此並不夠專業。」

然而對他來說，運動教學和游泳教學相同，在體力和動作上都需要打掉重練，並且必須加強專業技能。剛開始投入時，他的疤痕正在攣縮，因此非常吃力，但他並沒有放棄，「我就是繼續做自己想做的事，沒有任何理由讓我放棄。動作上沒有，心態上也沒有，就是一步一步來。」他從頭學起，盡可能增強自己的專長，「如果有一項不如人，比方說體力還沒恢復，我就用其他方式去彌補。趁這段時間先完成學業，考取相關證照。」

## 帶疤上陣，樂觀豁達

雖然在運動公司只是學生時期的兼職工作，但卻是受傷後第一個接納他的工作團隊。「主管的接納與體諒非常鼓舞我，給我很多正能量。」畢業後他轉為正職，並且從球館轉到體適能部門，擔任健身教練。

由於工作時多穿著短袖或背心，明顯的疤痕有時不免吸引異樣的眼光。「其實客人不會問，大部分都是上課一段時間之後，跟我比較熟了才會問起。如果有人問，我就會說。」傷疤對工作多少有些影響，除了現實的生理狀況，當然也有心理作用。「例如自己先預設立場，擔心別人看到傷疤會誤解，但其實別人完全沒有這個意思。」同樣的狀況也表現在訓練上，身上的疤痕會讓他擔心自己體力不夠、教學姿勢做得不正確，所幸這些都是無謂的擔憂。

塵爆五年後的今天，陳勁綸覺得自己的個性成熟穩重許多，處事態度也更加謹慎。「我不會做沒有把握的事，會想得遠一點，先想好未來可能發生的情況才開始行動。」

另一方面，好朋友的不幸離世也讓他更加樂觀豁達。「人生無常，你不知道會發生什麼事，人生就是順其自然，如果真的遇到了就只能接受，坦然面對。」很難想像他還不到三十歲，竟對人生有如此體悟。

## 六二七週年效應

談起塵爆傷者普遍存在的負面情緒，陳勁綸直言自己早期也是如此，但隨著傷口復原，很多情緒都已平息。「那麼多人陪你，那麼多人期望你趕快好，你怎麼可能還一直活在低潮？」儘管如此，每一年的六月二十七日，和其他大多數傷友一樣，他也會有「週年效應」。

「每年這個時候，媒體就會報導，網民也一定會出來酸一下。」他無奈表示，自己的傷勢不重，傷口也大多恢復正常，但是每年此刻，手機一滑，整個回憶又陷入二〇一五年意外發生的當下。

他十分清楚媒體的報導、網路攻擊不是針對他，「例如大家都愛講的『國賠』，每次時間到了就會跳出來，就會看到一堆酸民，可能被誤導，可能帶風向，就在網路上說我們很愛錢。」向來低調的他，對於自己被迫成為事件主角十分反感，特別是很多事情被媒體渲染、扭曲後都與事實不符。但他只能讓自己對這些攻擊視而不見，「對，六二七又來了，忍耐幾天就過去了。媒體就繼續報，酸民就繼續酸啊！都跟我沒有關係。會支持我的就是那些人，不支持我的還是那些人。」

## 助人健身，傳遞正能量

陳勁綸背後有一群永遠挺他的家人和朋友，他心中充滿感激。「我的女友非常辛苦，有時比家人還辛苦。受傷至今都不離不棄，一路陪著我。」他也感謝幾年來所有的醫療人員、同事和主管，「他們都能接納我，五年來，前半段時間真的非常辛苦，幸好有他們陪伴、接納，直到我復學、入社會。」

至於政府和民間團體提供的幫助，他直言表示：「靠自己比較實在。政府該挺的也都挺了，大家的幫忙已經讓我可以出社會，接下來應該是對自己的人生負責，不能再依靠其他人。」眉宇之間展現體育人自立自強的傲氣。

受傷後陳勁綸更相信運動能解決很多問題，他決定轉換跑道，發揮所長。他曾受到許多人幫助，「在林口長庚醫院、陽光基金會、新北聯合醫院都被治療過，所以想要換我來服務別人，將我的運動和健身專長應用到醫療復健的領域。」他解釋，許多傷友在復健後還是必須持續運動讓身體機能和體力更快恢復，這方面就是他能提供的協助。

此刻的陳勁綸已從受助者成為助人者，從他身上可以深切感受到運動帶給他的正能量，未來他也會將這股正能量繼續透過運動傳遞出去。

# 八仙塵爆不代表我的全部

## 獨角獸女孩楊芷凌

楊芷凌並不想因為這個經歷，而成為一位勵志人物。她和大家沒有不一樣，只是一個受過傷，想要認真過生活的人。

「當天的狀況可以看《結痂週記》，我不想再講了……」沒想到楊芷凌一開口就是如此嗆辣、直接，彰顯其個性的獨特。「我不太喜歡回想當天的狀況，對我來說，忘記才能往前走。而且每一次接受採訪，都要重說一次，再經歷一遍。」受傷後她歷經快半年的密集採訪，記錄了急性期出院後的復健與醫療歷程，並與其他八仙塵爆傷患報導文章集結成《結痂週記》一書，之後還受邀演講。「會感到有點麻痺吧！我並不想因為這個經歷，而成為一位勵志人物。我和大家沒有不一樣，只是一個受過傷，想要認真過生活的人。」

八仙塵爆對她來說是一連串不幸的剛好。「大學畢業剛好找到新工作；上班沒多久，剛好公司員工旅遊，而我是新人不用參加；剛好朋友一群人想要去八仙樂園玩，又剛好有人臨時無法參加，空出一張票，想找人遞補。」高中同學臨時找她一起同樂，「剛好」慶祝她找到新工作，「這麼多的剛好加在一起，我遞補那位置，也許這就是命運吧！替死鬼的命吧！哈哈哈！」她的笑容帶點苦澀，卻又十分自然，彷彿已經放下這不幸「剛好」。

## 粉塵從天上落下

二〇一五年六月二十七日那一夜，楊芷凌與朋友近十人就站在面對舞台的中間排，「粉不斷的從天上倒下，其實非常不舒服。」她在《結痂週記》如此形容爆炸後的粉塵，原本該帶來歡樂的粉塵，卻有如世界末日的流星群，帶來致命的擊殺，書中寫道：「接著看到有橘色光從地上冒出，覺得腳底下熱熱的。」火雨後就是刀山、刺林。

事發後，她並不知道自己怎麼了，只覺得身體熱熱的，想去找水源讓自己降溫，但走沒幾步，沒有腳皮保護的雙腳已疼痛的無法行走，她拖著沉重的步伐淋浴間的方向走去，發現淋浴間都已被佔滿。她搶不到水龍頭，只好掉頭往露天洗澡池，幸好有個好心的男生，分了一個小位置給她，幾經波折終於有水了。

由於她的手機在一陣慌亂中掉入火海，只好就近向身邊的一個陌生人借了手機，撥打了第一通電話給媽媽，當下她並沒有反應自己出事，只是要了在台北生活的妹妹的電話。「遇到問題時，我蠻理性的，遇到狀況我都會先冷靜下來解決問題。」她怕父母知道自己出事會很緊張，加上他們不住在台北，遠水救不了近火，就算知道了也於事無補。拿到妹妹的手機號碼後，馬上就撥給妹妹，妹妹也在接到電話後，立刻趕到八仙樂園。

等待救援的過程中，曾有一位救護人員拿著醫藥箱靠近，楊芷凌當下以為自己要得救了。救護人員掀開蓋在她身上的毛巾說：「妹妹，你真的超嚴重！」接著拿了食鹽水在傷口上淋了幾下後，蓋上毛巾後便離去。「後來才知道，在搶救當下，他們會先以昏迷的傷患為優先。」看著救護人員漸行漸遠，她心想如果不自救，有可能會在等待的過程中喪命，於是再次向人借了手機，撥打給已經在路上的妹妹。

## 皮膚黏在計程車上

躺在8字泳圈上，楊芷凌持續痛苦的等待，然而抵達現場的妹妹被困在混亂的門口進不來。楊芷凌對身旁剛剛借手機的男子說：「可以送我到門口嗎？我妹妹到了，但進不來。」男子號召了其他人，一起幫忙扛到門口。「我真的非常感謝他，他應該算是我的救命恩人，如果沒有他，我不知道是不是能那麼快就離開現場。」到了門口後，妹妹與同行的友人攙扶她上計程車，立刻驅車前往醫院。

計程車一路上因紅燈而不斷停車，楊芷凌跟妹妹說：「我覺得我好像快死了。」還哀求司機盡量不要停車，直接前往醫院。「司機一度想要在鄰近的小醫院就放人下車，我知道傷勢嚴重，雖然不知道怎麼了，直覺就是要去大醫院。」精準的判斷力，讓她成為第一位抵達台北馬偕紀念醫院的塵爆傷患。

下車時，妹妹付給司機一筆清潔費，感謝司機幫忙送到醫院，事後妹妹才告訴她，她的皮膚都黏在計程車座椅上。一到醫院，急診室的護理人員馬上把她推進急診室，打上止痛針，當時她的意識還相當清楚，躺在病床上親眼目睹急診室搶救的一切，傷患、家屬、醫療人士，全部的人來來往往，有如電影過場畫面。

意識清醒不代表傷勢輕微，她全身有七十三%的燒傷面積，幾乎是二、三度燒傷。深夜十一點後，匆匆趕到馬偕醫院的楊媽媽，看到女兒全身被繃帶綑綁，嚇得昏過去，最後被護理人員攙扶出加護病房。「媽媽還自備了燙傷藥膏到醫院，她以為只要擦個藥，包紮一下就可以回家了，現在想想還真可愛。」原來姊妹默契十足，妹妹也知道父母會緊張，跟楊媽媽說姊姊只是輕微燙傷，不用擔心。

有別於其他八仙塵爆重傷患者，因吸入性嗆傷而插管治療，大多時間都處於昏迷狀態，楊芷凌在加護病房期間，因為止痛藥物的關係，意識昏沉，但很多事情她卻不記得了。每天看著家人、朋友來探望，卻無法肯定到底有誰來過，後來才聽楊媽媽說，住在加護病房期間，曾收到二次病危通知。「從國中開始就在外面生活了，與家人的關係自然沒有那麼緊密，遇到事情通常都會先自己處理，不過這一次住院，不管是家人、親戚朋友，他們給了我很強大的支持。」加護病房所經歷過的手術、疼痛，很多當時發生的事情，她都沒有太多印象，是後來才了解：「護理師告訴我當時媽媽以為我嚴重到，需要一輩子都躺在床上，還為此打聽安養中心，但事後我問媽媽，她極力否認此事。」

楊芷凌的傷勢主要集中在四肢，其中雙腳最為嚴重，其次是雙手，另外脖子、臉部也有部分灼傷。住院期間進行六、七次清創植皮手術，醫師大多是取她的頭皮，之後每隔一週頭皮就會生長完成，當頭皮生長情況許可下，便會進行下一次頭皮移植手術。

意識清醒的她，每次手術完後都超級痛苦，「手術很痛，但換藥更痛。每次換藥，都要經歷一次撕裂的疼痛，有時候與傷口黏的太緊密，拆開後血肉模糊，雖然有打止痛針，但那種痛豈是止痛針可以抵擋。」她表示止痛針沒有太大的效果，只是心理安慰。

「一到換藥時間，整個人起雞皮疙瘩，像是待宰的羔羊赤裸裸的躺在床上，任人宰割。護理師推著藥車進來，有如工廠作業，一名護理師負責剪紗布，另一位護理師負責纏繃帶，他們手腳俐落快速一床接著一床，但再快也要時間，我一個人至少也得花上三十分鐘。」

## 環境都沒變，我變了！

楊芷凌前前後後在加護病房住了七十幾天，轉入普通病房後一星期就出院了。然而身上的傷口尚未完全恢復，在無法自理的情況下，就只能先搬回老家與父母同住，此時照護的工作，就落在家人身上。

「真正痛苦是在出院後的第一星期，深淺不一的傷口佈滿全身，止痛藥的效果很有限，加上體質的關係，我的傷口，對痛的感受很強烈，當時我對生活就只剩下絕望。」她記得出院第一天坐在家裡的沙發上環顧著四周：「所有的環境都沒變，可是我變了！我突然不能走了，我的生活只剩下吃飯、洗澡、換藥跟睡覺，而換藥時間就占生活的三分之一。」

剛開始是楊媽媽獨自照顧，換藥時間媽媽的朋友會一起來幫忙，「每天換藥時間，大概是從晚上六點換到凌晨一、兩點，後來換藥速度有變快，但少說也是三個小時起跳。那種生活看不見盡頭，也不知何時會好，如果以後生活都如此，那是不是……現在就結束好了。」她直言不諱的道出心境，坦承沮喪時確實有想放棄的念頭，幸好當時沒有勇氣去執行。「既然沒有勇氣離開，那就好好的活著。」

靠海的偏鄉地區，醫療資源不如城市健全，更別說是燒燙傷醫療，出院後都是楊爸爸每天帶帶著楊芷凌前往台北復健。每天準時七點半起床，八點開車出發，九點抵達馬偕醫院復健，下午五點結束復健返家。日復一日，十分辛苦，後來實在是太累人了，於是她申請新北市三重的「新北陽光家園」住宿。

## 新北陽光家園

「陽光家園」是新北市政府與陽光基金會合作，在三重的「新北市身心障礙者福利大樓」愛悅中心內開設，專案提供八仙樂園粉塵派對意外中的傷患入住。除了住宿，也有護理師幫忙換藥，並且提供復健課程，還有專車接送傷患前往其他陽光基金會重建中心。

在新北陽光家園，四個人住一間房間，洗澡後都有護理人員幫忙換藥。住了幾個月後，其他八仙塵爆的傷友也陸續出院來到陽光家園，因資源有限的情況，她又搬回了老家。

前後二次回到老家，對很早就搬出家裡在外面生活的楊芷凌來說，與父母的距離拉近，彼此感情卻沒因此而更緊密，「家人大多時候無法諒解，時間久了開始變得不耐煩，爸爸會一直覺得為何要一直哭？哭又無法解決問題。」她感嘆大多數人，即使是家人也很難設身處地站在傷患的角度去思考，「當然，我也沒辦法站在他們的角度去思考，當下傷口太痛，沒辦法去同理，與其像刺蝟一樣互相磨合，還不如獨自生活。」

沒多久她又回歸城市生活，與其他傷友在復健中心附近，租了一層二樓的公寓，在傷友間互相鼓勵、照應下，她已能自理大部分的生活，但離真正的獨自生活還有一段距離。

「在陽光家園後期，已經會獨自換藥，之前膝蓋、腳踝受傷，無法彎曲，手摸不到腳底，才需要別人協助。」她強調生命會找到出路，雖然稱不上熟練，但她利用瑜珈方式，盡量讓其他還能彎曲的關節盡可能的彎曲，「慢慢的，不能擦藥的傷口，會想辦法用別的方式替代。」受傷前她就有在練瑜伽，沒想到發生意外後，過去練瑜珈的柔軟，適時幫上忙。後來她連壓力衣、頭套也都想辦法自己穿，會先套好頭套，到基金會時再請人幫忙拉上拉鍊。獨立好強的個性，讓她很多時候都選擇獨自照顧自己。

這一年楊芷凌除了前往馬偕醫院進行復健，也就近前往台北市政府與陽光基金會合辦的「台北民生重建中心」復健。在馬偕醫院主要進行職能與物理治療，二坪的空間裡，都是八仙塵爆的傷患齊聚一堂，有的身軀挺直在站立板上減緩雙腳彎曲程度、有的在鏡子前單腳站立訓練肌耐力。

## 日間照護計畫

職能治療主要進行上肢復健，拉扯手部關節，物理治療則是進行下肢復健，訓練蹲、跪等姿勢。一次職能治療復健時間大約是五十分鐘，之後再進行一個半小時的物理治療。

陽光基金會的重建中心，器材設備相當齊全，不輸給專業醫療機構，但若要比較復健效果，她認為馬偕醫院的復健效果較「強」，「治療師比較在乎復健效果，為了達到效果都很用力，採用比較強迫性的方式。」為了加快復健的速度，她加入了馬偕醫院的日間照護計畫，從一周三天的復健時間增加到一週五天，除了六、日，幾乎是天天報到，「復健一段時間後，發現復健效果很有限，既然出現問題，我開始想，要不要試試看其他復健方式？或者增加復健頻率。」

日間照護計畫裡有物理治療師、職能治療師、社工師、醫師、護理師，此外還有營養師，為傷患提供專業的飲食規劃。只不過馬偕醫院的復健太強硬，幾次復健下來，她都是痛哭流涕，這讓她對於當時在三軍總醫院服務的物理治療師陳淵琪印象特別深刻。

「陳老師是真的有在為傷友著想的物理治療師。」她解釋疤痕、關節的拉扯讓人很不舒服，而陳治療師不像其他治療師在態度、力道上採取強硬方式，「今天腳要彎九十度，其他治療師會努力拉到位，而陳老師會採取緩和的方法讓我們慢慢到位。她會先按摩、放鬆疤痕，放鬆後再去做動作比較不會痛。」復健前的按摩能夠擴大動作幅度，來回按壓疤痕，鬆動後四肢就能舒適地變換姿勢，如果不按摩就做動作，便會有撕裂傷口般的痛楚。

## 先處理情緒再處理疤痕

除了按摩、放鬆疤痕，陳治療師也很關心傷患的情緒。有一次楊芷凌做了雙腳、肩胛骨與腹部的復健，忽然之間，手肘彎不過去，產生劇烈的疼痛，她忍不住發出苦痛的呼聲，眼淚撲簌簌流下，陳治療師趕緊停下動作查看，確認手肘沒事後，讓她暫時休息。

「陳老師會先處理情緒再處理疤痕，大部分治療師則不是如此，我覺得處理情緒是很重要工作，先處理傷友情緒再處理疤痕才能事半功效。」只可惜三軍總醫院的內湖總院距離住所太遠，她一星期拜偶爾去一次，復健的主力還是放在台北馬偕醫院。

全身七十三%的燒傷面積中，最嚴重的是雙腳，從大腿到小腿，前前後後都遭受火吻，留下一整片密密麻麻的疤痕。除了火燒疤痕，加護病房的長期臥床，也讓雙腳的肌力不足，因此儘管很早就下床走動，但雙腳始終無法完全伸直，走起路來也一扭一拐。為了增加肌力，每次復健需要透過抬腿、走樓梯來訓練，每爬一階樓梯都換來針刺的痛楚。

在所有復健動作中，楊芷凌認為「跪姿」是大魔王，是最害怕的動作，每逢跪，必定梨花帶雨加上驚聲尖叫，「跪這個姿勢同時要動用到三個以上關節，必需膝蓋膝關節、腳背、腳踝也是良好的狀況下，才有辦法跪到地。」

對於膝關節燒傷患者來說，光是要將坐姿切換成跪姿時，就要至少花上五分鐘。五分鐘結束，也僅能停在長跪姿。接下來最痛苦的部分便是要慢慢將臀部向下壓碰到小腿，每一公分的進步，都是痛苦換來的成果。跪姿之所以如此痛苦，是因為從膝蓋、腳踝到腳背整條腿有疤痕的地方都會被用力撐開，像是身上的皮膚將被用力撕開一樣，痛苦難耐。

「疤痕的痛好像沒有人可以想像，很多人覺得我是在裝痛，覺得怎麼會這麼痛？」如果看過《結痂週記》為楊芷凌拍的短片，應該會被影片中所發出的撕心裂肺哭泣聲，嚇得膽戰心驚，而那只為了做出再普通不過的「跪姿」。

## 疤痕快要把我吃掉

現在要她回想，也想不起到底是什麼痛？她直言就是不舒服，做什麼事都不舒服。她出院後回家一、二週，身體就爆瘦了十五公斤。事實上，她的個子本來就嬌小，然而在加護病房時被灌了很多藥，體重增加不少，結果出院不但瘦回來，還比以前更瘦。如今看見瘦小的體型，是傷痛所帶來的苦。

至於疤痕所帶來的癢，她倒是沒什麼感覺，「從來沒有因為癢而困惱過，不會癢到睡不著。」只是不知是否是體質改變，她反倒是現在癢的成份居多，「變天時特別有感，譬如說要下雨，前一晚疤痕就開始癢，好像有預知的能力。」

此外，前一陣子她去游泳，游完泳後肌膚整片過敏，特別是那些原本淺二度燒傷的部位。過敏的原因有很多，也不是每次都會發癢，但當下她才驚覺到：「哇！我以為疤痕好了，可是其實沒有好啊！疤痕一直跟著我，在某些時候又會刷存在感。」

疤痕不但帶來痛的領悟，更糟的是讓楊芷凌很絕望，她的心情常常隨著疤痕鬆緊而改變。有段時間她明明完全沒有復健，回診時復健師卻說腳指頭疤痕變很軟；而有時候明明前一天復健八個小時，隔天卻彈回原形。對她而言「疤痕後母心」，陰晴不定難以預料。只要發現復健都沒進步，她就格外沮喪，嘆一口氣說：「彷彿全世界都說我沒進步。」幸好當時有很多醫護人員、社工都為她加油打氣，讓她一度以為一年後就會康復，「全部的人給我希望，鼓勵我現在是最低谷，要我克服困難，明年就能回去上班了。我以為一年很長，可是沒有，一年就這麼短。」

當時也不知道復健的路會這麼艱辛，想說一年不行，要不然就二年，也因此楊芷凌對於藝人 Selina 在演唱會上的分享特別有感，「我經歷了兩年又八個月」這是 Selina 的復健經歷，她牢牢記住這關鍵密碼，那是黑暗中唯一看得見的光明。

## 替疤痕取名

「五年了，也沒有好啊！其實要看好的定義，跟個人生活選擇有關，像有些傷友，沒有打算動重建手術，他們的腳可以九十度彎曲，就很快樂。」她是漸進式的接受疤痕，而受傷後一、二年是最緊張的時刻，「那段時間，真心覺得疤痕快要把我吃掉。我很緊張，偏偏醫護人員又會警告：今天不動的話，以後就動不了。」醫護人員常用威迫口氣勸說，希望傷患能夠努力復健。

迢迢復健路，楊芷凌真的有一段很長的時間仍無法接受身上的疤痕，她常常做夢，夢裡的她仍然是跑跑跳跳的快樂少女，「當我往上跳，卻發現自己的跳不起來，我的腳好僵硬。」每當感覺痛苦時，她會把心情寫在臉書上。

疤痕不只帶來傷痛、絕望，疤痕的醜也一度讓她很厭世，「這疤痕為何都這麼醜？又這麼容易受傷？」沒想到楊媽媽此時補了一句：「你看這皮膚，是去年才植皮上去，現在才一歲而已，一歲小孩的皮膚會有多堅固？」她笑說媽媽有時候會講出一些金句，用比較幽默、風趣的角度看待受傷，這促使她對身上的疤痕有新的想法。後來還異想天開，替疤痕取名，例如胸口上三個星芒狀的疤痕，就以「三顆星星」來暱稱。

## 第一次重建手術

楊芷淩特別在乎走路的樣子，走路時腳無法打直，這是因為膝蓋關節沒有植皮，關節疤痕長得亂七八糟，走路時腳部彎曲的角度比較大。由於關節處的皮膚較薄，很容易就摸到骨頭，因此燒傷的深度便會更深，之後生長的疤痕會更厚，攣縮程度也更嚴重，就算復原的再好，也只能恢復到一般人的八成柔軟度。又因為關節處常使用，壓力衣無法有效抑制疤痕增生，所以關節處可以說是燒傷患者復健最困難、也最痛苦的地方。

好動的她最擔心腳復原的程度，雖然每晚都會自行加強訓練腳部運動，仍趕不上疤痕增生的快速。二〇一六年三月，她決定在馬偕醫院進行膝蓋重建手術，醫師從臀部取皮，以一比一大小植皮在膝窩上，並用手術用的訂書針固定，最後打上石膏。五天後石膏拆除，放上輔助固定的副木，等到下床行走時再拿掉，出院一週回診後拔除訂書針。

重建手術後一個月，膝蓋不但直了，能像一般人一樣正常走路，甚至還能跑步，創下六分鐘跑一公里的紀錄。比起之前只能加快腳步向前，她用「突破瓶頸」來形容這個里程碑。然而她卻非從此一帆風順，她腳底的燒傷也相當嚴重，從腳踝到腳背，都有火吻的痕跡。「走到一半腳會僵硬，腳踝的關節會像被螺絲起子慢慢旋緊而卡住，無法繼續往下走。」楊芷淩常常在行走中雙腳就僵硬而沒有彈性，如果硬要讓腳繼續前進，就要硬扯腳背上的疤痕，「硬扯撕裂的痛，就是傷口撕裂的感覺，真的太痛苦了。」

如此狀況幾乎天天都會上演，發生時只能坐下來休息等待，順服著疤痕的脾氣，然後不停的按摩疤痕，拉扯腳踝關節，慢慢等待疤痕變鬆、變軟，才能繼續行走。

## 遇見天使

二〇一六年五月，馬偕醫院為了鼓勵八仙塵爆傷患積極復健，於二十一日傍晚在淡水河畔舉辦三公里路跑活動，希望透過活動讓傷患看見自身復健的成效，進而突破自我增強回歸社會的自信心。楊芷淩也參加了，當時一起跑的還有攝影師，替她記錄全程。

起跑後，她奮力跑了一陣子，只不過腳越跑越僵硬，讓她不得不緩下腳步，「跑到一半腳硬掉，動也動不了。」可以想像當時的凶險，腳背上的疤痕確實為她生活帶來不便。

三個月後，經由他人介紹，楊芷淩找上林口長庚紀念醫院整形外科權威的楊瑞永醫師，楊醫師的治療計畫認為應先從腳背重建下手，比較能改善生活品質。

這次的手術，《聯合報》全程拍片紀錄，手術後楊醫師開心的走到病床邊對她說：妳以後可以跳芭雷舞了。「跳芭雷舞？對當時的我來說，實在太遙遠了。」她笑說當時想要好好走路都是一種奢侈，更別說是跳舞了。「楊醫生很會鼓勵病人，也會讓你看見對未來的希望，更重要的是，他會讓你感覺他比你更在乎你的疤痕。」

影片中，手術後回診的楊芷淩不斷詢問楊醫師：「今天開始可以去穿彈性衣？」彈性衣就是壓力衣，原來抑制疤痕生長的壓力衣，不但有使用期限，每一次重建手術過後，都必須重新替換，「開完刀之後可能有一些原本厚的疤痕會因手術而切薄，壓力衣就鬆垮而不合身，無法壓制疤痕，必須重新訂製新的壓力衣。」

動完腳背後，她開始處理腳踝問題，之後又再次處理膝關節、腳後跟等，漸進式的處理腳上關節，讓疤痕不再阻礙活動。處理完雙腳，緊接著就是雙手的重建，楊醫師把手肘疤痕切除，取皮蓋過。

楊芷淩的手掌雖沒受傷，但因為手肘疤痕，讓她無法正常彎曲，總是維持在一個不合理的角度蜷縮著。簡單的吃飯動作對她而言都是千辛萬苦，即使後來獨自一人能夠換藥、按摩疤痕，但是手肘彎曲，以及力氣不足的關係，也很難處理占了身上七成的燒傷面積。

之後她又將手術刀動到脖子、臉部上，「脖子的疤痕太大片了，太癢了也太醜了。」若連同住院時期的清創植皮手術，前後也動過將近二十次手術。「原本以為出院後就不會再進手術房了，當時真的太天真了！出院後進出手術房的次數，遠比住加護病房時期多二倍。」談到手術次數，她又無奈的搖搖頭。

楊芷凌的重建手術每一次幾乎都是長達八小時以上的大手術，而手術後一、二週都得住院觀察，大概要休息三、四個月才繼續進行下一次手術。住院期間，身體、傷口會不舒服，也不能下床行動，前幾天需要請朋友或妹妹幫忙，之後則請看護照顧。

出院後傷口雖然復原差不多，卻又要獨自一人打理一切，靠自己換藥和淋浴。她常常是一只皮箱陪伴她住院、出院、返家，皮箱裡裝載所有生活起居物，有如冬夜一個旅人，一卡皮箱就能入住所有地方。

不同於其他傷患，可能是一隻腳、一隻手等單一部位進行手術，她每次進手術房都是多處部位同時進行，「既然都要麻醉，藥在身體殘留時間都那麼久，那不如在醫生接受的範圍內，就一起做吧！」譬如膝蓋重建手術，她會雙腳一起開，如果有時間就順便連脖子也修一修，通常四、五個部位一次解決。「這樣好得比較快，但是也要承受手術失敗的風險，以及手術後臥床的不便與痛苦，就是看敢不敢賭吧！」她的答案永遠都是如此果斷、直接。

## 不在乎身上多一條疤

而會想急於一次手術解決所有問題，除了不想挨痛，不想多打藥，最主要原因還是對手術房的恐懼感，「我怕痛，但開刀的痛我可以預知，我更害怕是開刀後不能自理的感覺，每次開刀都是靠我的理智在壓抑我的恐懼。」

好強而獨立的楊芷凌，早已習慣凡事自己來，不喜歡過度依賴他人的幫忙。不論是之前受傷住院，或是後來重建手術，每一次開完刀後，都要臥床一段日子，都要靠人幫忙換藥，對她來說，那等同廢人的生活。她對待自己相當嚴苛，如果雙腳要分二次手術進行，得當二次廢人，她選擇痛苦一次全部解決。

至於為何每隔一段時間就要做重建手術，楊芷凌也有不得已的苦衷，「每一個人對生活的需求不同，以我喜歡瑜珈為例，瑜珈對我來說很重要，做完重建手術，會發現已經能下腰摸到腳踝，但練習了一段時間，身體又彎不下去。」她解釋並非不夠努力，而是疤痕攣縮的緣故，同樣的每當她警覺現階段不足以打理生活一切，她就會「住院深造」。

「該處理的就處理，就跟生活一樣，遇到問題就去解決，生活總會有大大小小不同的問題，看每一個人對生活品質的要求吧！」她受傷後常常很氣餒，本來受傷前可以做到的瑜珈動作，為什麼受傷後卻辦不到「我原本能摸到腳，我知道我可以，結果疤痕攣縮讓我不行，而不是筋、肌肉太硬，如果可以解決為何不解決？」她會跟楊瑞永醫師討論，討論前對手術都有一百分的期望，討論後大概只剩下八十分，即使最後手術結果只有六十分，她仍覺得很開心，因為不管如何都比零分好。

楊芷凌大多是取鼠蹊部位的皮來重建，只不過人的皮膚有限，為何可以不斷取皮重建？「要感謝楊醫生，他說沒皮有沒皮的作法；有皮有有皮的作法。」在她形容下，身體猶如漫畫多拉A夢的口袋，總是能無限取出皮來提供使用，「還真不知道醫生到底從哪變出這些皮？但總有辦法解決，不能開刀也有不開刀的替代方式。」

## 手術基本教義派

除了醫師神通廣大，她認為願不願意犧牲美觀也是取皮關鍵，「身上可以取皮的地方不多，總還是有，有些傷友不想取皮，是因為取皮後，取皮部位又會長出新的疤痕，那部位就不好看。」比起美觀她更重視功能，選擇在美觀上讓步，「如果真的只能留疤那就留疤了，身上那麼多疤痕也沒差這一條。」她說得灑脫，顯然已經漸漸走出疤痕的糾結。

手術過後，楊芷凌就再也回不去了，後來鮮少回馬偕醫院、陽光基金會復健，她笑說自己好像叛徒，會被貼上不積極復健的標籤。「我媽說，我很像實驗室裡的白老鼠，有機會就去當先發，之前有過慘痛的經驗還不怕。」原來她的雙腳曾經進行雷射治療，結果卻造成了二度灼傷，儘管如此，勇於嘗試的勇氣，讓她很快就看見成效。

多次重建手術，讓她更加篤定開刀才是最有用的方式，她成為「手術基本教義派」，「沒辦法，我的疤痕就是很頑固啊！不管怎麼復健，最後都回歸原狀。當我開始意識到每個人的體質不同，疤痕隨著時間變軟的速度太慢，如果沒有開刀，也不會恢復到現在這狀態。」很難想像，一場塵爆意外，造成各種不同「信仰」的傷患，有人只相信復健，有人只相信手術，也有人只相信雷射，不管他們相信什麼，都是他們「用親身經歷」。

不只復健沒什麼效果，堅硬的疤痕也讓楊芷凌認為壓力衣、頭套在抑制疤痕上，沒太大功效。不過壓力衣還是有保護效果，前一、二年保護皮膚、傷口、疤痕不再二次傷害。而她知道有一些朋友，到現在都還穿著壓力衣。

「他們的傷勢其實沒有很嚴重，疤痕根本不用再穿壓力衣。他們穿壓力衣，是在保護疤痕不被別人看見。」她坦承自己也有經歷過不想被人看見疤痕，被看見就不舒服的階段，她聳聳肩表示：「前前後後大概也有一年多吧！那階段過了就是過了。」

楊芷凌真的從盤根錯節的疤痕糾結中爬了出來，多次重建手術後，原本取名的疤痕，也通通不見了，「那些小星星到底在哪裡？不見了啊！」「我對疤痕是又愛又恨，明明當時的我是被疤痕綁住，又被限制了活動，讓我好痛苦，可是現在對疤痕的愛，是來自於知道疤痕保護了自己，讓我不受外面刺激、受傷。」

## 面對內在的小孩

受傷一年多後，隨著傷勢程度、復原狀況，以及人生計畫的不同，室友也逐漸搬離，而多次進行重建手術，她的傷勢恢復比較慢，最後在大部分人搬離後，也不得不拖著皮箱離開了原本住所，回到一個人的生活。

此時她陸續進行重建手術，偶爾去陳淵琪治療師所開設的診所復健，也因為住所離新北市聯合醫院的板橋院區較近，也就近前來新北聯醫的「燒燙傷復健暨急性後期照護中心」進行復健。她在照護中心進行過一、二次震波以及雷射治療，感覺效果不大，至於照護中心的復健設施與方式，與其他機構比較起來也是大同小異。

不過照護中心的谷德郁職能治療師到是讓她驚豔，如同陳淵琪治療師，治療師會先按摩疤痕，「也許其他醫院傷患多，治療師會覺得按疤很耗時間，很少會幫忙按摩疤痕，谷老師會先幫傷患按摩，才讓我做動作，這才是我需要的復健。」

照護中心另一個讓楊芷凌感覺受用的服務，則是提供心理會談，開始與臨床心理師王鼎嘉會談，「一開始我很抗拒心理諮商，心理師應該覺得我是一個很難搞的個案吧！」由於自我保護意識很強，受傷後接觸過許多不同的心理師，但都沒能讓自己敞開心房。「開始諮商後，才發現我並不是沒事，而是沒有意識到自己有事。」

要得到楊芷淩認同，臨床心理師王鼎嘉也不是一次到位，前前後後找了二、三次，契而不捨的一直打電話，經過多次溝通，楊芷淩抱持著試試看的心態，走進了心理諮商室。

「晤談過幾次後，好像還蠻聊得來的，心理師也能適時的接住我的情緒。」除了被臨床心理師王鼎嘉的誠意打動，楊芷淩發現這次的諮商經驗有別於過往，「過去都是心理師在聽我講話、抱怨，我不知道原來心理諮商是雙向互動，諮商是一次次碎裂又重組的過程，在之中我看見了自己心理歷程的變化。」他們先從受傷後帶來的創傷聊起，接著聊到原生家庭帶來的糾結，最後則是談到生涯規劃。

在人生最低谷的時候，她也曾質問過老天：「為什麼會是我？」她常提醒自己要和疤痕相處，傷口有撕裂感就有撕裂感、難受就難受，反正隨著時間都會過去。然而知易行難，在痛苦當下，真的很難去接受所有的發生，直到開始與內在小孩和解，以及重建手術幫助下，她逐漸感受到最痛的地方已經沒那麼痛。「傷痛並不會消失，但它需要被經歷，經歷過就可以往前走，楊芷淩最大的特質就是不停的在往前走。」王鼎嘉心理師表示。

當然也不是每次諮商都是愉快收場，「有一陣子覺得很沮喪，遇到了瓶頸，很不想聊下去。那時已經心理諮商一、兩年，覺得都聊那麼久了，心理師應該會理解我的想法。」有一回忘記那次聊到什麼？只記得不斷努力跟心理師辯解情緒，「有時候，被推得太用力反而會很抗拒。那一次諮商後，中間暫停諮商半個月。」

## 月亮、太陽、獨角獸

楊芷凌的右手手腕上，有個月亮與太陽的的刺青圖騰。「太陽與月亮圖騰，象徵著我的潛意識，心理的歷程很難實質的被記錄下來，刺青是我紀錄心理轉變的一種方式。」原本她都是很努力處理外在的傷痛，直到心理諮商後才發現真正受傷的還有內心。

第一次刺青，原本她想要刺在疤痕上，只不過疤痕缺點就是紋路不平，一直線畫下去，很有可能因為疤痕的不平整導致線條歪掉。後來與刺青師傅討論過後，還是決定刺在健康的皮膚上，「我當時也同步進行重建手術中，決定要刺青的當下，其實也有考慮到會不會影響日後的手術部位，因此最後選在一個確定不會手術的地方：手腕。」

刺青對楊芷凌而言，象徵著心理的里程碑。「它代表心理的一個階段，是紀錄也是見證，見證我走過的足跡。」她認為心理是很抽象，心態轉變沒辦法用一具體的東西呈現，而刺青像是將抽象的心態具體化。

她的身上目前有三個刺青，分別代表不同階段的心境。除了右手手腕，她的耳朵後方刺了一頭獨角獸，「象徵獨一無二的自己，不再畏懼他人的眼光，別人怎麼定義你那是他們的事，重點是你怎麼定義你自己。」一直以來，她就不想被貼上八仙塵爆的標籤，「大眾提到八仙，就貼上負面標籤：『年輕人愛玩，年輕人沒危機意識，年輕人要國賠……』但八仙不等於我啊！」對於外界的酸言酸語，她感覺很不好受，心理諮商過後，才意識到自己還是自己，不完全等於八仙塵爆意外，才慢慢放下心中的糾結。

獨角獸還有另一層意義，象徵她開始不用穿壓力衣，「一半是不在乎別人眼光，一半是已經接受疤痕，疤痕就像身上的刺青，也是我身體的一部分。」她笑說前一、二年看到過往的照片，還會傷心難過：「天啊！我的皮膚，好想念我以前的皮膚。」透過重建手術，身體活動恢復以及心理諮商，她對身上的疤痕已經接受。

第三個刺青則是一串英文字母，至於刺什麼？刺在哪裡？楊芷凌笑說是秘密。從她的笑容中深切感受到心理諮商對她的幫助，也因此未來她希望政府或相關單位，可以讓心理諮商服務繼續下去。

「心理諮商是受傷後的另一個歷程，去諮商前我會預先寫下這週的心理觀察紀錄，紀錄裡有我也有與他人的關係，每次的晤談都更接近自己一點。」她幾乎每一星期都會準時報到，很少請假缺席，甚至一度考慮是否要報考心理學研究所：「心理學很有趣，可以洞察別人的心理，也能增進彼此的關係，對我來說最大的改變是與媽媽的相處，先抽離情緒試圖去理解她，反而就不會那麼受傷了。」

## 感謝一路走來的自己

歷經災難重生，楊芷淩首先要感謝長庚醫院的楊瑞永醫師，「如果沒遇到楊醫生，我可能還在泥濘裡掙札，他是我見過的醫生中少數對生活這麼有熱誠，對工作這麼熱愛的人吧！」她認為熱愛自己工作的人，身上都有一道光芒，而楊醫師身上的那一道光，指引她走出黑暗，「對我來說，楊醫生就是天使。」

除了楊醫師，她還要感謝身旁的家人，「畢竟他們陪了我很久，再來要感謝的……就是我自己，好不容易撐到現在，沒有我這麼努力，做這麼多重建，怎麼會走到現在。」

楊芷淩的自信並非無的放矢，一路走來她確實相當努力，她會找楊醫師執刀，除了是傷友介紹，同時也是做了很多功課才決定。她會先參考傷友的手術照，從照片中研究手術前後的狀況，最後再衡量一下醫師的個性是否合適。

不論是醫師、心理師、治療師，她很注重對方的個性與緣分，「不是最好就一定適合自己。最重要的是，要了解自己的個性與需要，畢竟手術這麼不舒服，如果遇到態度也強硬的醫生，我可能會受不了。哈哈！找一個適合自己的人比較重要。」楊瑞永醫師不但個性溫和，也尊重傷患，常和傷患進行雙向討論，「有很多醫生尊重家人，傷患的手術大多由家長決定，對我來說，身體的自主權是我，我有權自己決定，畢竟家人又不是我，不會知道哪裡不舒服。」經過多次重建手術，她十分清楚自己有何問題，「初期可能是醫生說什麼就接受什麼，久了之後就應該知道哪裡出了問題。」

近年來，楊芷凌身體傷勢已經復原差不多，除了手術，已鮮少進行復健，而改以去健身房運動，或做瑜伽取而代之。二〇二〇年五月初，她與家人去了「抹茶山」（宜蘭礁溪聖母登山步道）進行登山健走，只不過她忽略了身體不易流汗，也錯估初夏的炎熱。「身體不容易散熱，差點在山上熱中暑。」儘管如此，她仍認為現在的自己與一般人無異，可以從事各種運動，在能力許可的範圍下。

## 與傷痛分道揚鑣

「我不可能用一樣的自己，換到不一樣的未來。」這一段時間她也開始多方進修，在外上課學習，例如社群媒體行銷、數據經營等。至於原本任職的設計公司，受傷後一直留職停薪，而隨著受傷後的沉潛、心理諮商，以及進修後，她發現原本工作並不是自己所想要的，於是主動提出離職。

目前楊芷凌傾向成為自由工作者，「受傷後也有曾想過回公司上班，但朝九晚五並不是我想要的生活，不想時間被綁住，走過人間幽谷過後更懂得珍惜當下。未來會繼續寫書，談談經歷八仙塵爆後的心理成長。」經歷了八仙塵爆，讓她的生命更加豐富，「現在反而會感謝這些傷痛，它讓我有機會去沉澱自我，重新去檢視生活裡的一切。因為這一段生命經歷，更加確定自己要的是什麼，也一步步朝自己想要的未來努力著。」

不過對於出書計畫，她仍十分猶豫，她認為傷痛是她的一部分，但不是全部，「媒體的曝光大多數的聚焦，還是在我身體的傷疤上。」她解釋大部分的人會覺得她是因為八仙塵爆而變得很勇敢，其實勇敢本身與經歷無關，「我本來就是一個勇敢的人，不管對事情或對生活都一樣，現在我會比較希望別人看見我的本質，而不是我的經歷。」

未來楊芷凌更希望自己的專業能被看見，因此除了出書計畫外，她也試著透過影像與文字的方式，紀錄她對生活的各種體悟。不管未來做什麼，都是經歷過傷痛，克服傷痛後的成長。她要讓大眾再次認識她，而不是影片中，那位怕痛又愛哭的小女孩。

# 接納受傷的自己

## 啦啦隊隊長林相好

從活潑亮麗的啦啦隊長，到不敢照鏡子的塵爆傷患，再到無畏無懼為臉部平權發聲的天使，傷痕是她人生的印記，伴著她勇敢向前走。

在台南市一家老宅咖啡館，林相好正逗著貓咪「鍋貼」，黑貓與身上全白的上衣形成強烈的反差。只見林相好溫柔地撫摸著鍋貼，不久，鍋貼掙脫她的雙手跳到桌腳下，一溜煙不見蹤跡。

二〇一五年六月二十七日，大學已放暑假，高中好友北上遊玩，林相好與郭嘉檸、鄧安棋、林誼四個高中死黨決定前往八仙水上樂園參加彩色派對，不料發生意外，四人分別遭到全身六十五％到九十％的嚴重燒傷。「我們四人之間還好，但是家長或是周遭的朋友

在事發後就有些嫌隙，對我們的出遊不太諒解。」採訪還沒開始，林相妤就想釐清事件的前因後果，認為這完全是意外事件。

「大家都是好朋友，沒有人逼我們，每個人要為自己的選擇負責。」她能體諒家長在事發當下真的很難過、也很無助，情緒需要出口。但她認為應該朝向事情為何會發生？哪個環節出了問題？而不是怪罪參加的人。

## 心理防衛機制

塵爆發生時林相妤和朋友四人正圍成一個小圈，她和林誼背對舞台，因此剛開始並不知道發生什麼事。「我的防護機制可能太強，事發後就直接斷片。」她表示當下沒看到火，只聽到尖叫聲，「尖叫後我回頭，然後就……沒有記憶了，再有意識時，是從地上爬起來，大家已經往外衝。」

事後回想，也許她回頭時被撞倒在地上。至於為何記憶斷片？原來人在遇到重大意外而過度痛苦、恐懼時會產生心理的防衛機制，將可能引發心理痛苦的記憶，從整個精神活動中抽離，以保護自我。這段記憶斷片使得她與其他八仙塵爆傷患不同，她看見火或是靠近火源都不會害怕，也不會聯想到當時的意外。她表示很多畫面是看到新聞報導才知道，自己對那段時間幾乎沒有印象。

林相妤從地上爬起來，並沒有意識到自己受傷，她還在場地內，原本舞台、場地到處都是燈光，事發後現場卻一片漆黑，沒有光，也沒有人。「照理來說應該有人，只是能跑的都已經跑去廁所，剩下的人好像受傷比較嚴重。」她無心多想，朝向廁所及附近攤販的光源跑過去，想要和朋友會合。

當她經過攤販時，已經有人泡在橘色大冰桶裡，每個人都用極度驚恐的表情看她。她走進廁所，裡面每個人都在搶水，她才意識到自己是不是也該拿水沖腳？同時也才發現夾腳拖鞋已經不見。她往旁邊鏡子一看，頭上的髮飾、墨鏡也都不見了，這時她完全沒有意識到自己的臉部已經受傷，只覺得頭髮很亂，跟平常不太一樣。

林相妤找不到朋友，便又往門外走去，途中遇見兩位遊客，他們看到林相妤，劈頭第一句話就問她：「你在幹嘛？怎麼沒有沖水？」面對突如其來的質問，她愣了一下，還反問對方：「我要沖水嗎？」遊客說：「要啊！你很嚴重。」兩人合力把林相妤拖去沖腳。水一沖下去，她有如重返人間，意識逐漸清醒，開始哭泣哀嚎。「真的超級無敵痛！接下來我就開始哭，我邊哭邊哀求他們，讓我上救護車。」遊客背她到大門口，放在大游泳圈上等待救援。

接下來更多人來幫她沖水，其中一個人直接拿可樂澆她的腳，她痛得哇哇大叫。她不知道碳酸飲料會不會使傷勢更嚴重，也無從查證，但很顯然，她的傷勢相當嚴重，旁人只要手上有液體，就往她身上招呼，此時救護車已經進來，她終於被送上救護車。

救護車裡大約擠了六個人，每個人都縮成一團，儘管空間有限，但她累到眼睛快張不開，隨車的護理師卻要旁邊的女孩子拍她，擔心她睡著，還警告：「現在睡著，就活不下去了。」

接著護理師問起姓名、身分以及緊急聯絡人，她說出當時男朋友的手機號碼，原來她當晚本來要跟男友和另一對情侶在士林吃飯，當她得知將被送往士林的新光醫院，第一時間就想到男朋友。「我以為就像發生車禍，休養幾天就好，想說不要讓南部的家人擔心，他們知道一定會天崩地裂。」

## 加護病房症候群

林相好被送進醫院後旋即進入昏迷。男友和其他朋友在第一時間趕來，眼看著其他傷患陸續湧進醫院，她回憶：「聽男友說地上都是血和肉，他整個人被各種焦慮抽乾，幾乎崩潰。」儘管還在跟死神拔河，但擔心北部醫療人力吃緊，為了讓她有更好的照護，七月二日晚上，家人決定將她轉院至國軍高雄總醫院左營分院。

後來她跟家人一致認為轉院是正確的決定。相較於新光醫院一夜湧進三十名傷者，國軍左營醫院的塵暴傷患只有六、七人，其中以她全身面積八十四%二至三度灼傷，最為嚴重。

住院後她仍舊在昏迷中，醫師陸續為她進行手臂、下肢的清創植皮手術。和她同在加護病房的傷友都很羨慕：「他們傷勢較輕，意識清楚，每次植皮後都哀哀叫。反倒是我，每次進手術房都沒有聲音，然後無聲的出來。」

林相妤再次醒來時已經是七月下旬。根據林媽媽描述，為了讓傷勢穩定，避免心跳、血壓變化過大，因此一直讓她熟睡。然而長期昏迷終究不好，過了七月中旬，插管治療即將屆滿三十天，醫師打算拔管而改由氣切，全家人聽到要都很緊張。林媽媽拜託醫師暫緩氣切，於是每天由護理師教她練習自主呼吸，幸好拔管後沒多久，她終於醒來。

雖然甦醒了，但她仍迷迷糊糊。「加護病房的環境很密閉，只有探病時才有人出現，平常就只有護理師，我一直聽到藥車移動的聲音、護理師的討論聲、其他病友的尖叫聲，感覺好像有人在旁邊，事實上並沒有。」

她分不清現實跟夢境，「有點像是玩樂團的人所說的迷幻時刻。」這段期間她還產生很嚴重的幻覺，每天醫師都會問她：「你今天是林相好嗎？」第一次聽到這問題還以為醫師在開玩笑，沒想到醫師說：「昨天你說你不是林相好啊！而且一直說我要把你害死。」這樣無厘頭的對話不時出現。有時護理師幫忙注射點滴，她以為加進點滴瓶的是機油。

為什麼會有這些幻覺呢？「醫生說這是『加護病房症候群』，後來心理師告訴我，這是短暫性的被害妄想症。」她的精神狀況時好時壞，「如果我手腳健全應該會很危險，也許會攻擊護理師，幸好那時手殘腳殘，完全沒有行為能力。」

與林相好同行的四位友人之中，她和同樣背對舞台的林誼傷勢最為嚴重。林相好的傷勢集中在四肢、軀幹，顏面及脖子也有部分灼傷。她全身纏滿繃帶無法動彈，但總感覺後腦勺綁了一撮小辮子，有一種凸凸的觸感。「後來才知道那是紗布，我已經被剃成小光頭。」剃光頭是為了救命，取了三、四次頭皮，用來貼四肢的傷口。後來是男友和朋友來探望她，一票男生全都剃成平頭為她打氣，她才知道自己變成了光頭。「我還以為他們準備入伍，當時真的很驚訝，也很感動！」當時她的雙手完全無法彎曲，因此鼻胃管拔除後依舊無法自行進食，林媽媽準備好營養的食物，會客時再帶進加護病房餵食。

苦不堪言的水療室

林相妤的燒傷面積實在太大，只能用人工皮補皮。「人工皮很顯然不太OK，我的疤痕還蠻厚的，長得不是很好。」她伸出左手，上面全是人工皮，格狀的組織有如漁網一般。

除了清創植皮外，還要進行水療。國軍左營分院前身為海軍總醫院，燒燙傷醫療在南部相當知名，水療是該院的特色。林相妤說：「他們的觀念就是要用水療，讓傷口乾淨，才能加速傷口癒合。我們幾乎天天都要進行水療。我聽傷友分享，其他家醫院並沒有特別進行水療，有的可能一星期才一次，而做水療前一天，他們就開始暴哭，哭到水療結束，還繼續哭。」

一趟水療要花四個小時，往往需動用四、五位護理師。他們先用長背板把林相妤放在水療室的平台上，為了避免感染，會利用消毒過濾的水洗滌傷口。而植皮後格狀皮膚的格子交接處都是傷口，住院醫師會慢慢用水清除傷口上的組織液、細菌以及殘留的藥膏，雖然動作輕柔，但仍然是無止盡的痛。她說：「傷口很像被吸盤覆蓋，有東西在傷口一直吸，然後很多針一直扎、一直扎，會痛到發瘋！」幸而包紮傷口時會塗上的清涼的藥膏，可以舒緩全身不斷發熱的現象。

從水療室回到病房，護理師們會再用長背板把她滑到病床上，不知道是太緊張還是太痛，身體十分僵硬，護理師很難把她送回去，必須請更多人來幫忙。有時候她會懷疑自己是否一輩子都得臥床？這段期間沒有人告知傷勢的狀況，她也沒有主動詢問父母，她知道問了只會讓父母更傷心。幸好醫護人員不斷幫她打氣，告訴她認真復健就會復原，但她還是很擔心，畢竟在加護病房期間，她都沒有機會下床行走。

幸好她的腳傷比預估的樂觀。八月初她終於轉進普通病房，第二天就能靠著家人的攙扶下床，她靦腆地笑說：「太想要去洗手間上廁所，不想再用尿盆了。」

林相好的雙腳只在清創植皮時動過手術，後來便再也沒有挨過刀，算是十分幸運。「醫生植皮植得很好。腳踝、膝蓋、腳趾等所有關節都是全層植皮，取皮後，以一比一的比例貼上去。」沒有碾壓過的皮膚，植皮後有助於關節處的復原；反之，過度撐開的新皮，植皮後會因皮膚緊縮而影響關節活動。她說：「有些傷友還要做腳趾頭重建，腳趾頭全都飛起來，無法貼合在地上，根本不能好好走路。」

進入普通病房的第一天，林相好依舊得持續進行水療，這次林媽媽也跟在旁邊觀摩。林媽媽過去連清創植皮術後的照片都不敢看，這是第一次見到女兒遍布全身的傷口，林媽媽終於忍不住淚水，在水療室內淚崩，結果一發不可收拾。為了不讓林相好的情緒受到影響，最後護理師把林媽媽請了出去。

冬天也要洗冷水

九月二十六日中秋節前夕，林相好終於出院了，當天醫院為她舉辦了小型重生會，主治醫師蔡子斌、壓力衣復健師、醫護人員與義工等人都來參加。從台北輾轉三家醫院，最後來到高雄國軍左營的林誼，也坐著輪椅來祝賀好友重生。死裡逃生的兩個人，約定要當永遠的死黨，攜手一起面對未來的復健之路。

然而出院不到半個月，相好就因小指蜂窩性組織炎再度入院。「我的小指狀況一直很糟，好像釘過兩、三支釘子，之後傷口就一直好不了。」出院後回診，醫師驚覺不對勁，要她住院觀察。「我到現在依然有關節的問題，這樣的姿勢看起來有點假。」她翹起小指表示，即使復健也沒有太大改善。她也曾考慮做關節置換手術，最後因小指功能不大，手術成功率也不高而作罷。

住院期間，陽光社會福利基金會的社工開始跟林相好接觸，出院後，陽光派人前來指導居家照護技巧。雖然能幹的林媽媽很快就上手，但相好每次洗澡都得耗費至少三、四個小時，除了壓力衣的穿脫費時，而且蓮蓬頭必須用紗布包住減緩水流力道，以免刺激脆弱的傷口和皮膚。在這樣小心呵護之下，前後洗了一年的冷水澡，就連冬天也不例外。

在加護病房的某天，護理師對她說：「接下來我們要開始練習照鏡子。」她還摸不著頭緒。原先她以為自己臉部只是輕微灼傷，等到在鏡子裡看到自己的光頭和燒得紅通通的臉龐，她開始擔心起來。但醫護人員異口同聲說：「很像關公，好可愛喔！」要她不用擔心，並再三強調只要努力擦藥治療、護膚保養，就會恢復正常。

直到出院，林相好的臉還是很紅，林媽媽不斷詢問改善的方法。「反正藝人 Selina 擦什麼，我們就擦什麼。」沒想到出院後半年正好是疤痕增生期。「從脖子、下巴、嘴部、眼睛周圍都有疤，幸好塵爆當天有戴墨鏡，可以說墨鏡以外的地方都有灼傷。」

雖然百般不願意，林相好仍舊戴上壓力頭套，而且是全臉面罩的壓力頭套。一般來說，除了吃飯、洗澡之外，其餘時間都得戴著頭套。但她連吃飯時間也不放過，製作頭套時，要求在嘴巴部位挖一個洞，以便吃飯時還能繼續戴著頭套，抑制臉部疤痕生長。她幾乎二十四小時戴著頭套，直至今日，晚上睡覺時還會戴上，可見她多麼介意臉部的疤痕。

除了壓力頭套，還有矽膠面具。比起布做的頭套，矽膠面具材質硬實，對於疤痕抑制有更好的效果。但面具比頭套更悶熱、更不舒服。「我戴了快一年的矽膠面具，造成很嚴重的毛囊炎。我臉上的疤痕比較厚，肌膚無法呼吸，本來就很容易發炎，戴上矽膠面具後，整張臉都悶在裡頭，更慘。」

大多數傷友是將頭套與面具錯開交替使用，求好心切的相好卻是先戴上面具，再套上頭套，確保臉部疤痕抑制達到最佳效果。「兩者一起戴可以將疤痕壓得非常好，只是會很不舒服，醫護人員都不建議，希望我不要太常使用。」但是她戴到頭痛也不在乎，更瘋狂的是甚至兩種同時戴著睡覺。

「醫生最不建議戴面罩睡覺，更別說和頭套一起戴。他擔心我臨時打不開面罩會窒息。」面罩旁有兩顆鈕扣，她雙手不方便，平常要別人幫忙才能解開。「有幾次好恐怖，雖然面罩上有透氣孔，但睡覺時翻來覆去，一旦錯位洞隙變小就會影響呼吸。」她說得有趣，但看她揮舞雙手模擬開釦子的模樣，可以想像當時有多麼驚險。

## 高雄氣爆打火英雄

住院期間，林相好在復健時認識了其他八仙塵爆傷患，彼此常常互相支持、打氣。「復健室裡還有不同原因的燒燙傷患，治療師都很忙，沒有太多時間進行疤痕按摩，大多時候都在拉扯關節，而且動作很快速、力道很強硬，每次復健完，我都淚流滿面。」國軍左營醫院的燒燙傷醫療歷史悠久，原本治療對象就是因公受傷的海軍官兵和造船廠員工，因此燒燙傷復健也非常專業而高強度。

相好出院後除了繼續回國軍左營醫院複診、復健，她也前往左營的陽光高雄重建中心進行復健，這是二〇一四年陽光基金會因應高雄氣爆所設立的重建中心。雖然兩者都是針對燒燙傷患者，但高雄重建中心傷友人數較少，治療師比較有時間為傷者按摩疤痕。

她每週四天前往高雄左營進行復健，常常在高雄重建中心待整個早上，下午則去國軍左營醫院回診、復健；有時候一整天都在重建中心。星期五則因交通壅塞，就近到成大醫院進行復健。

林相好在高雄重建中心認識不少高雄氣爆的傷患，根據她的觀察，全身都受傷的大多是因八仙塵爆，若只有四肢或臉部受傷，則是高雄氣爆。「氣爆的傷友大多是消防員，有一個大哥哥最嚴重，一隻腳裝義肢，一隻手有功能上問題，其他人幾乎都是手或腳受傷。當時有穿戴防護設備的人就傷得比較輕。」

這群打火英雄歷經一年的治療與復健，雖然仍有負面情緒，但逐漸從傷痛中走出來，而且十分關心新來的塵爆傷患。「他們覺得我們大部分是年輕人，又是新手，會更辛苦。其實大家承受苦難都差不多，尤其他們大都已成家立業，生活的壓力更重。」

她以受傷最嚴重的消防員為例，他是一家之主，兩個女兒還在念小學，有沉重的經濟壓力。幸而高雄市政府和長榮化工還算積極，氣爆傷者不但受到補助，有些家屬還被長榮化工聘用，也算不無小補。

除了互相關心，打火英雄也樂於分享，會推薦八仙塵爆傷友適合的醫師。相好的手肘原本無法伸直，「治療師會硬拗，好像稍微可以有一點角度，但他一放手，我的手就彈回去。重點是硬拗還很痛，痛到會讓你害怕復健，會懷疑是不是復健才會這麼痛」。有一陣子她很有罪惡感，以為自己復健不夠認真，即使她幾乎是只要醒著就在復健，卻沒有好轉的跡象。

後來是一位傷友懷疑她的手肘長了骨頭，建議她去林口長庚醫院檢查。「那位大哥哥以前也有相同經驗，他說硬拗的痛跟復健的痛不一樣，會痛到心跳快要停止，瞬間不能呼吸。」她跑了一趟林口長庚醫院的骨科門診，在醫師面前動了一下手肘，醫師就知道怎麼一回事。「醫生說不用照X光，是手肘長骨頭，不開刀的話再怎麼復健都不會好。」回想當時的情況，她的語氣還有幾分怨懟；這陣子的復健都做了白工。

手術結束後第二天醒來，相好手肘的彎曲角度就好很多，稍微動一下就感覺進步不少。至於為何會長骨頭？醫師表示沒有確定的答案，「推估八仙塵爆的傷者都是年輕人，復原力好，會在不該長骨頭的地方長骨頭，可能身體誤以為手肘也要長骨頭才是復原吧。」

## 手術與復健相輔相成

這段時間，打火英雄也與林相好分享，爆炸使他們的傷勢複雜，不僅有表面的燒傷，甚至連肌腱和骨頭都斷掉，因此他們遠赴林口長庚醫院整型外科求診，由莊秀樹醫師操刀進行重建手術。林相好的手掌和手指也要重新植皮，尤其是右手掌特別僵硬，無法握拳。「很少人連手掌都燒壞，不知道當初是怎麼燒的。」莊醫師建議她先進行手術，之後復健效果會更好。

原本莊醫師也建議，長骨頭的手肘周遭疤痕也進行重建手術，但林相好婉拒了。「重建手術要取新的皮來貼，我所剩的好皮不多了，不想再犧牲好的皮膚。」她解釋，手術可能會從鼠蹊及腰部取好皮，取完皮後還要痛兩週，而且那些部位又會有新疤痕。她受傷後體質改變，很擔心疤痕可能又會變厚、長得亂七八糟。

目前雙手的重建手術以功能性為主，她的手肘在處理多餘的骨頭後，彎曲的幅度有明顯進步。「雖然不能全彎或全直，但可以開車，生活沒有太大問題，接下來就努力復健。當然要更像正常人那般活動自如，最好是重新植皮。」她認為復健有其局限，但也不能完全依賴手術，兩者應該相輔相成。

手掌重建後，雙十年華的林相好開始積極進行臉部重建手術。她歷經藥膏治療、敷臉保養，以及窒息性頭套和面罩雙重壓制之後，臉上的疤痕不但沒有消褪，甚至有嚴重的毛囊炎。「我臉上的疤痕相當嚴重，出院後疤痕增生，嘴巴周圍的疤痕被拉得很緊，又因為戴壓力頭套的關係，嘴巴更不容易張開。」

## 在頭部種下水球

臉部疤痕增生導致她剛開始做雙手重建手術時，每一次麻醉評估，麻醉科醫師都會很猶豫，想要讓她醒著開刀。因為全身麻醉手術要插管，但嘴巴張開的幅度有限。她平常嘴巴還要放闊嘴器撐開嘴巴。

愛美是人的天性，更何況疤痕增生、發炎的問題始終無法解決，最終只能走上手術一途。經由其他傷友介紹，她向林口長庚醫院整形外科另一位權威楊瑞永醫師求診。「楊醫生很細心，藝人 Selina 燒傷就是由他執刀，我就想說 Selina 找他，那我也要找他啊！」語氣中透露著年輕女孩對美的期待，可以感受到楊醫師的技術，在她心目中有如當季名牌服飾般高貴神聖的地位。

與醫師討論後，他們決定採用組織擴張器（tissue expander），俗稱「種水球」。顧名思義，就是把像水球的醫材種進正常皮膚內，定期打進食鹽水撐開皮膚，之後取出水球，該部位的皮膚就會變鬆，可以拉去覆蓋需要補皮的地方。醫師將水球種在她的頸部，接近臉部又不會產生色差，殊不知不到一個月就不明原因感染。於是醫師改從疤痕整修入手，「醫生會把臉部較好的皮各自拉攏，然後慢慢修掉。」手術時全身麻醉，醫師用很細的針，一針一針修補她臉上的疤痕，每次都花非常久的時間。術後貼上人工皮，臉上雖偶有發炎，但改善很多。她很感謝楊醫師救回她的臉，讓她有勇氣重新拿起鏡子。

## 創傷性壓力症候群

二〇一六年十月，林相妤復學回到世新大學新聞系繼續念大三。父母親過去很尊重相妤，但八仙塵爆後很恐懼怕會失去女兒，因此這次不僅姊姊跟著她北上充當保鏢，父母也要求她每天報告行程，並不時來探望她。她在陽光基金會位於台北的民生重建中心繼續復健，這裡提供傷友臉部化妝技巧教學，使用不易過敏的化妝品，適合傷後肌膚使用。她受傷前很愛漂亮、很會化妝，傷後很長一段時間連鏡子都不敢照，更遑論化妝，現在她懂得用遮瑕膏蓋住紅紅的傷疤，又恢復過去愛美的模樣，這都要感謝陽光重建中心的實用課程。

後來她也到新北聯醫板橋院區「燒燙傷復健暨後期急性照護中心」復健，並在照護中心進行每週一次的心理會談。八仙塵爆後，政府、醫院、社福團體都為傷患進行心理檢查，的確也有不少傷患發生創傷性壓力症候群。她在高雄海總醫院、成大醫院以及陽光基金會都曾填過問卷，進行心理檢測，也安排過幾次心理會談。

談起心理會談，林相妤顯得吞吞吐吐，原來她當時自覺過得很好，不想跟心理師說太多心事。後來她翻閱書籍才發現，相關檢測、量表是用來評測是否需要安排心理會談的準則。「量表會問最近有沒有做噩夢？頻率多少？如果我經常做噩夢，我就會故意勾選『很少』或是『沒有』來逃避問題。」結果太完美的答案反而啟人疑竇，當問卷回答越正常，專業人士越懷疑她，造假的結果就是讓心理師主動幫她安排會談，但她始終無法敞開心胸。

上台北復學後，林相妤漸漸行動自如，她覺得應該要認真處理心理的狀況了。她知道自己總是故作堅強。例如之前在加護病房水療時，她擔心太過依賴止痛藥，又怕身體累積太多藥物，即使痛到淚流滿面，還是要求護理師不用打止痛針。護理師覺得她很樂觀、勇敢，果真減少了止痛藥的劑量，結果讓她痛到無法承受，後悔莫及。

除了逞強，她的內心還有另一層隱憂。「從小到大，我就很受歡迎，總是為朋友帶來快樂和正能量。如果我今天散發出負能量，他們是不是就會對我避而遠之，從此不再喜歡我？」她的憂慮不是杞人憂天，她發現不少塵爆的傷友都很愛發脾氣，「就算大家沒有明講，偶爾從言談中都能感受得到他們很不開心，家人對他們也很失望。」因此讓她更認為自己應該要更加油、更堅強。

為了不讓親友擔心，她不允許自己有太多情緒，身體狀況再糟也要假裝堅強。很多傷患都會直接表達痛苦或情緒，但她將情緒隱藏在心底，以為撐過去就沒事，結果造成自己更大的壓力，出院後壓力更如排山倒海而來。

出院回家後，照顧林相妤的責任落在林媽媽身上。「三個女兒中，我長得最像媽媽，她把自己投射到我身上。我身上的每一條疤痕，對她來說都是難以承受的撕裂，她希望我快點變回原來模樣。」她清楚只要自己沒有進步，媽媽就會自責照顧不周，因此她總是假裝堅強。「超級痛時還是忍不住想哭，特別是身體很敏感，輕輕碰一下都會痛，都會想哭。」夜晚獨處時更是忍不住爆哭。她笑說，深夜的淚點很低，幾乎分分秒秒都在哭泣。「我會想，到底為什麼弄成這樣？覺得自己很慘、很倒霉，所有負面情緒都宣洩出來，就更不希望有人在旁邊。」

## 船過仍留下痕跡

林相妤的傷勢造成家人的壓力，為了不讓家人擔心，她故作堅強，結果壓力又回到自己身上。她和家人帶給彼此壓力，無形中也互相傷害。所幸她在照護中心遇到臨床心理師王鼎嘉，透過每週一次的晤談，她知道壓抑情緒是不健康的，開始正視自己的情緒。

除此之外，她也學習與受傷相處。受傷前的林相妤是系上競技啦啦隊隊長，這是結合體操、跳躍、特技、口號及舞蹈編排的複合式運動，她是被隊員舉起或扔擲的「飛人」，需要空翻，儘管身子看來清瘦，核心肌群卻強而有力。「這是做伏地挺身練出來的，對我來說是一種肯定自我的方式。受傷後整個手臂很沒力氣，就覺得自己很失能，很不ＯＫ！」

她不能接受自己無法像以前那樣做伏地挺身，自然無法接納受傷的自己，內心有如走入迷宮般不斷糾結。幾年前她接受媒體採訪，曾感歎說：「受傷沒有接受的一天。」當時朋友看到她不免會問：「現在都好了嗎？」聽到這些關心的話，她會很困惑：「沒有啊！人家說船過水無痕，但受傷這件事卻是船過還是會留下痕跡；身體的疤還在，心裡的疤痕也還在。」她幽幽地道出當時心情。

為了恢復過往，她不斷努力復健、不斷跑醫院做重建手術，她原本認為只要努力沒有做不到的事，後來才明白很多事並非努力就能達成。經過晤談，她逐漸轉變想法，收起好勝心，將自己調整到健康、舒服的狀態。「生理、心理的疤都還在，並不會消失，可是我已有能力去面對，和傷痕和平共處，一起繼續往前走。」

林相妤逐漸對心理會談產生興趣，她開始閱讀相關書籍以釐清心中的疑惑。她笑說自己以前個性外向也喜歡運動，認為生活就是要快樂，考試之外幾乎定不下心來看書，可是現在即使是心理學的專業書籍，讀來也覺得有趣，會渴望去瞭解。她覺得心理會談幫助她有了很大的轉變，解開了很多心結。

塵爆發生兩年後，林相妤的人生再度迎來重大轉變。當時她出門會戴著頭套，不但引來路人側目，甚至有小朋友被她嚇哭。「雖然會覺得傷心，偶爾也會很生氣，但對事情沒有幫助。」她感受到整個社會由於對顏面損傷不瞭解，導致恐懼與排斥。

她的體會與陽光基金會所推動臉部平權（Face Equality）的觀念不謀而合。陽光提倡每年五月十七日為「臉部平權日」，期待每張不同的臉都能獲得同等尊重。每年這一天會舉辦包括路跑等系列活動，邀請傷友勇敢走出戶外，重拾信心。林相妤也參加過幾次活動，並擔任路跑義工，幾次活動下來，促使她想要積極投入推動臉部平權。「顏面受傷不需要同情，需要的是大家用平常心看待。如果每個人都有臉部平權的觀念，就算路上看到有人戴頭套、有人長得不一樣，也不會感到奇怪，更不會指指點點。」

「臉部平權」是由英國變臉協會（Changing Faces）所提倡，林相妤希望能實地參訪，瞭解協會在英國推廣的方式。於是她參加陽光基金會的圓夢計畫，呈交企畫書，經過面試審查，參與講座、課程、志工服務。另一方面，她以電子信件與變臉協會連繫，表達自己的想法與計畫。

## 參訪英國變臉協會

二〇一七年五月底企劃通過，她趁著暑假先在高雄街頭試水溫，推廣臉部平權，獲得許多路人加油打氣。八月十一日，她在陽光基金會所主辦「二〇一七臉部平權 WE ARE THE SAME! 特展」，分享遠赴歐洲推廣臉部平權的計畫。一週後，她前往倫敦變臉協會總部參訪，姊姊、朋友以及跟她同時受傷的好友郭嘉檸也自費同行。

變臉協會接待林相好的工作人員也是顏面損傷，但舉手投足充滿自信而自然，幾乎沒有人發現她是傷友。在參訪中林相好才知道變臉協會除了社會宣導，還有理念倡議，甚至走進國會推動法案，實際改善顏面受損傷友在求職與職場上遭遇的困難。「英國和台灣的國情不同吧，我們還有很大的進步空間。這幾年在陽光基金會努力推廣下，國人也才開始對臉部平權有初步認識。」

其後她前往瑞典、丹麥、瑞士、荷蘭等國宣揚臉部平權理念，活動安排她向路人講解臉部平權的觀念，然後請路人跟她合照以表達支持。「等於給我這陌生人一個擁抱，傳遞愛的感覺。」可能是上班時間行跡匆忙，也有可能因為她戴著頭套，讓人誤以為她在乞討，停下腳步的人不多。後來她做了一個小板子，上面寫著"FREE"，果然吸引了不少人願意駐足和她交談。雖然大多數人都很贊同她的理念，但歐洲人重視肖像權，許多人婉拒合照，獲得的照片並不多，甚為可惜。

當然也有人不願意支持，眼神甚至帶著歧視，這些不友善讓她非常難過。有一天在倫敦大笨鐘遇到的路人大都對她視而不見，她正感到沮喪，剛好有位小男孩經過，對她的告示牌很有興趣。「宣導完之後，小男孩說他很感動，他相信臉部平權可以讓世界變得更好。」甚至還問可以上哪些網站搜尋更多訊息，他像小天使般的可愛、善良，令她至今難忘。

這趟歐洲行加深了林相妤攻讀心理相關系所的想法，她發現辦活動宣導的效果有限，要從政治、教育著手才能收到實際成效。雖然她可以在本科的媒體業推廣臉部平權，但國內的新聞仍以政治為主流，「像八仙塵爆的新聞，剛開始很多媒體搶著報導，風潮過後報導的媒體就很少。再有塵爆新聞，大多是因為國賠、判刑等事件，或是和政治人物有所連結。」

因此她決定從校園開始提倡臉部平權。目前校園輔導體系有三級預防，其中初級預防是針對一般學生及適應困難學生進行一般輔導，她認為自己可以在此階段加強學生心理衛生的教育，並且導入臉部平權的觀念。她以自己的經驗為例，曾經有老伯伯看著她說：「女孩子家這樣好可憐。」她當場翻白眼，心想：「你才可憐，你全家都可憐！我哪裡可憐？」

她知道對方是表達關心，也知道社會上普遍把這樣的話當作一種關心。「他們沒有想到這些話對傷友都是傷害，還不如閉嘴什麼話都不要說。特別是老一輩的觀念，認為女孩就應該漂漂亮亮，長大後嫁人。我能理解他的想法，可是我沒有辦法認同。」她的語氣有些氣憤，雖然無法改變長輩的想法，但她希望讓下一代不再被這樣的思想箝制。「社會上本來就有很多不一樣的人，有些人缺手，有些人缺腳，但他還是人，我們不用害怕，更不要去排斥。」

## 蛻變的蝴蝶

二〇一九年，林相妤透過甄選進入台北市立大學心理與諮商學系碩士班，雖然課業繁重，但心理會談對她的幫助很大，希望未來當上心理師，可以幫助需要的人。「親朋好友都很支持，他們發覺我成長很多，也很喜歡徵詢我的意見，好像先問過我可以得到一些幫助，這一點讓我很開心。」

受傷的前三年，她都不敢去太熱鬧的地方，即使赴歐洲宣導臉部平權也有姊姊和朋友陪伴。她從外放、活潑的個性轉為內斂、文靜，從喜歡運動轉變成喜歡讀書，她不敢獨自出遊，那幾年無時無刻不在復健、治療，就連假日也會自費增加復健次數。直到考上研究所這年，她獨自到歐洲學習法語，這趟旅行讓她脫離日常生活，身心都從禁錮中解放。

林相妤笑說，有朋友在歐洲，她在安全上沒有顧慮。「這趟旅行讓我重新找回受傷前的生活。」她歸因於心理會談幫她打開很多心結。她覺察到自己過往的堅持，不僅止於生理或體能，「從小到大，我對自己的要求可能近乎完美，所以受傷後，我想要恢復到大家以前認識的那個會運動、成績還不錯的漂亮女生。」

現在的她不再糾結，而是能做到什麼就努力去做。「我的內心開放很多，不是從此就沒有原則、沒有實現夢想的動力，而是面對問題比較泰然自若，知道何時該放、何時該順流而行。」她喜歡現在的生活，很喜歡自己大部分的時間是真的健康、快樂，而不是表面的、假裝的快樂。

心理會談讓相妤蛻變重生，她希望未來政府在教育和醫療上努力加以推廣。「亞洲社會對心理輔導普遍有負面觀感，台灣人會覺得有事就去求神問卜、去收驚，比較排斥找心理師。」她深感可惜，認為心理教育應該普及化，每所中、小學校都應該配置一名心理師。

「目前中、小學的心理師是由一位心理師負責區域內的幾所學校，比較像是行動心理師。心理健康跟生理健康應該一樣重要，越能從小開始宣導，對學生越有幫助。」儘管如此，她坦言自己跟其他八仙塵爆傷患一樣，也會擔心身上的傷疤會嚇到學童，但是有了歐洲推廣臉部平權的經驗以及專業的學習，讓她更清楚該如何面對學生。

訪談即將結束時，黑貓鍋貼再度跳入林相妤懷中，原來牠始終沒有離去，黑色的皮毛成了最佳掩護。這一次牠不再感到陌生，低頭吃著林相妤手上的起司條。手上疤痕依在，傷口依舊，但在鍋貼黃色的眼裡，林相妤與其他貓奴沒有不同，有的只是牠熟悉、舒服的氣味。

# 被薩諾斯彈指的空白人生
# 疤痕男孩黃品慈

如同他製作的畢業專題影片《烙印》，惡火在他身上刻下難以抹滅的印記，同時也留下愛的記號，承載著父母對他的關心，以及他對自己的期許。

在新北市聯合醫院板橋院區六樓的家長休息室，面對鏡頭，吳霈華開心的緊靠在兒子黃品慈身邊，雙手搭在兒子的肩頭。黃品慈則是面帶淺淺的笑容，交握著布滿疤痕的雙手，時而注視鏡頭，時而轉頭看向窗外。身為剛入行的攝影師，黃品慈在鏡頭前顯得有些手足無措，可能是雙手的疤痕讓他侷促不安；另外，黃媽媽的熱情，似乎也讓他感到害羞。

二〇一五年六月二十七日，剛結束大二的課業，黃品慈與五位大學同學前往八仙樂園參加彩色派對，在園內又遇到兩位朋友。由於現場人數眾多，朋友很早就四下分散。塵爆

發生時，他依稀記得自己站在場地中間，「剛開始沒有任何異樣，後來覺得身體很燙，才發現不對勁。」他下意識往後跑，卻被人推倒，起身後他停下腳步向後看，警覺到應該要找到其他朋友，確定找不到人後才繼續跑。所以比起其他人，他算是比較晚跑出火場。

黃品慈先跑到醫護站，發現遊客都在搶水，只好繼續往前走，途中遇到一位女同學，兩人一起走到攤販區，拿了冰塊水就往身上淋。此時有人前來詢問是否需要幫忙？他不加思索回答：「先幫我朋友！」沒想到反而是自己先被抱走。顯然當時他的傷勢相當嚴重，他自己卻渾然不覺。

黃品慈被其他遊客送到漂漂河，很多受傷的人泡在狹窄的河道，使得後來送到的傷者無法下水。「因為稍微動一下都很痛，大家都不願意移動。」為了讓其他遊客也能下水，他手扶著河岸，慢慢走向較寬敞的區域，不時聽到旁邊的人尖叫：「不要碰到我！」就定位後，他向人借了手機跟家人報平安。

不久之後他就感到全身發冷，後來實在冷到受不了，只好向旁邊幫忙救援的遊客求助。一群人趕緊拿了8字泳圈過來，合力將他抬到廣場。「最後的印象是很多人提著水往我們身上淋，沒多久我就昏迷了。」他感覺到一直有人把他拍醒，接著他被送到台北市立萬芳醫院，真正有清楚意識，已經是一個月後的事。

當作成無名氏處理

或許是母子連心，黃媽媽心頭一揪，警覺事情不單純，趕緊聯絡認識的刑警朋友幫忙找人，隨即黃爸爸開車，一家三口連同黃弟弟上路找人。一路上他們不斷聯絡各媒體及醫院，弟弟也沿路祈求哥哥平安。由於遲遲沒有接到回電，他們十分擔心。「品慈一定是昏迷，這孩子一向有責任感，一定會打電話跟我們回報。」他們不想等通知，就是想趕快找人，卻毫無頭緒，只知道八仙樂園人太多不好找，只好一間間醫院慢慢尋找。

第一間來到淡水馬偕紀念醫院，看到陸續送來的傷患都面目全非，心情瞬間感到沉痛，他們還請醫院櫃檯廣播，卻始終找不到人。這一晚總共找了四家醫院，一直到北投振興醫院，才接到萬芳醫院的通知，此時已經是半夜十二點。儘管找到人，心中的大石仍無法放下，當車過台北市區，又接到醫院通知，黃品慈已經送加護病房。

「爸爸聽到消息後心很痛，手一直敲方向盤說：『為什麼？為什麼？』而弟弟則是縮在後座，一直發抖。」黃媽媽趕緊將要落下來的眼淚擦拭，強加鎮定安慰父子倆，要他們深呼吸冷靜，「品慈還等著我們去幫他加油打氣，一定要冷靜。」她一隻手搭著爸爸，一隻手搭著弟弟，心情卻十分複雜，而手機又響個不停，不少人都致電來關心。

事實上黃品慈抵達醫院時已經昏迷，不管護理師、醫師怎麼叫都叫不醒，也沒人知道實際名字與聯絡方式，被當做「無名氏」處理。剛好醫院工作人員也來幫忙，或許兩人有緣，詢問時他才稍微有一點意識，但仍無法說話。於是工作人員從手機第三個號碼開始問起，從數字一到九，只要數字對了就點頭眨眼示意，也因此得知黃媽媽手機號碼。

當全家人進入加護病房探視，黃品慈已經包紮完畢，「心情很痛、很痛，很想飆淚，但我不想在品慈面前哭，品慈已經承受肉體痛楚。」看見兒子雖意識不清，手卻一直比劃，似乎想寫字，她請護理師拿筆給兒子，結果伸出來的手，看得見的皮膚都潰爛而有血漬。

## 媽咪！對不起，讓你擔心了

黃品慈一邊寫，手卻不停顫抖，最後寫下：「媽咪！對不起，讓你擔心了，請不要為我傷心難過，我一定會度過難關，我很堅強的……」寫完後眼睛注視著黃媽媽，彷彿是訴說：「媽咪！請放心。」

這一晚在回到中和家的路上，黃媽媽終於抑制不了情緒，眼淚開始潰堤，回到家看到黃品慈的衣物，觸景傷情又掉下眼淚。她在兒子的房間抱著枕頭哭了一晚，「那一段時間，全家人都輾轉難眠，弟弟也不敢睡覺，弟弟跟我說：媽咪，我只要……我只要閉上眼睛，就會看到哥哥被燒的模樣。」她提醒自己及家人要振作起來，隔天去醫院探視，還刻意打扮成平常模樣，「想讓品慈看到能夠安心，而不是憔悴的面孔。」

醫院為了避免塵爆傷患受感染，第三天開始管制訪視人數，只有家人在探視時間才可以進去。每一次探訪，黃媽媽在床邊都要黃品慈跟著一起念佛，誦《心經》，將功德回向給自己。「我們一直以為品慈是清醒的，後來醫師跟我們說，才知道他昏迷沒有意識。」原來每次探視，兒子的眼睛都張開著，還會跟著人影轉動，好像說：「媽咪！我在這裡。」

黃品慈全身有五十一％燒傷面積，比起其他重傷傷患高達七十％以上的燒傷面積，燒傷面積只能算中等，事實上傷勢卻是相當嚴重。由於吸收不好，身上的管線一堆，只要有管線脫落，一旁生理監視器就會鳴叫。

有一次黃媽媽剛好在病房內，突然之間，黃品慈血壓下降，眼睛都吊起來了，身旁的儀器發起急促的鳴叫。她嚇得趕快叫護理師來急救，護理師說是被痰給噎到了，導致血壓急速下降。原來因為吸入性嗆傷嚴重，黃品慈的痰非常的多，平常護理師不時就要幫忙抽痰，如果沒有即時抽痰，會影響呼吸而有窒息的危險。

護理師前前後後換了好幾隻抽痰管，但是黃品慈的眼睛還是一直往上吊，身體不自主的抽蓄，黃媽媽跟護理師說：「不要再抽了。」護理師回應：「不抽的話，品慈就走了。」

## 媽媽最心痛的一天

「當時心很痛、很痛，不曉得是要叫品慈？還是不要叫？」說起當天緊急狀況，黃媽媽忍不住掉下眼淚，「我心中一直祈求，求諸神菩薩保佑品慈，那天痰真的很多，裡頭還帶血，抽起來就是一大杯衛生杯。」那一天對黃媽媽來說，是一輩子最心痛的一天。

除了親自目睹寶貝兒子差點因窒息而命危，這段期間家屬也收到幾次病危通知。當時因為敗血症，使得黃品慈常常發燒到四十二度以上，高燒不退。「血液中的白血球也飆到每單位兩萬多顆，肝臟跟腎臟的指數也都異常，偏偏品慈對所有的抗生素都排斥。醫生還說：恐怕……恐怕很難救活。」說起往事，黃媽媽特別感謝加護病房的簡修洵醫師，以及主治醫師黃俊源，「他們很有責任感，一直在想辦法救品慈，實在很感謝他們。」

七月中，大多數傷患都轉到普通病房，加護病房只剩下黃品慈一位塵爆傷患。儘管心中十分焦慮，黃媽媽仍安慰自己和家人放寬心。某天主治醫師忽然提出大膽建議將黃品慈轉到普通病房，原來他考慮家屬的感受，擔心他們承受不了壓力；另一方面，主治醫師認為黃品慈生命跡象相對穩定，已經改用氧氣罩呼吸，或許換個環境對病情會有幫助。

為了讓家屬放心，主治醫師再三保證，會將黃品慈安置在護理站旁的病房，而且是單人房以避免感染。身上的維生、監控儀器也仍然繼續使用。此外，可以讓一位家屬穿隔離衣在病房內二十四小時陪伴。七月二十三日，他們決定接受建議，轉入普通病房。

此後就由黃爸爸穿著隔離衣進入病房內陪伴，每天開電視給黃品慈看綜藝節目，並且不斷跟他聊天。幾天後，黃品慈開始有甦醒的跡象，但仍不是完全清醒。「他好像在做惡夢，一直哭泣。因為插管太久，還無法說話。」八月三日凌晨，黃爸爸在護理師幫忙下幫黃品慈換衣服，結果不小心讓鼻胃管脫落，就在這時，黃品慈甦醒了，整個眼睛亮了起來。

這一天。正好也是黃品慈的生日。當時新北市政府針對八仙塵暴患者所設立的「六二七燒燙傷專案管理中心」，其中負責萬芳醫院患者正好是地政局康秋桂局長，這天特地帶蛋糕前來探視。「中午同學也來慶生，晚上有慈濟志工，一天共有三場，品慈好開心，眼睛一直盯著蛋糕。我問品慈說：『想吃嗎？』品慈一直點頭。」只不過剛甦醒還無法吞嚥，黃媽媽將蛋糕奶油沾到兒子的嘴邊，讓他嚐嚐甜頭。

甦醒之後，復健治療師開始訓練黃品慈吞嚥、說話。「爸爸說，品慈很可愛，不但一直練習捲舌，就連睡著後，還是捲著舌頭，很用心復健。」黃媽媽笑說，黃品慈剛甦醒後，有點像小嬰兒，在治療師訓練下，開始慢慢學會講話。

此時的黃品慈非常沒有安全感，只要黃媽媽稍稍離開，就會問她要去哪裡？因此黃媽媽將這年的八月三日當做兒子一歲生日，從一歲開始，每一天都是新的人生。

## 換藥就像把皮掀起來

這些一切黃品慈都沒印象，他有清楚意識時，已經在普通病房了。「這段過程好像做夢，印象中似乎看到別人進來看我，我沒辦法講話，也無法回應，只能點頭、搖頭，一切看似清醒的行為，其實我都不知道。」即使意識逐漸恢復，他仍不清楚自己的狀況，每天只能對著天花板發呆。「腦袋很空，昨天還好好一個人，今天就全身不能動。」

由於一次只能一人進到病房內探視，如果探視的親友眾多，其他人也只能隔著玻璃窗探視，「爸爸會把床搖高，讓我轉頭看看他們。其實也看不太清楚，因為我有近視。」黃爸爸會用手機打給病房外的黃媽媽，啟用擴音模式讓他聽到房間外的聲音。

這段時間都是由黃爸爸照護，一待就是一整天，黃媽媽則是中午來探訪，到了晚上還要回去照顧剛升上國中的弟弟，留下黃爸爸繼續待在醫院。初期因為熱的關係，身體會一直流汗，常常半夜就要黃爸爸幫忙翻身擦汗、換衣服。由於身上的傷口多又不能碰觸，加上自己也使不上力氣，翻身時黃爸爸還要請醫護人員幫忙，要兩個人一起才行。

黃品慈的傷口大多集中在四肢，此外臉和腹部、臀部等部位也有輕微燒傷。「全身幾乎都包裹起來，醒來時覺得傷口痛到不行，我會請爸爸按嗎啡緩解疼痛。」這段期間，他也持續進行清創植皮手術，主要是取大腿跟頭部的皮膚，補貼在四肢傷口上。

「頭皮就取三次，左、右大腿各一次。另外也有復健師幫忙拗手、拗腳，進行被動式復健。」所有治療過程，他認為換藥最為痛苦，「我的皮膚比較麻煩，要換很多不同種類的藥，護理師掀開紗布時，稍不小心，皮就連著紗布撕了下來。」

因為體質的關係，這陣子所植的皮效果不佳，即使不斷清創植皮、換藥，傷口就是好不了。有些部位因為悶熱不透氣，還產生毛囊炎，不但要一直重複換藥，還要泡優碘治療。「臉盆倒滿優碘，因為毛囊都長在手臂上，要把雙手都浸入到臉盆裡，讓優碘殺菌。」可想而知，這又是一段痛苦的療程，尤其殺菌完之後，傷口更是疼痛。

回憶起治療的痛苦，黃品慈顯得相當平靜，他聳聳肩說：「反正不止我一個人在痛，大家都在痛，心裡想著趕快撐過去就好。」這段時間讓他介意的是有不少親友來探望他，其中也包含一起去八仙樂園受傷出院的朋友。「面對他們，我覺得很不好意思，因為活動是我主揪。」他十分愧疚，不但怪罪自己，還向朋友道歉。朋友反過來安慰他，要他好好養傷。「幸好我是朋友中傷勢最嚴重的，不然壓力真的很大。」

## 萬芳醫院最後一位傷患

當大多數塵爆傷者已開始復健，黃品慈還躺在病床上，等其他人都出院，他才下樓到復健室復健。九月時，萬芳醫院只剩下他一位八仙塵爆傷患。看到其他人一一出院，他很擔心自己落後別人太多。

二〇一五年十月，黃品慈終於坐著輪椅出院。此時他身上的傷仍未癒合，血淋淋的傷口讓家人十分頭痛，但他迫切想要出院透透氣。

「住院期間體重一直下降，我想出院後可能會比較有食欲，病情會好轉。」出院後身體機能的確有改善，只是傷口恢復效果不佳，一直化膿，有包紮的部位又因不透氣而產生毛囊炎。因此不久後，他又再回醫院進行兩次清創植皮手術，化膿情形才得以改善。

剛出院時，黃品慈連站立都有困難，傷口碰到水就潰爛，洗澡時還會噴血，只好改為擦澡，半年之後才能用水洗澡。品慈的父母要協助他洗澡、換藥、按摩疤痕，此外小腿因火焚導致神經受損而有垂足問題，父母也要幫他敲腿，活絡神經。「他曾經想要自己按摩疤痕，但是手指靈活度不夠，力道也不足，加上手臂疤痕攣縮而活動受限，最後只能放棄。」黃媽媽十分感歎，疤痕讓他連吃飯都很困難，要身體往前傾，以口就碗才吃得到。

## 從電梯走到櫃枱，花了十分鐘

黃品慈的疤痕又多又厚，按摩起來相當吃力，但如果想用按摩棒按摩，卻又因皮膚脆弱而容易破皮。也因此剛出院時無法像其他傷友一樣，可以馬上穿戴壓力衣，要等到傷口大多癒合才能穿。而一開始穿戴時，裡面還要先穿絲襪，避免穿戴時脆弱的皮膚再度破裂。

這段時間，在陽光基金會的熱情邀請下，前往基金會位於新莊地區的「新北陽光重建中心」復健。雖然每天都由父母載他前往，然而他卻堅持自己拿著助行器走進去。第一次到重建中心，出電梯往櫃檯報到，正常人走路不到一分鐘，他就要走十分鐘。

「平常在家裡，品慈用助行器走路，重複再重複，練習很久了。練習時，我們一家人，一人站一邊扶著，慢慢地走。」可以想像那畫面，一家人齊心努力，幫黃品慈推著助行器，一步一步走向復健之路。

重建中心的復健工作，是由治療師幫忙進行拉筋，拗折手腳。由於傷患很多，能夠與治療師進行一對一治療的時間就有限，大部分都是治療師提供運動項目，由傷患照著復健計畫自主練習，拉伸身上的疤痕，例如綁腿運動、練習弓箭步、走跑步機、上下樓梯等。

儘管如此，因為走路不穩，有些動作還是得要拿著助行器輔助。例如深蹲，他就得要將背靠在牆上，雙手抓著助行器，慢慢蹲下去，而且只能半蹲，要不然就會跌倒。如此反覆不斷練習，加強大腿肌耐力以及核心。

黃品慈算是較晚加入復健，與其他塵爆傷患也比較慢熟，常常是自己一個人在角落進行復健運動，這時候會陪伴在他身旁的就是家人，一家人一起跟著做，形成特殊畫面。一直到隔年二〇一六年，當他走路趨於穩定，與其他傷患也逐漸熟識，父母才放手讓孩子自行復健，到樓下去與其他家屬交流。

隨著陪伴時間越久，黃媽媽也與其他家屬熱絡而成為好朋友，曾經有家長詢問：「品慈傷勢很嚴重，為什麼你們有辦法笑得出來？還去鼓勵別人、安慰別人。」黃媽媽笑說不希望大家都處在悲傷的氛圍，要互相打氣才有辦法繼續向前走。

在新北重建中心，不時會聽到傷患復健時的哀嚎聲，儘管如此，一群年輕人能夠聚集在一起努力復健，彼此互相鼓勵、互相較勁，那氣氛是非常熱絡，黃品慈也認為比起一個人在醫院裡獨自復健，成效來得好很多。只不過努力的復健，未必能立竿見影。

「疤痕初期每天都在變化，疤痕一拉開又縮回來，每天拉每天縮，今天拉到十度、二十度，隔天還是縮到零度，等於隔天又是從頭開始。」他解釋疤痕剛開始增生，每一天的努力運動，到了第二天後都是歸零的狀態。這是所有傷患初期都要面臨的課題，而比起別人，他又稍微更久一點，幾乎維持半年以上才有明顯改善。

二〇一六年農曆年後黃品慈的狀況漸入佳境，走路搖晃的情況也改善很多，主治醫師評估後，認為他暑假後可以復學。於是他向媽媽提出逛街的要求，希望藉此練習步行。黃媽媽雖然擔心他走不好，但仍一口答應。由於品慈的皮膚失去平衡溫度的功能，為免戶外太熱，他們選擇到百貨公司練習步行。

第一次推著助行器走進百貨公司，立刻吸引很多路人觀看，這些注視多半帶著異樣眼光。幸好有幾位熱心民眾主動上前幫忙，也有人問：「你的腳怎麼了？」黃品慈立刻回答：「是八仙塵爆受傷。」黃媽媽說：「聽到品慈的回應，我心中的大石頭放下來了，他肯去面對、不逃避，我覺得我的孩子很勇敢。」從那天開始，每天下午復健結束，他們就去逛街，慢慢的，腳步越走越穩。

## 與眾不同的大學生活

二〇一六年六月二十七日，新北市聯合醫院板橋院區成立「燒燙傷復健暨後期急性照護中心」，黃品慈每天早上到照護中心復健，下午再到新北重建中心。此時照護中心的傷患不多，每位傷患能被復健治療師按摩的時間相對比較長，然而黃品慈的疤痕實在太厚，治療師會先幫他熱敷，柔軟疤痕後才開始按摩，每次復健光是按摩疤痕就超過一小時。

九月，黃品慈回到台北城市科技大學數位多媒體設計系上課。他走路仍然不穩，垂足問題也還沒有完全改善，爬樓梯時雙腳會不自主地發抖，原本黃爸爸想要開車載他上學，但他堅持從中和搭捷運到關渡，再搭計程車到學校，全程將近一小時。在通勤高峰時間，這段路程幾乎沒有座位，對一般人來說都相當辛苦，更何況是下肢燒傷患者。

只要腳有燒傷的傷患，都經歷相同的困擾，站立時傷疤會充血腫脹，就彷彿雙腳踩在小黑蚊飛舞的泥濘上，又腫又癢。同時在這一年復學的，除了黃品慈，還有另外六位在塵爆中受傷較嚴重的同學，雖然學校特別通融，讓他們直接就讀大四，但因為要補修學分，又要參加畢業展，課業繁重，再加上傷勢未完全復原，不時要回醫院手術治療或復健，因此多數同學最後仍選擇延畢。

除了課業落後，塵爆受傷的同學與同儕的相處也出現微妙變化。「這一年，我們經歷了截然不同的人生。」黃品慈笑說，自己就像漫威電影中被反派魔王薩諾斯利用無限手套彈指消滅的角色，雖然後來都復活了，但與電影中沒被消滅的角色相處，會有明顯的失落感。「這一年，他們在拚學業、拚未來，我們卻是在醫院、復健中心休養復健，相對來說是空白的一年。」因此同樣都受傷的同學之間反而比較親近，有相同的話題可以交流。

## 疤痕厚到消疤針都歪掉

復學後，黃品慈仍然花很多時間復健。由於體質的關係，他的傷疤又厚又腫，特別是雙腿，有如象腿一般，甚至被醫師評為是塵爆傷者中傷疤最厚的一位。因此他在照護中心安排下進行雷射治療，剛開始幾乎每半個月就治療一次，透過雷射將較厚的疤痕磨平，同時讓疤痕的顏色變淡。

黃媽媽為品慈記錄雷射治療前後的狀況，發現雷射治療的效果真的很不錯，因此她也熱心的介紹很多傷患到照護中心進行雷射治療。不過有些人體質不適合，身體又怕痛，做了幾次療程自然就會放棄。

照護中心後來又引進消疤針技術。從二〇一八年十月開始，黃品慈每個月注射一次消疤針，但他的疤太厚，第一次施打時，不但針歪掉，藥劑還整個噴出來。後來醫師將針斜刺進去，才施打成功。消疤針的效果不錯，但他需要較多的劑量，因此醫師評估後，為他全身麻醉再注射消疤針。「醒來後痛一整天，有針孔的地方特別痛。」

這段期間，黃品慈也前往林口長庚紀念醫院進行了數次重建手術。第一次因為燒傷而出現異位性骨化症狀，手臂只能向內彎到某一個角度，在骨科切除多餘的骨頭後，三天就順利出院。另外兩次手術則是由於部分疤痕太厚，以致無法完成大幅度的動作，嚴重影響生活，因此在整型外科進行右手臂與右腳背的重建手術。

此時塵爆已發生兩年，大多數傷友的疤痕都已經褪色，黃品慈的傷疤卻還是紅色，表示疤痕仍不成熟，就連醫師看了也相當吃驚。長庚醫院整型外科莊秀樹醫師將他的厚疤整片切除，再取鼠蹊部的皮膚去填補，「取下來的皮膚長度大約四十公分，全部補在切除的傷口上！」

復學之後，黃品慈能夠復健的時間就相對減少，為了同時也能夠進行雷射治療，因此大都選擇新北聯醫的照護中心進行復健。另外，他還會去健身房，透過重訓訓練，提升自己的體力。

「保持運動習慣，算是為了自己健康吧！」早在新北重建中心復健時，他就有去健身房運動的習慣。「當時我剛出院，身體沒什麼力氣，希望透過健身運動加強自己的肌耐力。另外健身也可以持續伸展四肢張開，把疤痕拉開，不要再攣縮。」由於去的是一般健身中心而非醫療機構，他會先與主治醫師討論，並將健身房的運動器材，一一拍照給醫師、復健治療師，徵詢他們的意見。

健身中心的工作人員及健身會員看到他穿著壓力衣做運動，也露出好奇的眼光。健身中心的健體顧問還十分擔心，怕他因操作器材不當而受傷，得知他來健身的目的後，體健顧問很熱情，有任何狀況，或是不熟悉的健身器材，都願意熱心協助。

## 畢業專題《烙印》

二〇一七年六月，黃品慈大學畢業，他的畢業專題是與同為塵爆傷者的童馨卉、陳恩霈兩位同學合作，作品是微電影《烙印》。黃品慈負責企劃，童馨卉導演，陳恩霈擔任女主角，側拍記錄陳恩霈的生活點滴。

《烙印》敘述陽光女孩在遭逢劇變後，臉部、四肢布滿如蚯蚓的疤痕，由於疤痕搔癢無法久站，等車時必須不停跺腳；影片最後，陳恩霈與傷友約在咖啡廳，畫面特寫身穿壓力衣的雙手握著拿鐵。真實呈現傷者從剛開始害怕與外界接觸、害怕見到陽光，直到最後能夠坦然面對外界異樣的眼光，並學習與疤痕和平相處，並希望外界也能接受自己。

畢業專題在淡水文化園區展出，現場名為「重生」的系列作品，是由同為塵爆傷者的羅雁婷、郭力禎、鄭伃均共同合作，以多幅畫作完成。用繪畫記錄遭遇塵爆、接受醫治、復健等重重難關。當時新北市侯友宜副市長也蒞臨參觀，為他們打氣加油，也希望更多人瞭解傷患的復健故事，給予更多支持與鼓勵。

大學畢業後，黃品慈繼續進行雷射、復健治療，喜歡攝影的他取得了丙級攝影執照，也接案工作，新北聯醫照護中心與台灣燒傷暨傷口照護學會舉辦的活動都會請他協助攝影、記錄。另外由於感念慈濟功德會在他住院期間的照顧，他也擔任慈濟的攝影志工，幫忙拍攝活動照片。

「住院時，有很多慈濟的師姑、師伯來關心。當時我們很需要蛋白質，他們就親自煎蛋，一天兩顆蛋，還有酪梨牛奶，還幫我慶生。」之後有慈濟功德會的義工介紹他去上攝影課，有活動時也會請他去拍照，一方面當義工，一方面磨練攝影技術。

未來黃品慈希望朝攝影之路邁進，尤其想要接觸喪禮攝影。之所以對這個在華人社會裡屬於禁忌的題材有興趣，他坦承與自己受傷的經驗有關。一方面傷後體認到人生最重要的是健康，另一方面，受傷後不久舅舅去世，他在喪禮上看到平常難得見面的親戚都聚集在一起。「雖然不是開心的事，卻能凝聚一家人，彼此互動、真實的畫面，我很喜歡。」

黃品慈在萌生念頭後開始搜集資料，也與王鼎嘉臨床心理師討論，獲得很大的支持。「每個家庭都有各自的問題，但在喪禮會場，大家目標一致，希望一切圓滿完成。」他的父母也非常贊成，黃媽媽說：「我們在告別式盡心服務，相信不管是家屬或往生者都會很安心、很感謝，這是一種福報。」

## 熱心助人的黃媽媽

隨著身體狀況好轉，黃品慈逐漸縮短到照護中心報到的天數，不變的是，在照護中心都看得到黃媽媽陪伴品慈的身影。事實上，不管是在新北重建中心，還是新北聯醫照護中心，一開始都會有家長也會跟著孩子一起過來。

「傷友在復健時，家長不會很刻意跟在旁邊。傷患都是自己跟治療師進行復健，或者到診間與醫生問診。」儘管現在的他幾乎與正常人無異，但黃媽媽仍不放心，到了今天，還是會來到照護中心。「品慈沒說，但我都很清楚，知道品慈內心可能有一點矛盾，有一點掙扎，難免的啦！畢竟別人的爸媽後來都沒有跟著來。」黃媽媽解釋她不是不放心，現在兒子復健狀況越來越好，根本不需要她協助，「雖然行走沒問題，但品慈無法開車、騎車，我們得送過來照護中心。」

雖然黃品慈在四肢活動正常後已考取汽車駕照，但黃媽媽還是會搭他的車一起到照護中心，雖然沒有擔任與八仙塵爆相關的自救會職銜，但熱心的黃媽媽會瞭解治療的相關資訊，跟院方以及其他家長討論。例如新北聯醫提供雷射、復健治療，她也會幫忙宣傳，儼然成為照護中心傷友們的大家長。

在和其他傷患接觸中，最讓她佩服的是傷勢最嚴重的黃博煒，「每次聽博煒說話，我都會流眼淚，他的勇敢不是一般人做得到，我在他身上學習很多。」另外，因燒傷差點變成植物人的林佩璇，也讓她感動不已。「佩璇以前完全沒辦法行動，講話時眼神也無法聚焦，一直重複講話，才會有反應。現在進步很多，還會主動跟我打招呼。」

除了尋找管道幫助孩子爭取權益，黃媽媽也為他們爭取醫院以外的資源，例如財團法人賑災基金會原本與照護中心合作提供三年的治療資助，二〇一八年計畫即將結束時，她發起連署，希望賑災基金會能繼續幫忙。「大約有四十八位家屬響應，其實這時大部分傷者都已經恢復，但還有些人，如品慈、佩璇等人比較嚴重，仍需要繼續雷射治療以及復健。」

二〇一九年六月二十六日，八仙塵爆四週年，照護中心舉辦「浴火鳳凰：迎向未來祝福茶會」，邀請新北市侯友宜市長以及賑災基金會張景森董事長蒞臨與傷者齊聚，後來賑災基金會審核後，決定延長兩年補助。

支持黃媽媽為眾人謀取福利的力量是自己堅強的兒子黃品慈，讓黃媽媽愛烏及烏，推己及人。有一晚黃媽媽經過兒子房門口，看到黃品慈正在端詳手上的疤，一邊抓癢一邊用按摩棒緩解疤痕搔癢。「健康的孩子受這麼大的苦，品慈從來不會在我面前抱怨，不會因此發脾氣，他的勇敢讓我更不捨。」

二〇一八年黃品慈進行重建手術之前，某天黃媽媽突然崩潰，跑到房間抱著兒子痛哭，接著怕兒子擔心，黃媽媽擦擦眼淚躲進廚房，跟在她身後的黃品慈又對她說了在加護病房同樣的話：「媽咪，我很堅強，你放心，不要為我傷心難過。」

颱風天的愛心

走過劇變，黃品慈首先要感謝醫護人員：「加護病房的醫護人員、主治醫生，以及普通病房的護理師，還有在長庚醫院進行重建手術的醫護人員。他們真的很辛苦，感謝他們把我這條命救回來。」

其次他要感謝的是家人，特別是不眠不休照顧他的父母。「出院後父母要幫我換藥，還要忍受我的情緒起伏。現在我的狀況比較好，他們還要體諒我不愛說話。」他的個性內向，雖然關心家人，但不太愛說話，有時候讓父母不知如何與他相處。

黃媽媽也很感謝所有的醫護人員，以及幫助他們的政府單位和公益團體，其中台積電捐贈傷友每人兩套量身訂做的壓力衣。「另外，我們趕到萬芳醫院時，慈濟志工已在現場，我們還搞不清楚加護病房在哪裡，志工就牽著我的手幫忙找人。」

慈濟志工除了發放慰問金之外，每次加護病房的探視時間，都會提早抵達、延後離開，在病房外安慰家屬。「後來傷友陸續轉到普通病房，有些家屬住在外縣市，志工還用有機無毒的新鮮食材，親手準備食物。」黃媽媽笑說，黃品慈太晚轉到普通病房，少了很多口福。「不管颳風下雨，一定每天報到。那年夏天有三、四個颱風，志工從來不缺席，擔心颱風天家長不方便出外覓食，還準備熱食帶來。」

除了心懷感謝，黃品慈發現自己對於別人的異樣眼光變得分外敏感，只要感受到有人特別注視自己，就會立刻避開，以免被進一步詢問。「很多人不知道我是受傷才要穿壓力衣，就會一直打量，那種眼光，即使我專心滑手機，用眼角餘光也會感受到。」他無奈表示，國人對燒燙傷知識不足，沒受傷之前，自己也是如此。網路上的輿論對他而言也充滿「威脅感」，每次有八仙塵爆新聞，下面留言多半不堪入目，對此他只能眼不見為淨。

幸好他沒有被負面能量給淹沒，選擇用不同的角度去思考、發掘以往看不到的一面。「以前會認為人的一生就是無災無難。塵爆之後經歷過生理的疼痛、心理的壓力，現在看到有些人只是經歷小小的不順遂就悲傷不已，但對我們來說，人生不就是這樣子嗎？」

## 加強燒燙傷觀念

從小黃品慈就很獨立，認為遇到問題就去解決，不需要接受他人的幫助，塵爆的意外傷害讓他變得更堅強、更能積極面對問題。不過他坦言，有些問題不是自己努力就可以解決，「很多傷友都要持續做雷射治療、心理治療，甚至是整型手術。雖然大家都很努力工作，但這筆支出實在太驚人，需要社會共同協助。」

此外，黃品慈認為政府應該要更努力去宣導燒燙傷觀念。有一次他腳上的傷口突然裂開噴血，他趕緊搭捷運到醫院治療。「捷運上的乘客明明看見我包紮的繃帶有血跡，但沒有一個人讓座。那一刻開始，我就不再期待別人讓座。」幾年來，只有一位外國人曾讓座給他，他再一次呼籲，燒燙傷過後，並不會馬上恢復，復健的過程需要友善對待與支持。

雖然賑災基金會的五年計畫進入尾聲，不過對於未來，黃媽媽仍然很有信心。「我相信醫療會持續下去，照護中心的項正川院長、林昀毅醫師都非常有愛心。」以黃品慈來說，大約還需要兩年的雷射治療。不只是黃品慈，也有部分傷患因為訊息不充足，到後來才前來照護中心進行雷射治療與復健，例如同樣也有腦傷的吳聲宏，未來仍需要照護中心的治療與幫助。「這群孩子都很勇敢，也很樂觀，雖然無法完全抹滅，但是他們的傷口和心靈的鬱悶，都能很快撫平。」黃媽媽又掉下眼淚：「就算以後品慈不需要來照護中心治療，我還是會來這裡，努力尋找外界資源來幫助大家。」

黃媽媽與黃品慈這對母子真是特殊的組合，黃媽媽的擔心與心疼讓黃品慈更不願意在家人面前示弱，而在復健路上默默努力。然而身上的傷痛與內心的堅強，無形中又加深黃媽媽的不捨，於是想方設法要幫助兒子，哪怕是一點點都好。他們彼此在身上製造壓力，卻又甘心地接受壓力，五年多以來，母子倆在彼此身上找到新的位置，也建立新的關係。

# 從此只有眼前路，沒有身後身
## 生命鬥士黃博煒

黃博煒從來沒有動過輕生的念頭，他曾經直接面對死亡，深刻地體驗過生死邊緣，因此他更加珍惜活著的每一天。

如果不是已經在媒體報導上讀過資料，在車水馬龍的捷運站出口，看到坐在輪椅上的黃博煒，還真以為是販售刮刮樂、溼紙巾的身障人士。難怪前幾年還有國中生，好心在他的輪椅上放了二十元。

跟著黃博煒的電動輪椅來到附近的手搖飲店，只見他將集點卡交給店員，店員蓋完章後，連同大杯紅茶一併交給他。「我已經先付了十杯的飲料錢，每次來，只要拿飲料就可以了。」他笑說附近只要想吃的餐飲店，都已經預付一筆錢，之後吃飯、喝飲料，不用再

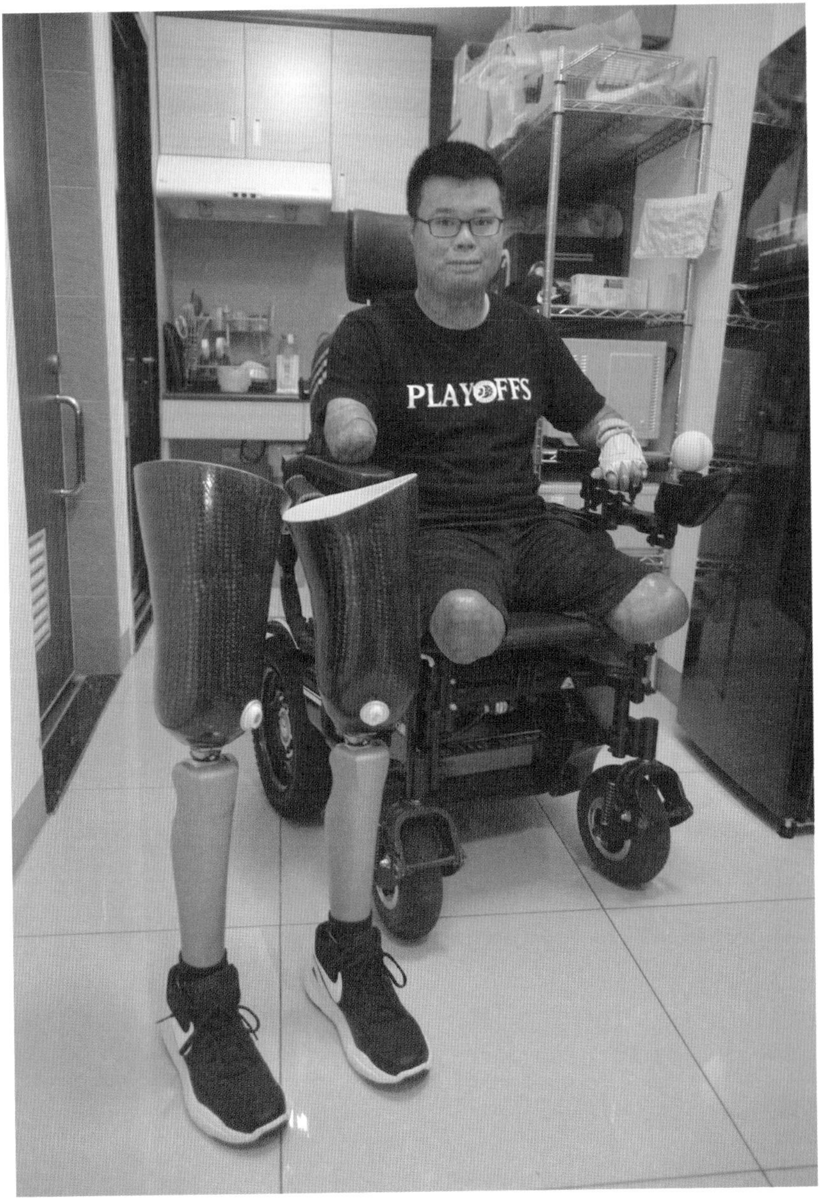
PLAYOFFS

給錢，也不用再收找回來的零錢，一切都事先規劃好，省卻麻煩。

然而再怎麼規劃，這座城市對身障人士都很不友善。騎樓、人行道停滿了機車，只見黃博煒坐著輪椅左閃右躲，最後決定開到大馬路上，沿著人行道邊走，但沒多久，又被違停在紅線的汽車擋住去路。看似左支右絀的處境，卻沒有難倒他。他加速馬力，從違停車旁快速溜過，又來到人行道邊。

最後來到他的住處。黃博煒將輪椅停好、固定，再將一旁較小的輪椅拉過來，與他坐的輪椅對接，然後就在一瞬間，他已經跳到小輪椅上，轉身坐好。隨後勾起手搖杯放在桌上，緊接著雙手夾著吸管，用力往手搖杯插進去，然後以口就管，痛快地吸了一口。

「比起其他傷友，我不害怕回想過去，不管為了要寫書，還是為了演講，我已經回想太多次了。我也常常會想：我怎麼會受傷？有沒有辦法讓自己不要傷得那麼重？可是後來想一想……這就是意外嘛！」自信的語氣，搭配剛剛一連串的俐落表現，都能感受到他從容自在的態度。他不急不徐，緩緩地將時空帶到五年前的六月二十五日。

## 我是買門票入場，當然也信任八仙樂園

當時黃博煒二十二歲，與朋友一同前往八仙樂園遊玩。「朋友是大一打工時認識，感

情都不錯，每半年、一年就聚會一次，去八仙樂園玩只是很尋常的年度聚會。」他們到了現場才知道八仙樂園有「Color Play Asia—彩色派對」，於是就順道參加了。

「我們比較晚進場，剛開始站在最後面。換了好幾次位置，將近八點半才擠到最前面。」他在自己的著作《但我想活：不放過五%的存活機會，黃博煒的截後人生》中提過好幾次，他擔心時間太晚，想要提早離場。

「我的年紀最大，我有顧慮到散場時人一定會很多，朋友中有幾位沒有駕照，必須搭接駁車。」然而朋友大多高中剛畢業，第一次來八仙樂園，想放鬆好好玩到最後，他也從善如流。「很多八仙塵爆的傷友都是高中生、大學生，剛考完期末考，去樂園狂歡，我覺得沒有任何問題。說我們愛玩、沒有危機意識，但我是買門票入場，當然也信任八仙樂園，會發生火災是大家都沒有預料到的。」

## 全身著火，身邊的人也都是火

黃博煒與朋友擠到舞台的左前方，那裡不但是粉塵最濃密的地方，也是舞台上鋼瓶噴灑的方向。「剛發生的瞬間，如閃光彈般的亮光，我以為是舞台效果，其實那是火勢蔓延所產生的亮光……」他在書中描述鋼瓶內的彩粉噴下來，塵爆發生的瞬間，根本不知道發生了什麼事。「我是後來在影片中才看到，粉塵燃燒的速度非常快，應該不超過兩分鐘，但那一瞬間所提高的溫度會把皮膚都帶走。」

後來聽很多專家建議，有人認為他們比較靠近舞台，如果直接往舞台跑，是不是只會被燒到一點點？也有人認為活動場地旁是泡沫區，如果往旁邊跑，是不是就不會那麼嚴重？對此，他搖搖頭說：「還有人說當下應該要躺倒、要翻滾，我覺得以人的本能，全身著火時還能保持冷靜，沒有幾個人辦得到。就算有防火觀念、就算再來一次，我應該還是一樣往前跑。」他表示塵爆當下完全沒有視線，不是因為現場一片漆黑，反而是火場四周都很亮，他全身都著火，身邊所有人也都是火，亮到無法分辨方向。

當下完全沒有方向感，第一時間只能跟著人群一起跑，但是越跑越絕望，因為他所處的地方太前面，跑再快也沒有火來得快，而且他的鞋子已經掉了，每一步都踏在火堆上跑，甚至跑到一半，他還被撞倒，整個人趴在火焰裡，一度以為是不是要死在這裡？

「身體的疼痛一瞬間彷彿消失了，明明只有一兩秒的時間，我腦袋裡瞬間閃過很多很多畫面。」但他突然想到，他的家人、他還有好多未完成的夢。「不行，我不能就這樣死在這裡！」他又用盡全力，重新爬起來，光著腳丫繼續衝。

逃出火場後，黃博煒還很開心自己活著跑出來了。幾秒鐘後，他意識到自己受傷非常嚴重，全身開始感受到極大的痛苦。「當時我坐在石椅上，旁邊的人還拿一瓶水要給我，結果我伸出手，卻發現我握不住水瓶。」他努力把手舉到眼前，發現竟然血肉模糊。

他向陌生人借手機打回家求救，但是血肉模糊的手已經無法撥打電話，他只好請人幫忙。在《但我想活》一書中，黃博煒不斷提到「與爸爸之間的承諾」，顯然黃爸爸是他背後堅實的靠山。「每個人心裡都有一棵大樹，對我來說，爸爸就是我的大樹。」起初電話沒有接通，他繼續拜託其他遊客讓他再打電話。「那場面就像災難片，想要打一通電話回家都非常困難，周遭所有的人都在流血，都在喊救命，都在哀求打那一通電話。」

就算打不通還是要繼續聯絡爸爸，因為當下的他非常虛弱。當時的他喜歡運動，體能相當強健，可是他發現自己已經無法走路。「我意識到自己傷得非常嚴重，那時候思緒應該很不清楚，可是求生的本能，就是想找可以救我的人。」事後冷靜回想，為什麼當初要找父親？為什麼不想停在場內等待救援，就算走不動也要拜託其他遊客帶他離開往外走？「有幾次跌倒被抬到漂漂河裡，即使痛不欲生，我還是用盡全力往外爬，就是為了提高自己被救的機會，是一種潛意識的求生本能。」

潛意識與堅持，終究救了他的性命。一位名叫「艾倫」的朋友和其他遊客將他抬到廣場上，此時警消及醫護人員已經進入八仙樂園，黃爸爸與家人也隨後趕到。他不知道等了多久，在醫護人員第三次過來觀察傷勢時，驚呼：「這個傷患怎麼還在這裡？」他才在一群人幫忙下，被抬上8字形泳圈送到門口，最後與黃爸爸終於上了救護車。

## 入院第三天，裝上葉克膜

上了救護車後並沒有度過危機，黃博煒覺得全身無力，又不斷發冷。「我很緊張，覺得自己好像快要死掉了，我一直問爸爸說：到底還有多久才會到醫院？」他的心還懸在空中沒有放下，路途顛簸讓他很想閉上眼睛休息，此時黃爸爸和醫護人員不斷叫他保持清醒，不要睡著。黃爸爸還不斷跟他說話，直到抵達新光醫院。

「我沒戴眼鏡，印象中有一道光，應該是急診室的光。當工作人員把我從擔架移到病床時，因為痛，我都還有在掙扎。」之後他被注射了麻醉劑才昏睡過去。有別於其他傷患坐上救護車，或送到醫院插管治療後就昏迷，再醒來已經是數天後的事。他卻是當麻醉藥退後，隔天就醒了。

「醒來時已經插管，我全身動不了，可是意識很清醒，溝通的方式就只剩下移動眼球。」他不知道自己為何這麼清醒，甚至有很長一段時間因為身體的疼痛讓他睡不著，後來醫師說，他已經好幾天沒有睡了。這段時期因為藥物的關係，他的記憶總是夢境與真實交替，後來他將自己的印象與父母的紀錄比對後，才釐出比較完整的輪廓。

這段時間，其他傷患陸續開始進行清創、植皮，但黃博煒的主治醫師、整形外科林煌基主任還在想辦法把他搶救回來。清創、植皮都要麻醉，可是他的生命跡象非常不穩定，麻醉的風險很高，隨時可能失去性命。

在黃媽媽的紀錄中，黃博煒全身高達九十%以上的燒傷面積，送到醫院第二天，就開始二十四小時的血液透析，也就是俗稱的「洗腎」。到第三天，就連葉克膜（ECMO）也裝上來。葉克膜是體外心肺循環機，由「血液幫浦」（人工心臟）及「體外氧合器」（人工肺臟）組合，可以擔任心臟的工作，也可以取代肺臟的任務，在心、肺臟功能喪失時，提供足夠氧氣與血液輸出量給全身其他器官。

## 用四肢換取五%的存活率

但黃博煒的生命跡象很不穩定，裝葉克膜也只是向上帝借時間，他全身插滿了管子。根據黃媽媽的紀錄，醫療人員用了非常多藥劑提升血壓，但有時候血壓太高又要趕緊降下去，當時主治醫師、加護病房醫師的手機響不停，有緊急狀況就要隨時趕過來處理。第一個星期的搶救過程，每一天都不知道何時會發出病危通知，醫師也幾度認為不太樂觀，而家人也有了心理準備，考慮是否放手讓他走。

殊不知黃博煒本人對自己的身體狀況很有信心，以為到了醫院應該就得救，完全不瞭解燒傷，也不知道自己有多嚴重。直到黃爸爸到病榻前問他：「煒煒，你要不要到另外一個世界當天使？」這個問題不只問了一次，之後就連醫師也進來詢問。「那時我心中更多的是震驚與不可置信，為什麼要問我這個問題？」原來他當時除了害怕，更多的情緒是疑惑，不知道自己的傷勢究竟如何。

「我很想要知道傷勢，就是沒有人告訴我，只是感覺很痛，記憶還停留在我得救了，我已經從火場逃難出來。」他沒有意識到自己離死亡這麼近，只是純粹以為黃爸爸是不是害怕他會痛。「沒關係啦！我可以忍啊！」他無法說話，心中卻是如此肯定的回答。

心中的疑惑，因插管無法開口而得不到答案，但直到七月底他可以開口說話之前，每次爸爸來探視時都會說：「煒煒，現在是○月○日○時○分……」在書中，他曾描述對這件事情其實非常反感，他認為時間根本不重要。

幾天後，生命跡象雖稍回穩，但他身上有大面積壞死組織，若不加以切除，傷口就會繼續感染。為了求生，醫療團隊建議截肢。

七月十一日，黃博煒的病床又單獨隔離在其他加護病床之外，他印象很深刻，醫師與家人討論後，來到他的床邊，彷彿在宣判他的死刑。

首先還是由黃爸爸開口：「煒煒，你想不想知道傷勢如何？」黃博煒點點頭，黃爸爸又說：「狀況跟你想像的完全不一樣，你傷得很嚴重，可能沒辦法活下來。」爸爸又說：「我們只有兩條路可以選擇，第一條，如果不想繼續痛苦，就放棄急救，直接到另一個世界。第二條，截肢保命，截掉四肢來換取活命機會，但是存活率只有五％左右。」

他聽到後猶如五雷轟頂。「前幾天，爸爸問我要不要當天使的時，我很疑惑，也多少知道自己傷得很重。隔一星期後聽到的是要截肢，而截肢後存活率只有五％時，我才真正意識到自己傷勢多麼嚴重。用我的四肢，居然只換到五％的存活率！」雖然已經過了五年，想到當時情況，他還是忍不住提高了音量。「我終於知道，為什麼爸爸每次進來探病都要說現在是幾點幾分，因為我隨時都可能撒手人寰。」

不論是疑惑、震驚，最終都有了答案，就等他做最後選擇。「回想起來，我當時一定很不甘心，那不是我想聽到的答案，撐了兩星期卻是要截肢保命。」他笑說沒有人願意被截肢，可是如果只有兩個選項，截肢保命似乎是不錯的選擇。「如果說截肢後有五、六十％存活率，或許會讓人更安心。但截肢後還是很難活下來，而它又是唯一的機會。」

當時並沒有太多時間讓他思考，因為生命跡象好不容易才回穩。「我先哭了一頓，之後比較冷靜，心裡已經有了答案，就是要選擇第二條路，即使害怕，我也是要拚。」

為了掌握時間，七月十三日取下葉克膜後，醫療團隊為把握時間，確認他的肺部功能穩定，就立刻動手術。

## 我活過來了，我又快死了

幾個月後，當黃博煒可以滑手機，他很驚訝地發現，截肢時網路上很多批評的聲浪。有人說他只是為活而活，根本沒想到要面對的人生。

然而事實並非如此。「當時家人很清楚的告訴我，以後要面對什麼，以及要放棄什麼。」他們非常明確的告訴黃博煒，截肢以後就沒有手、腳；父母也反覆提醒他，截肢後連最喜歡的籃球都要放棄。

「我喜歡打籃球到一種痴狂，就算加班到九點多，經過球場還是會打場籃球。車廂永遠有球衣、球鞋。」籃球是他最愛的運動，家人也都知道，因此父母將最差的狀況說出來，就是希望他想清楚。「決定截肢的當下，我是求生，因為沒有選擇。後來陸續再截肢時，就不是所謂的求生，那是很現實的一面。我要放棄雙腳、我要放棄籃球，甚至沒有辦法繼續當工程師。」比起第一次得知要截肢時的震驚、疑惑，後來的他已經相當清楚，以後可能要面對的人生。

網路上除了對黃博煒的批評，也有不少人罵黃爸爸：「怎麼可以問自己的孩子要不要當天使？多麼殘忍的父母！」黃博煒認為，讓親生父母問孩子這問題，才是一件殘忍的事。「有哪個父母希望自己的孩子變成這樣？就像是宣判孩子死刑。我相信沒有父母願意。」

黃博煒的爸媽之所以將決定權留給他，其實是因為當時他的意識清醒，可以自己判斷，父母希望尊重他；再者，他們也有很多糾結，無法做出決定，黃爸爸剛開始都不告訴他傷勢，就是不希望他恐慌，不讓他佑道事實的真相。所以當時家人也分成兩派，有人主張「放他走」，也有人說：「為什麼不問本人？這是他的生命啊！」

對父母和黃博暐來說，這確實是殘忍的選擇，而命運的殘忍沒有因為截肢的決定而結束。截肢和原先想像的並不一樣，剛開始是切除小腿，過了幾天，生命跡象仍不穩定，又繼續往上切除壞死的部分，可說是一段、一段地往上切。為了避免失血過多，手術不能一次做完，他就這樣一而再、再而三地被詢問：「還要截肢嗎？還要繼續拚嗎？」他都是以拚到底的態度去面對：「切！」

「在書裡，我簡化了過程，不過現實中那幾天就是：我活過來了，我又快死了，我又活過來了，我又快死了。」每到生死關頭，又得切除壞死的部位。這一路走來，他就是堅持要拚，而不是選擇去當天使。直到今天，他沒有一天後悔做這個決定。

## 取陰囊皮膚植皮

深度燒傷病人通常必須做自體皮膚移植手術，也就是取下未受傷的健康皮膚，覆蓋在無法自己癒合的傷口上。取皮大多是取頭皮、臀部或鼠蹊部的皮膚，因為頭皮的傷口恢復得最快，鼠蹊部的皮膚則是延展性好，適合用在關節。但是黃博煒全身超過九十％的燒傷面積，幾乎沒有多餘皮膚可以進行植皮手術。

他在七月二十二日進行第一次自體皮膚移植，當時美國燒燙傷權威，約翰．霍普金斯大學燒燙傷中心醫療團隊前來台灣協助，提供寶貴的醫療經驗。在史蒂芬．密爾納（Stephen Milner）主任指導下，醫療團隊決定取黃博煒的陰囊皮膚植皮，這是國內首例取用陰囊皮膚植皮。

在美國，燒燙傷醫療的植皮大多會使用陰囊皮膚，原因是頭皮取皮後復原約需十天，其他部位則須二至三週，而陰囊皮富含皮脂腺與毛囊，取皮至復元僅需五、六天。此外，陰囊皮膚的延展性佳，小小一塊皮，可以延展擴大後貼補在很多部位上。

林煌基醫師取了黃博煒約兩個手掌大的陰囊皮，擴展為三倍後，移植至右腿膝蓋。此外又取了他背部、腹部及下腹部的皮膚，擴展後覆蓋至右大腿及部分小腿，植皮面積約占全身體表面積的十五%。

「真的是痛不欲生。後來醫生問我要不要再取？我說：千萬不要！」他尷尬地笑說，取陰囊皮真的很痛。「只要稍稍震到病床，我就痛到不行，真的非常非常痛。」

雙腳截肢後，黃博煒身上的維生系統開始減少，洗腎也從原本二十四小時逐漸減少到完全不用。七月二十四日終於拔除呼吸器，他開始學習自主呼吸。七月二十六日，黃爸爸用吸管滴了幾滴水到他口裡，他終於喝到塵爆發生後的第一滴水。

隔天，血壓又降下去，黃博煒又病危了。

## 跟右手說再見

病危是因為身上還有壞死組織引發感染。當黃博煒狀況穩定後，醫療團隊再度跟家人討論，這一次決定切除雙手。原本醫療團隊是研判四肢都要切除，但是右手外觀良好，醫師一度判斷可以保留下來，但是要進入手術室後，切開右手才能進一步確認。哥哥的日記中清楚記載了八月四日手術的情況，醫師切開右手後，發現右手跟下肢一樣都燒壞了，裡面全部是組織液。醫師問他的父母：「現在怎麼辦？」這次父母依舊讓黃博煒自己決定。

黃博煒醒來後聽到壞消息，他用微弱的氣音說：「切，我要拚！」

「真實的情緒是非常失望。醫生原本跟我說，從外觀看來，兩隻手保留下來的機率不小，特別是右手的狀況感覺比較好。」沒想到結果卻不如預期。幸而右手截肢大幅提高了他的存活率。「燒傷最怕就是感染、引發敗血症，所以要盡量把壞死的部位切除，降低引發敗血症的機率。」

與其他傷患相比，黃博煒在燒傷之外雖然又多了截肢的痛，但身體的感受並不明顯。他的全身都是傷口，無法判斷是哪裡在痛，加上大量注射止痛藥，大大降低了疼痛感。

黃博煒有五百度的近視，躺在床上又看不到雙腳，因此他對雙腳截肢沒有什麼感覺。直到右手截肢後，他可以用盡全身力氣抬起手，雖然包著紗布，但看到手部空無一物的剎那，「真的有震撼到，那一刻才真正感受到我沒有手了。」

那陣子他有些沮喪，「有人進來時，我就笑著面對他們，實際上內心有很多憤怒，但又要壓抑自己。」後來他選擇用旁觀者的角度看自己，「覺得真是一個廢物，沒有了四肢，又動不了，就是很無能的黃博煒。」每當想像那畫面，他就提醒自己：都已經活下來了，就不要活得如此窩囊，一定要活出精彩！

右手截肢後的第二天，黃博煒終於離開加護病房，轉入普通病房。雖然傷勢逐漸好轉，然而他的身上仍有很多傷口和水泡，稍一不慎就會破皮，照護時需要非常小心。十月八日，他在「六二七燒燙傷專案管理中心」以及台大醫院復健科林昀毅醫師的協助下，轉院到台大醫院燒燙傷中心，繼續進行清創植皮手術。

「比起其他傷友，我的清創植皮手術會比較少一點。因為截掉了小腿、大腿，能清創植皮的地方也不多了。」在加護病房與死亡搏鬥，歷經截肢、陰囊取皮的疼痛，對於其他傷患最痛苦的換藥，在他眼裡想必都微不足道。「換藥又是截然不同的痛苦。傷友們應該無一例外，即使打了最高劑量的止痛劑，還是痛到不行。」

每天換藥二至三次，成為傷患的日常，越到後期因止痛劑量下降，身體的感受會更明顯。這段時間黃博煒和其他傷患一樣，很怕聽到護理師推藥車，以及叫人起床的聲音。「換藥的疼痛根本痛不欲生！第一間病房開始傳來換藥的慘叫聲，我們最後一間已經開始在害怕。」

除了清創植皮、傷口的照護，黃博煒還有肢體的問題。他的左手雖然還有手指，但因燒傷，手臂的肌肉組織大多被挖除，變得非常細；而手腕幾乎只有上下十五度的移動範圍。手掌和手指則因疤痕攣縮呈握拳狀，既不能抓物，也沒有任何觸覺。因此台大醫院整形外科為他動手術，將唯一殘留的左手固定成勾爪狀。

「能留就盡量留啊！幸好有留下來，因為用左手可以做很多事。」他開玩笑說，原本左手只能握拳，除了打人，什麼事都不能做，被固定成勾爪狀後，就多了很多功能，至少方便勾取物品。

接下來，四肢不全的他，也開始進行復健。由於已經躺了兩個多月，核心肌群已經沒有力氣，想要坐起身，還得靠電動床慢慢將他往上扶正，加上四、五個人合力幫忙，身邊墊很多枕頭支撐。

為了可以自己坐起來，他開始進行物理治療。由於腿上還有傷口，治療師無法壓住他的雙腿，因此改為綁沙包在腿上，進行V字仰臥起坐。「身體的平衡與核心肌群的力量和以前完全不一樣，不但要重新訓練，也要重新習慣、適應這副新的身體。我沒有腳了，下半身比較輕，平衡感很差。」

## 各式各樣的輔具

黃博煒在這段期間做了大量的V字型仰臥起坐和棒式運動。剛開始他連翻身都沒力氣，練到後來，他搖晃身體，當後背撞到床板，肚子一出力就能藉由反作用力挺起身坐直。當他不需要沙包壓住雙腿就能在床上坐起，已經是十二月底；時間彷彿過了很久，但是以他的狀況，似乎進步得很快。

此時黃博煒的傷口恢復得差不多，體力也提升，於是轉到復健病房，醫護人員幫他加強軀幹訓練，讓他嘗試自己移位到高背輪椅上。剛開始醫護人員先將輪椅的椅背放平，利用移位滑板，將他移到輪椅上，「後來醫護人員只要把移位滑板放在床與輪椅中間，頭、腳墊著枕頭，我就可以挺起來，慢慢晃動身體，擺盪到輪椅上。」大約半年後，他便不再需要移位滑板，可以直接從床上晃到輪椅。

與此同時，他也進行職能治療。他的左手臂很細、皮膚很薄，稍微碰到就會起水泡，職能治療師幫他裝上副木，讓左手固定在水平狀態，不再往下垂，另外也有保護的作用。

治療師還幫他設計各式各樣的輔具，例如觸控筆，可以點、滑手機以及敲打鍵盤。他的第一本書《但我想活》，就是用觸控筆點著鍵盤，一個字、一個字慢慢敲出來。「我嘗試過以口述的方式，用軟體翻譯成文字，但效果不好。少了思考琢磨，講出來的內容不是我想要表達的感受。」

黃博煒甚至還可以使用觸控筆玩遊戲，就連知名的手遊「精靈寶可夢 GO」也能上手。「觸控筆既然可以打字，當然也可以玩遊戲。我想，如果我做不了，不是我不行，是我的練習和努力還不夠，需要花更多的時間。」

左手套上叉子，他就可以吃飯，甚至可以叉起大塊的食物；也可以換上湯匙喝湯。他還有另外一把叉子，是用來撿拾物品。「叉子很好用，可以拿來勾東西，即使手機掉在地上，叉子也可以鑽進手機吊帶，把手機勾上來。」以生活上最常見的「打開衛生紙包裝」為例，他會用叉子沿著包裝袋的貼口慢慢刺開，再把衛生紙勾出來。「一般人用手指，我用叉子。」他說得相當輕鬆，但都是經過無數次的練習，才能駕輕就熟。

他透過與職能治療師討論，彼此激盪想法，完成許多輔具的設計。這對治療師來說，是高難度的挑戰，畢竟黃博煒的狀況很特殊，過去幾乎沒有類似的案例。

「所有八仙傷友的復健方式都有跡可循，但我沒有。我覺得最困難的是，我很願意努力，卻不知道下一步要怎麼辦，沒有東西可以參考。」所幸治療師很樂意接受挑戰，許多輔具的設計都讓他們很有成就感。例如叉子和湯匙，並不是套在左手上就能使用，因為一般人的手腕可以翻轉，黃博煒的手腕活動角度很有限，必須經過反覆修改，才逐漸找到適合的角度。

## 適應新的身體

黃博煒簡直是治療師的活教材，每一件輔具幾乎是治療師的全新創作。他開心拿出一支看起來像自動鉛筆的輔具，說：「這是挖耳棒，不知道的人還以為我拿筆戳自己耳朵。」他笑說自己很要求生活的品質，當他提出挖耳朵的需求，治療師還以為他在整人。但後來治療師運用每按一次筆端按鈕，就會轉動筆管裡的軸心，將藍色筆頭轉換成紅色的自動筆原理，改造成每按一下按鈕，耳勺子便會轉動方向，解決黃博煒手腕無法翻轉的困難。

不過有了輔具並不表示可以立刻運用，還要透過更多手部、身體力量訓練，讓左手更有力氣。在治療師訓練下，黃博煒可以裝上輔具自己吃飯、刷牙，但都要花一個多小時。另外由於左手神經燒壞，他幾乎沒有觸覺，還要習慣手指與物品的距離。「比如說現在用觸控筆敲鍵盤，其實我感覺不到自己在敲。眼睛必須看到敲的位置，或是敲的時候稍微用力，透過震動傳上來。我的左手雖然還在，但等於沒有左手，要花很多時間去習慣。」

在台大醫院後期，他對物品距離的掌握越來越好。「一般人滑手機、吃飯、刷牙，只要動動手腕，而我要動整隻左手，無形中左手更有力，也比以前俐落。我原本是右撇子，現在是道道地地的左撇子。」雖然知道是開玩笑，但聽了仍覺得有些心疼。

「我和其他傷友不同，他們復健是為了恢復原本生活的樣貌，只要努力復健，就可以回到正常的功能。我不是啊，我回不去了，我只能夠學會使用這副身體，創造屬於這副身體的活動方式。」他如此感嘆。

這段時間，治療師也要處理關節的疤痕攣縮。比起其他傷患需要煩惱各關節的疤痕攣縮，黃博煒連這樣的煩惱也無法奢求，他身上所剩的關節部位不多，只剩下肩膀、鼠蹊部，幸好這些部位都沒燒到，也沒有疤痕攣縮的問題，唯一需要復健的關節是脖子和左手肘。

剛開始，手肘的疤痕需要治療師反覆拉伸、彎曲。「和其他人比起來，我不怕痛。拉伸時我都叫老師再用力一點、多拉一點。」仔細看他的左手，細到幾乎快看到骨頭。如果治療師太用力，難保傷口不會裂開。「我沒在理會，都跟老師說：再來！再來！再來！」

因為不怕痛，出院後黃博煒也沒有吃止痛、止癢劑或安眠藥。由於疤痕的痛、癢嚴重影響睡眠，很多塵爆傷者都會吞服安眠藥。但他出院即決定不再服藥，因此睡眠品質不太好。疤痕的痛對他沒有太大影響，疤痕的癢，則要靠意志力克服。「藥物劑量會越吃越重，我單純只是不想再吃藥。到後來多靠忍耐，如果太癢還是會抓，有時會抓到流血。就像螞蟻在裡面爬，真的很難忍受，我沒聽過有不抓癢的傷友。」但只剩下一隻手，很多部位都抓不到吧？「就用身體磨，後背貼著牆壁磨啊，也常常磨到破皮！」

二〇一六一月二十五日，歷經二一二天，黃博煒終於出院。他的體力稍有恢復，但與其他傷患一樣，有大量的復健需求，因此回家過年後，他與看護就住進陽光社會福利基金會位於新店的陽光之家。

陽光之家是基金會針對燒燙傷友提供的住宿服務，黃博煒是裡面唯一的八仙塵爆傷者。入住初期，嚴重的傷者都需要看護幫忙，特別是像他身體狀況特殊，陽光之家先將他與看護安排在獨立房間。

「住進去是為了訓練生活自理能力，因此後期我的看護雖然還在，但她是住在陽光之家的女生宿舍。」陽光基金會希望傷友能夠獨立自主，如果傷友的狀況恢復到一定程度，甚至會要求他們撤掉看護。「可以自己處理的事，就不需要看護幫忙。如果堅持看護留下來，陽光會請傷友和看護回家，將住宿資源留給其他傷友。」

陽光之家和一般養護機構不同，它就像復健過程的中繼站，傷友在能夠完全自理之後，就必須重返社會和家庭。「這一點很棒，我原先以為養護機構為省事都會代勞。陽光不一樣，他們認為我可以自己開門，工作人員寧願站在旁邊看也不會幫忙，讓我自己練習，這是陽光基金會的理念。」

當然也不是每一位傷友都願意如此。黃博煒見過傷友吃完飯後，吩咐看護收拾飯盒，直接丟進垃圾桶。「我用手夾著飯盒，請看護幫我推輪椅到流理台，我自己沖洗餐盒，再推我去回收。我當然可以叫看護幫我處理，但這樣就少了練習的機會。」

在工作人員的安排下，黃博煒每天都要搭車前往位於南京東路的台北陽光重建中心，除此之外，他也到台大醫院復健。二〇一六年八月，他在台大醫院復健室看見電動輪椅，便要求試坐，結果他一下子就開到醫院對面的二二八公園晃盪。他非常興奮，回家後立刻上網找廠商試車，原本廠商認為他沒有雙手，應該無法操作，家人也相當反對，認為有看護幫忙推輪椅就好。

「已經被推了一年，終於可以自己控制行動，那喜悅沒有辦法形容。」他就像個小孩子，不管要花多少錢，就是吵著要買。他相信藉由電動輪椅，可以重新擁有自主與自由。後來黃博煒也鼓勵其他不良於行的朋友，如果可以選擇，要學著使用電動輪椅。「電動輪椅讓我在生活自理快速進步，之前做任何事都要看護推到定點才能進行，有電動輪椅後，我可以獨力完成。」

電動輪椅讓黃博煒有更多的自主性。「看護會限制我，不讓我嘗試一些事情。」例如他其實可以自己上廁所，「看護為了省事，會開好門、放下馬桶蓋，推我進廁間，這樣讓我少了很多的練習機會。」隨著他的身體機能逐漸恢復，有一陣子他很討厭看護。除此之外，父母也會擔心他，無形中阻礙了他進步的空間。

目前黃博煒有兩台電動輪椅，一台輕便型，一台戶外型。戶外型輪椅體積大、馬力強、速度快，續航力更好，椅背還可以傾斜，方便他上下床；輕便型輪椅較為靈活，但馬力弱、速度慢，穿越馬路比較危險，不適合在戶外。

由於雙手不便，黃博煒無法使用一般電動代步車常見的方向盤、龍頭把手，而是透過左邊扶手上的軌跡球來控制方向。輪椅上設有USB插座，讓他出門在外可以充電手機，或插上小型電風扇，舒緩燒後怕熱的皮膚。

擁有電動輪椅後，黃博煒開始走出戶外。那年夏天，手機遊戲「精靈寶可夢GO」席捲全世界，陽光之家很多傷友都在玩，他也跟著坐輪椅到處抓寶。「燒燙傷友無論走路或站立，都會因疤痕充血而感到很癢、很刺痛，戶外陽光又大，他們都不太喜歡出門。可是抓寶可夢就是要出門，這遊戲讓很多傷友主動走出戶外。」傷友們利用玩遊戲的機會，加強訓練雙腿，他則是訓練左手。「我是用觸控筆去滑動螢幕，丟球抓寶。我現在可以這麼靈活的滑手機，有些技巧就是從抓寶可夢才學會。」

## 重新站起來

陽光重建中心的復健，仍然著重在軀幹核心與手臂力量，同時也開始訓練黃博煒下肢的承受度。物理治療師會先放置軟墊，讓黃博煒可以感受下肢頂在軟墊上的感覺，然後再坐傾斜床，讓他可以站起來。

即使是植物人，長期坐臥都不利於身體健康，因此儘管沒有雙腿，治療師還是盡可能訓練他坐起身，甚至可以站起來。先從水平開始，慢慢的，傾斜床會調整至六十度、七十度，當傾斜床轉到垂直時，他的下肢就能完全感受到全身的重量。

八仙塵爆傷友都不喜歡坐傾斜床，黃博煒也不例外。「傾斜床在轉到九十度時，下肢突然受力的瞬間，會有趴睡久了，站起身來腿麻的感覺。那種持續的麻、癢，真的會想乾脆不要站。」除了雙腿痠麻，還會覺得頭暈。「可能是改變血液循環的方式，就像久坐之後突然站起來的瞬間會頭暈。隨著斜度慢慢增加，頭暈時間也慢慢增加，很不舒服。」儘管如此，他仍然咬著牙忍耐、適應，重新習慣站立的感覺。

無論是何種復健訓練，黃博煒都全力以赴。訓練過程中常聽到他對治療師說：「再來！再來！再五分鐘。」常超出身體負荷，甚至有幾次因為站太久導致雙腳起水泡，引來訓練師責備。

坐傾斜床還有另一個目的，就是要讓黃博煒體會雙腳受力的感覺，為日後穿戴義肢作準備。其實早在新光醫院時，就有義肢公司主動介入幫忙，當時黃博煒也開始考慮未來是否要穿戴義肢。「現在的法規，義肢不算是醫療器材，加上國人鮮少使用，國內醫療人員大部分對義肢都一隻半解，我到底適不適合穿戴？基本上都是義肢公司的人員前來評估。」

只可惜當時身上傷口還是很多，體力也沒恢復，評估下來是完全不能裝戴。穿義肢要一定的體力，如果傾斜床完全垂直後，都沒有辦法撐上半小時以上，根本沒有資格穿義肢。要等到下肢有耐重能力，義肢公司才會正式介入。

在國內，因燒燙傷而截肢真的不多見，通常會截肢都是糖尿病、車禍。在美國，像黃博煒這樣的重傷者，送到醫院後，通常直接大面積切除壞死、感染的區域，也就是立刻截肢。但在台灣，大多是糖尿病、車禍才會截肢，因燒燙傷而截肢並不多見，這和國人「死留全屍」的觀念有關。另一方面則是因為美軍在戰爭受傷後常需要截肢，相關醫療經驗豐富，義肢產業也十分普遍。

穿戴義肢需要訓練，如果是一隻小腿截肢，基本上訓練兩個月後，走路便與正常人無異；如果是兩隻小腿，大概要訓練半年；若是一隻大腿截肢，走路時多少看得出來是跛腳。黃博煒的義肢訓練，必定會比一般截肢傷患更加困難。

「兩隻大腿截肢還要穿義肢，在國內不會超過五個人。」原因之一是訓練難度太高，另一個則是最現實的原因：義肢費用太昂貴。「在美國，意外險的理賠項目包含義肢，但在台灣要花好幾百萬才能買一雙腳，而且義肢的使用期限只有八年。」

在台灣，一隻有膝蓋關節的義肢，要價二十萬至五百萬不等。傳統的機械腳約在百萬元以內，電子腳則必定超過百萬，價格與安全成正比。機械腳踩到石頭時會跪下，但電子腳的膝蓋可以瞬間產生阻力，讓人有時間反應，趕快挺起身體而不致跌倒。

電子腳更接近人的雙腳，而黃博煒的狀況只適用電子腳，因為他跌倒了，沒有雙手可以幫助他站起來，唯一的左手殘肢甚至可能因此折斷。黃博煒在義肢公司認識了兩位身障朋友，有一個傷友就是雙腳都是機械腳，「他非常厲害，裝機械腳就可以走路，傷友的身體素質很強，還是游泳國手，何況他雙手都還在。」他指出他們還有一特色，就是從小就發生意外，使用機械腳已經有好幾年的經驗，因此是什麼義肢大都能駕馭。

雖然價格昂貴，但義肢對他來說不可或缺。後來賑災基金會和政府補助了部分款項，另外他也獲得企業贊助。「幸運的是大部分企業都認識我，看到生命鬥士很想重新站起來，願意提供各種贊助。」

黃博煒是八仙塵爆的指標人物，他知道自己負有社會責任。「提到八仙塵爆就很容易聯想到我。為何我要拚命努力站起來、建立積極向上的人物形象？因為我代表八仙塵爆，只要我不守規矩、懶散怠惰，外界可能又在傷友身上貼負面標籤。」從他的言談中可以感受到他對自己的期許，外界的眼光是壓力也是助力。

人生的新篇章

電子義肢是高科技產物，義肢公司無法預估黃博煒需要多久訓練時間，因此初期義肢訓練還是在陽光之家。除了訓練下肢的承受力，還要訓練平衡感，畢竟穿義肢時，背部無法依靠，完全靠平衡感。黃博煒在陽光之家第二年的復健，幾乎都在為穿義肢做準備。此時他已經很少去重建中心，而是在宿舍，由看護幫忙復健。此外，他也前往位於士林的正全義肢中心，進行更專業的義肢訓練。

「剛開始的義肢只是練習器材，沒有關節，穿上去就像踩高蹺，用來練習平衡以及核心力量。」其實仍舊延續之前的下肢承重訓練，只是軟墊換成義肢。由於沒有傾斜床支撐，練習過程會不斷摔倒，只能依賴看護協助。

不久後，黃博煒已經可以扶著牆壁站立，接下來進步到可以持續站立超過半小時。大約二、三個月後，他就能行走自如。，他開心地說：「完全不用扶喔！因為沒有關節，就像企鵝一樣，搖搖晃晃在室內平坦的路面行走，超過二十分鐘都不用休息。」

有了義肢加持，黃博煒的復健之路有了長足進步。另一方面，他的人生道路也展開新頁。二〇一六年，當他住進陽光之家後，也開始思考要不要復學。原來八仙塵爆這一年暑假，正好是實習結束即將返校的前一刻，「我跟其他人認知的實習生不太一樣，我不喜歡稱自己是實習生，說我是實習生就覺得自己變成打雜，自尊心好像被踐踏。」他表示當時是上市公司研華科技的約聘人員，做的工作與正職差不多，一整年時間過著上下班的生活。

「我對於就讀明治科大電機工程系相當自豪，規定大一新生都要住宿，早上六點起床晨跑，一四三學分才能畢業，而大三整年必須在產業工作，等於是三年內要修完所有學分。」他自認雖稱不上是頂尖工程師，但也絕非泛泛之輩。大四以前就考取十張證照，包含一張國際甲級證照。然而就在實習即將結束的夏天，發生了塵爆意外。

「身體變成這樣，學歷的意義何在？」他還在猶豫是否復學，幾位陽光之家的傷友讓他下定決心。「他們都年過四十，白天復健，晚上讀書。有一位念國中，一位念高中，回來時都累得要命，那我到底還在猶豫什麼？」

念書是目標，也是身為學生的責任。二〇一六年九月，黃博煒決定重返校園，白天繼續復健，晚上在陽光之家的宿舍透過視訊遠距上課，隔年六月畢業。

二〇一六年底，黃博煒做了另一項嘗試。十二月二十三日，他在台北市興福國中進行第一場校園演講，講題是「用一場意外，喚回生命的感動——看見五%的生命契機」。起因是學校老師看到他的新聞，又有老師親眼見到他自己坐輪椅過馬路，覺得很感動，透過陽光基金會邀請他蒞校演講。

那天之後，學校將影音檔發布在教師群組，於是其他學校紛紛向他提出邀約。黃博煒笑說：「受傷的人本來就應該要努力啊！努力復健，努力生活，這是該做的本分啊！」他本來覺得自己的遭遇不值一提，後來才發現他的故事其實可以為別人帶來正能量。

演講獲得迴響之後，黃博煒決定把自己的故事寫下來，他用觸控筆一個字、一個字敲出九萬多字。二〇一七年，他參加陽光基金會舉辦的「燒傷青年圓夢計畫」，出版自傳《但我想活》，從八仙塵燃事件當晚寫起，用文字見證永不放棄的歷程。

## 攀登合歡山

二〇一七年初，陽光基金會社工總督導曠裕蓁問黃博煒：「要不要爬合歡山？」他不禁一愣：「怎麼可能？」台灣百岳中，唯一能坐輪椅登頂的便是合歡主峰。曠裕蓁喜愛戶外運動，爬百岳、跑馬拉松、鐵人運動等都有涉獵，她認識一群喜歡戶外活動的夥伴，曾經多次帶領身障者登上合歡山，已經有相關的經驗。

會舉辦登山活動，是曾經有身障朋友，很想一攬高山風景，但永遠只能從書本、網路上圓夢，他們多半從小到大都在輪椅上度過，非常嚮往大自然生活。於是她和一群熱心的夥伴擔任「推手」，陪伴身障者登上合歡山，經驗豐富。

經過半年的準備，工作人員、身障朋友、家屬經過三次集訓，以及多次行前訓練，這年七月，四位身障者和數十位來自各地的熱心「推手」，組成「二〇一七沒在怕登合歡」團隊，向合歡主峰出發。

通往合歡山的登山口設有柵欄，禁止車輛進入。「推手」們必須幫忙將輪椅抬高，協助身障者跨過柵欄。「就像遶境的神轎一樣，電動輪椅加上我的體重，將近一百公斤，四、五個大男生要很有默契才能把我抬起來。」

跨過柵欄後，雖然都是水泥路，但高海拔區空氣稀薄、日照強烈，對於燒傷後不易排汗的皮膚，又是一項挑戰。而且山區氣溫低，黃博煒在半途發現輪椅耗電太快，只好關掉電力，改由人力推車。一個推手在前拉、一個在後推，旁邊還有一個人要幫忙注意路況，避免意外。

道路的盡頭是階梯平台，推手們再一次將他們抬上去，還要小心防範他們跌落輪椅。上了階梯後，前方是長達三百公尺的山徑，此時黃博煒穿上義肢，在黃爸爸及哥哥的扶持下，搖搖晃晃地走向主峰三角點。他說：「比起工作人員，我們不算辛苦，所以最後一段路，我堅持穿義肢走上去。這是我的挑戰，我不要坐在輪椅上攻頂。」

那天，他在臉書分享登頂心情：「我的腳，我想你們了。」

那趟旅程對他來說，除了挑戰海拔三四一七公尺的合歡主峰，也認識了幾位身障朋友，他們有的罹患罕見疾病，「纖維性骨失養症」，在全球的病例不到十人，狀況比「玻璃娃娃」更脆弱。另外一位則是一出生就得到與腦部相關的癌症，一直到成人，癌細胞都還在。「他們無法像我一樣，可以自由的控制著肢體，而且軀幹也不夠力，看到他們就會覺得很感慨，以前怎麼還有時間自暴自棄？我其實是很幸運，可以做到很多事是他們完全做不到的。」

雖然登上合歡山，義肢練習仍須持續進行，但每天往返新店陽光之家與士林義肢中心，舟車勞頓。二〇一八年五月，黃博煒離開住了兩年多的陽光之家，與看護搬進義肢中心的宿舍。

十一月，義肢的膝蓋關節終於到貨，也送來了另一波挑戰。之前的義肢屬於沒有關節的義肢，是提供小腿截肢患者，義肢裝在下肢上，就是像一根竹竿，直接與下肢結合，站起來就是直挺挺，很像廟會的踩高蹺。也因為沒有關節，穿戴上去後，沒辦法直接坐下。可是裝上關節後，有關節的義肢是提供大腿截肢患者，就是針對像他這樣，小腿、膝蓋都被截肢，下肢只剩下大腿的傷患，行走時用的力量不同，更講究平衡與走路節奏。

「如果小腿義肢的訓練難度是十的話，關節義肢的難度是一百。裝上關節後，我連一步都跨不出去。」黃博煒整整練習了十個月，直到翌年九月才能夠自己穿戴義肢，從輪椅站起來。

黃博煒播放穿上關節一個月後練習的影片，他走起路來已經不像企鵝，而每走一步路，多了踢的動作。雖有辦法行走，卻還要抓著扶手，無法光靠義肢來撐住身體。

而在隔年二、三月訓練的影片中，他已經不需要扶手幫忙，走起來相當輕鬆，「這個只要步伐太大，或是角度稍微不對，隨時都可能要跪下去，對義肢的掌控性要很強，畢竟兩隻義肢都不是自己的腳。」這一番練習，讓他一直在大腿出力，控制膝蓋的平衡，比之前的小腿義肢練習還要費力。小腿義肢的練習，黃博煒的下肢與身軀，就像企鵝走路，是搖搖擺擺，用一點大腿與軀幹的力量，就可以直線向前，「使用有關節的義肢就不是如此，甩出去的一隻腳，不只要踏穩，還要用力往後蹬，讓我有前進的動力，讓身體往前移動。那一瞬間我要出力，很像上樓梯，一次上兩階、三階，踩上階梯的大腿，瞬間要很出力，也因此更費勁。」

## 只能走路，無法上下樓

不過現實中，他是無法上下樓梯，頂多是上下坡，若是其他傷患，可以靠雙手幫住穩定身軀，然後瞬間出力上下樓梯。他曾經在看護照護下嘗試看看，卻是上不了幾階，他感嘆說：「沒有手幫忙，肌肉強度也不夠，真要上下階梯，比較安全就是只能踩踏一階的高度，也就上下人行道，如此而已。」

黃博煒穿上關節義肢後，走路仍會一拐一拐，並不是很流暢。這是因為人是平衡的動物，他兩隻手的重量不一樣，手擺出去的力道也不同，自然影響走路時的平衡。不過從走路的背影中，可以看到他非常自在，甚至是享受可以重新站立、走路的滋味。

有時他跟人家講話，沒注意時間，站在就超過一小時，儘管下肢的疤痕越來越穩定，但無法與正常人相比，站太久後，脆弱的皮膚還是會受不了而起水泡。雖然他的意志力堅強，但身體就是很老實，他都要時時刻刻提醒自己，不要操之過急。他在雙腳截肢處，穿戴從冰島進口，量身訂製的矽膠套筒，功能效果與壓力衣一樣，可以避免截肢的下肢疤痕增生，而套筒也有保護作用，讓他穿上義肢後，緩減下肢的承重。

由於體質關係，身上沒有太多燒傷後的增生的疤痕，就算有，疤痕也算平坦。不過疤痕增生還是影響左手手肘的靈活度，出院時他還是有穿壓力衣，只是每次壓力衣一脫，衣服上一整片都是血漬。後來他覺得穿戴壓力衣實在太麻煩，常常壓力衣也沒穿，戴個頭套就出門了。

二〇一九年九月，黃博煒離開義肢公司，之後就不需要在義肢中心練習。「義肢中心只是提供初階練習，確保我可以行走、可以自己站立、坐下，剩下的要靠自己加強。」現在就是看他自己的體力、承受力，以及決定要走多久。「我努力就走得遠，走得久，我偷懶當然體力會下降，能走的時間就縮短。」

## 義肢與輪椅的平衡

除了走路，平常還要練習抬腿、關節彎曲等動作。一開始兩隻義肢光是穿戴就要一個多小時以上，經過練習，現在穿好只要半小時，大幅縮短穿戴時間，只不過目前他只能從固定輪椅起身坐下。

「從輪椅站起來時，我要扶把手，像老人家站起來力量不夠，會用手用力撐，不過我沒辦法用力撐，左手會斷掉，我會先側身，讓雙手同時撐著扶手，同時還要多找一個支撐點，椅墊就是我的支撐點，用我的屁股去頂上來。」如果支撐點太低，力道會不夠，因此椅墊要高一點。而輪椅也不能太輕，要不然起身剎那，輪椅還會翻車，這意味著他力量、穩定性還不夠，還要持續練習。

同時擁有輪椅與義肢的黃博煒，認為輪椅可以取代義肢大約七八成的行動能力，價格卻只有義肢的十分之一，CP值相當的高，然而義肢的靈巧與方便性是輪椅無法取代，「遇到縫隙，我穿義肢側個身就進去了。可是電動輪椅不行，最大的缺點就是佔空間，無法轉身回頭，有移動的限制。在寬廣的戶外當然沒差，但在室內就寸步難行。」

「而且義肢有讓我恢復到身為人的成就感。我的想法，是想要用義肢取代電動輪椅，後來才知道是錯的，兩者缺一不可，應該是交互使用，做最好的搭配。」原本他很堅持義肢練習要練到完全可以走路出門，可是義肢專家提醒：「有輪椅可以坐，為何要堅持走這麼遠？就如同一般人可以騎車？為何還要走路？」

義肢中心一直強調「安全性」，尤其像他沒有雙手輔助的傷患，就算把自己身體訓練得像海軍陸戰隊一樣強壯，可以完全駕馭雙腿義肢，但只要一發生突發狀況，在雙手無法幫忙下，是非常危險。

除了雙腿義肢，他右手也有兩種義肢手臂，一種是像虎克船長鐵勾的傳統機械手臂；另一種則是仿生的電子手臂，有抓握功能，使用時先在手臂上貼晶片，感應皮膚放電，然而傷後的皮膚放電效果不佳，大大減弱其功能。

## 青年住宅的獨立生活

二〇一九年九月，黃博煒終於走出義肢中心，住進位於板橋的青年社會住宅，裡頭是一廳一房一衛浴，房門沒有門檻，浴室有扶手設計，屬於是無障礙空間，並且使用免治馬桶。只不過一般的無障礙設計對他來說還不夠，因為他只剩下左手，比起一般定義的身障者更為嚴峻。

早在二〇一八年的十一月，他就已經開始承租，並且利用假日過來勘查，將近一年的時間，不斷地規劃住所空間，並且加以改善、一切以方便自己入住為主。而為了要讓家人更放心，他把更多的細節處理完善，因為從板橋開始，他就要一個人獨立生活。

「獨立生活的前提，第一要能夠自己買餐，第二要能夠自己如廁。」這個地點附近有捷運站，離板橋車站約一公里，交通非常方便。剛開始還有看護，後來他常常一個人行動，甚至出遠門。

二〇一九年十二月二十二日，黃博煒獨自一人穿戴好義肢，坐著輪椅搭乘高鐵從板橋到烏日，然後坐上預訂的無障礙計程車，到達彰化體育館。這天，他接受職業籃球隊「寶島夢想家」（今福爾摩沙台新夢想家）領隊陳建州邀請，擔任東南亞職業籃球聯賽（ASEAN Basketball League, ABL）開球嘉賓。

只見他側著身，右手搭著椅背，左手撐著扶手，挺身從輪椅站起，一步步走向球場，站在兩位球隊中鋒之間。右手斷肢頂著籃球，左手輔助，右手用力將籃球往上拋，完成了開球儀式。那瞬間，全場都感染到了他充滿生命力的正能量，爆起如雷掌聲。

這趟開球行，象徵著黃博煒的人生又走向新的里程碑。這不僅代表他從輪椅代步進入隨心所欲的義肢活動；更重要的是，從板橋到到彰化，這趟路程是由他獨自完成。這一天，他重享久違的自主與自由。

二〇二〇年二月，他決定辭退看護，獨自生活。雖然父母擔心他有時需要照應，但他對自己很有信心。「我的身體狀況都恢復了，當初洗腎的後遺症沒了，肺活量也沒有問題。我的五臟六腑都跟正常人沒有差別。」他將生活中所有問題都料想周到，向父母展示，請他們驗收，在父母安心、同意後才開始獨立生活。

儘管如此，黃媽媽還不放心，很想來幫忙打掃，卻被黃博煒拒絕。在環境清潔上，他除了自己動手，也配合政府長照的居家服務，其中的環境整理，是請照護員幫忙進行簡易的環境維護，「有阿姨會幫忙整理家務，她們會幫忙擦擦桌子、洗碗、掃地、拖地等，但有工作限制，基本上太粗重，或太危險工作是不會做，例如清潔廁所、刷馬桶等，這些工作比較像是清潔工的工作。」

在黃博煒住所，處處可以看見他的巧思，例如門、櫃子上會黏貼掛鉤，但這不是讓他吊掛衣服，而是方便他用左手去勾開門、櫃。「有很多的地方只是用一點巧勁，而不是年輕人的蠻力，我有想過一點就是很現實，未來我年紀大了，體力退步了，還能不用看護嗎？」這裡頭有很多的細節，例如床墊的高度要與輪椅的坐墊差不多高，讓他移位到床上時變得更容易，如果今天輪椅與床墊有高低差，手的施力反而要更用力。

另外廁所的馬桶也要與輪椅可以完全對接，「我要上廁所前會把輪椅上的椅墊拿起來，讓高度跟馬桶接近，避免因高低差而跌倒的風險。」當然有幾次，為了貪快，忘了將椅墊拿起，雖較為方便，無形中卻增加跌倒的風險。

他的房間裡放置著可觸控螢幕的筆記型電腦，鍵盤則用觸控筆觸擊。但一般人可以一隻手同時按兩、三個鍵，他卻必須用兩隻手才能操作，右手斷肢又常不小心同時壓到好幾個鍵。後來他發現電競鍵盤比普通鍵盤多了十個特殊按鍵，剛好可以解決這個問題。

黃博煒將自己善於解決問題的能力，歸功於原本的專業訓練。「我是工程師，對科技的敏感度較高。一般身障朋友可能只會認為電競鍵盤的用途是玩遊戲，而且又那麼貴。」雖然很多產品原本並不是為身障者設計，但只要善加利用就能帶來意想不到的效果。

## 活下來真好

在獨居前，黃博煒詢問過很多身障朋友，其中不乏身體狀況比他好，仍有雙手的人，但大都無法獨自生活。現在的他很想跟其他身障朋友分享，生活自理真的一點也不困難！

黃博煒享受每一個當下，活出精彩的生命，但並不是每位八仙塵爆的傷友都能如此豁達，時常有傷友向他訴苦，甚至會想當初乾脆死掉算了。黃博煒從來沒有輕生的念頭，他說：「我比其他人更直接面對死亡，很深刻地體驗到生死邊緣，因此我特別珍惜活著的每一天。」

黃博煒感歎，因為人格特質不同，面對挫折的態度也有所不同。然而有些傷友回歸社會後的確面臨許多現實問題，尤其網路上的惡意攻擊未曾間斷，造成傷友們很大的壓力，他也未能倖免。「放棄吧！救活卻成了殘廢，還不如重新投胎。」「放棄吧！九十%以上燒傷面積，幾個月後復健，你就會去自殺了。」「趕快死一死，不要拖累家人和社會。」「黃同學，你知道嗎？大家都希望你去死，包括你的家人。」「十八年之後又是一條好漢。」

這些攻詰常讓黃博煒哭笑不得。他說：「我可以活著，為何不活下去？要拿未知的來世做賭注？我不願意。」他有時會特別留意這些言論的來源，看看發言的是何許人也。「我好奇是怎樣的人會對一個陌生人，花費時間毫不留情的謾罵？」後來發現，有些是假帳號，有些只是跟風；還有一些人，本身照顧年邁雙親或身障家人多年，將壓力宣洩到他身上。因此他不再生氣。而且他漸漸能理解為何大部分人都認為他無法獨立生活。

「身障朋友的確大部分都過得不好，很少像我這樣自由自在生活。」他歎一口氣表示，大部分身障朋友的家庭都有經濟壓力，即使衣食無虞，心理壓力也常讓他們喘不過氣來。

心中的門檻的確很難跨過去，不是說轉換心情就能馬上改變，但黃博煒仍希望正向以對。「跟我爬合歡山的癌症病友，出生就罹患罕見疾病，他的媽媽二十年來都非常積極樂觀，帶著孩子跑馬拉松，自己又去念大學、參加公益活動幫助別人。」同樣照顧身障者，有的人天天愁眉苦臉，有的人「歡喜做甘願受」，呈現兩種完全不同的生命面相。

網路上不論是有意的攻擊，或是刷存在感的謾罵，抑或是將他視為出口的情緒抒發，都讓黃博煒更加確定自己努力的方向。「既然大家都斷言我會過得很慘，還會拖累家庭，我就做給大家看。當他們看到我的故事，自然就會安靜。」

在惡言相向之外，黃博煒當然也受到不少正面回饋。有一天早上，他遇到一位媽媽牽著不滿三歲的女兒，媽媽叫女兒說：「哥哥加油！」然後這位媽媽流著淚對他說：「雖然你受傷很嚴重，但是至少你還活著。我不知道你的父母怎麼想，但如果是我，我覺得還在就好。」原來這位媽媽有個小孩已經離世，黃博煒讓她想起過世的孩子：「好幾年了，心還是好痛！」這位媽媽的感性分享，使他感受到「活著」的幸福。

立志成為生命鬥士

「我沒有選擇離開世界，我要為我的選擇負責任，我今天很努力，我不依賴家人，就是我的責任。」他表示當初做了「活下來」的決定，就要把「活下來」當作責任。「我活下來後擁有更多、更大的責任，我不只是要活下來，還要恢復正常人的生活。」

黃博煒是一個責任感很重的人，他的生活經驗的確顛覆了社會大眾對於身障人士的觀感。「新光醫院、台大醫院以及陽光基金會，沒有一位醫護人員料想到我可以獨立生活，就連約翰．霍普金斯大學的醫療團隊也沒有預期我可以恢復成這樣。」他笑說，每一次離開單位，他都會跟工作人員說：「我會穿義肢來找你們，我總有一天可以自己照顧自己。」

能夠安全掌握義肢後，黃博煒的復健算是告一段落。現在的他以自主運動取代復健，能夠站多久、走多遠，端視自己在家練習的程度。「很不合格，還是會偷懶啊！」他靦腆地笑著說，彷彿被定為生命鬥士，就不該有鬆懈的時候。

至於是否與其他八仙塵爆傷患一樣，再到醫院進行重建手術？他表示近期沒有規劃，身上的疤痕已經不太會影響生活，以後真的要做，會選擇在脖子部位做重建手術，讓脖子伸展的角度更好。仔細看，他的脖子一直到下巴，還是佈滿著疤痕。早期他還很擔心脖子的疤痕會影響嘴巴吃東西，幸好疤痕攣縮並不嚴重，還是可以張開嘴，「現在吃漢堡都沒問題，當然沒有辦法大口一口咬下去。」他曾經在新北市聯合醫院的「燒燙傷復健暨後期急性照護中心」進行幾次雷射治療，試著將疤痕軟化，但後來因距離關係而停止了療程。

至於未來的生涯規劃，黃博煒直言無法回到工程師的崗位。過去他的工作主要在熟悉與測試新軟體，需要同時操作四、五台電腦，現在的他已難以勝任。但如今他是眾所皆知的生命鬥士，時常受邀分享生命故事，雖然收入不多，時間卻比較自由，而且擁有發聲權，他不再是只為個人而活的黃博煒。

為確保品質，他一星期只安排兩場演講。剛開始時，他會準備簡報檔，按照順序講述。現在經驗豐富，已經能掌握現場氣氛，隨時調整分享內容，和台下聽眾有更多互動。近來，他更努力學習英文，為日後出國演講作準備。

## 家人是最堅實的後盾

儘管目前藉著補助和演講收入，讓黃博煒得以實現「身體自由」、「生活自由」的理念，但最讓他掛心的是義肢使用期限。「義肢的價格相當昂貴，卻能實踐我身為人的價值，它帶來的實用與快樂是輪椅無法相比的。義肢是我的必需品。」

塵爆五年後，黃博煒首先要感謝火場的無名英雄。「很多沒有受傷的遊客把我們抬離危險區域、幫我們找水喝，甚至借我們手機打電話。」如果沒有這些熱心的協助，傷者肯定會吃更多的苦，而且在重傷痛苦的絕望中，是他們的陪伴與安慰為傷者帶來希望。

「當然還有辛苦的醫護人員和陽光基金會，感謝他們悉心照顧。這一路上受到的幫助實在太多，因此他在《但我想活》書中，引用作家陳之藩〈謝天〉一文：「因為需要感謝的人太多了，就感謝天吧！」

黃博煒再三強調，所有的幫助都不是理所當然的。「我很感恩這些援助，就像賑災基金會的資源，也是政府單位即時規劃爭取而來。」除了感恩醫療、各界捐款等有形的幫助，他也很感謝眾多「無形」的力量，也就是來自四面八方的關心與打氣，雖然這些人大多素不相識，卻為他帶來源源不絕的暖流。

「最需要感謝的當然就是家人，他們讓我一直很安心，直到現在都會說：『喜歡在外面自己住沒關係，真的不行就回家，我們都在，隨時要回來都沒問題。』」家人從來沒有放棄他，五年前為了求生而截肢，躺在病床上的黃博煒沒有想到五年後有辦法獨立生活，甚至已經接受了可能一輩子都要躺在床上，受人家照顧的事實。可是讓他很感動的是黃爸爸把最差的狀況告訴他，然後說：「煒煒沒關係，不管要做什麼決定，想要離開這世界也好，或者是要截肢也好，我們都尊重你的決定。就算離開了也沒關係，爸爸媽媽一直都很愛你。留下來也不用擔心，我們都會照顧你一輩子。」事後回想，他覺得這是最幸福的一件事情，家人始終都是無條件的幫助，而不會覺得留下來會拖累他們。

「上一代的人都比較悲觀，認為沒有手腳，這一輩子也差不多了。如果爸媽沒有說，或許我也會動搖，要不要活下來？當他們說了以後，我內心有底，就算活下來，真不能照顧自己，我的家人還是願意。」他笑說自己的父母是多麼棒的父母，不是每一個家長都願意隨孩子的意願。也因此截肢後，當他可以開口說話，儘管講話很小聲，仍用氣音與父母說：「你們不用擔心，活下來後一定不會拖累你們。」

只不過，從出院到陽光之家，再到入住社會住宅，黃博煒與家人之間，其實是有嚴重的摩擦與拉扯，「從小就很獨立，國中時住校，很早就離開舒適圈，要上什麼學校，做什麼工作，基本上都是我自己決定，爸媽也很尊重我。」他坦承自己的態度很強硬，在醫療、復健上，反而比較會聽醫護人員，或者陽光志工的建議，會一直往前衝，做自己想要做的事，「現在比較委婉，或者主動讓他們看得到我。」

常常一個人從板橋搭火車回汐止，下車後將電動輪椅開回家，讓父母知道這一段路程，他是完全可以獨自完成。只不過剛開始父母真的很操心，會煩惱火車不方便，上下月台很危險，等到他回家次數多了後，無形中父母也放下心。就算一個人去外縣市演講，剛開始家人也會想陪他南下，後來去的次數逐漸頻繁，他們反而會問：「要不要帶名產回來？」花了非常多的時間來讓父母安心，這過程說穿了，就是把自己當作正常人，他常跟父母說：「我搬出來不是要孤獨終老，哪一天買了房子、娶了老婆都不要懷疑，我也有正常人的想法與慾望。」

從父母到外界，眾人漸漸不再將他視為殘障者，這些都是黃博煒努力的結果──他只有外觀與別人不同，心境和能力皆無二致。然而無論是媒體報導或在自傳之中，黃博煒的人生似乎都從「八仙塵爆」那天開始，在此之前，一片模糊。有篇報導甚至直言：「有時候我覺得黃博煒對傷前生活選擇性的失憶。」

這篇報導其實並沒有說錯。直到二〇二〇年，在住所安頓後，黃博煒才靜下心回想傷前的生活點滴，回憶起那個馳騁在球場上，或是穿襯衫、打領帶的自己。「不斷回想過去最大的壞處，就是會懷念那些正常的日子。」有時候要拿東西，才發現手沒了；想要起身時，才發現雙腳也沒了。「我會懷念我的手和腳，也會懷念打籃球的日子，但如果一直去想，會累積很多負能量。」一場無情的塵爆，將他的過去與現在徹底炸開。

「我還是會回頭去想想過去，思考為什麼今天會做這樣的決定，那些決定一定與過去的成長背景，個性養成有關。其實意外後，外表改變了，但是個性沒有太大的轉變，我還是以前的我。」他表示受傷前個性就是不服輸，甚至到了倔強的地步，運動、課業、工作上都是如此。受傷後，當他面臨截肢的抉擇，也是如此的個性。

「有人問，肢體一段段截去，這中間為何沒有放棄？我就覺得前面都拚了，為何不繼續拚下去？」他相信每個人都有如此心態，經過一次難關後，會用難關來勉勵，「過去有多糟，我都撐過了，現在一定也可以，就是用自己的故事去勉勵自己。我原本都快死了，結果還活下來，現在只是截隻手，為何不繼續拚。」

受傷後不服輸的個性更加明顯，他逐漸有完整的想法，思考以後的生活，「不管有多糟，我都撐過來了，現在一定也沒問題。」他的生命故事不僅勉勵別人，也激勵自己。他對澳洲作家力克．胡哲（Nick Vujicic）的故事印象深刻，「先天性四肢切斷症的患者都能娶妻生子，為什麼我不行？」他不要坐等別人安排他的出路，他要自己走出去回歸社會。

## 慢慢來不見得真的比較慢

除了不服輸，一直以來黃博煒對自己相當有信心，他信奉的教義是：「只要努力，必定能得到回報。」受傷前的他就很努力，大二那年休學打工，就是為了努力賺取大學學費。大二復學後，也一直努力考取證照，就是不想做滿街跑的工程師，他在學生生涯，已經努力規劃日後職場藍圖。
雖然塵爆意外燒毀了他的藍圖，卻沒燒毀他的信心，他又開始重新畫了一張藍圖。「截肢後雖然想像力克．胡哲一樣，沒有手腳也可以養活自己，但我知道只是一種不服輸的精神喊話，後來慢慢有信心，是因為不斷的努力，發現我是做得到，只不過需要花更多時間。」當生命跡象穩定時，就努力熟悉新的身體，努力復健站起來，努力練習義肢挺起身體大步向前，想方設法就是要讓自己擁有更多的自主能力。
「受傷後也是有些地方改變，我覺得我長大了，思想變得成熟很多，考慮到的不只有當下，做每一個決定都會思考未來的走向。」他解釋塵爆後變得更沉穩，更知道需要什麼，「以前的個性很容易衝過頭，初期一兩年就覺得我不該受傷，為了想要趕快恢復，把身體操壞了。被罵幾次，吃了苦頭後，就知道慢慢來不見得真的比較慢。」現在的他較能循序漸進，也更相信很多事他都辦得到，只是需要時間去努力。
「我還有一個改變，就是變得非常懶得抱怨。我相信初期所有傷友都有同樣經驗，就是每一天的夜晚，天上任何想得到的神明全部都求過、拜過，也全部都罵過。」黃博煒笑說自己也是如此，即使在復健過程中，每一次嘗試新的動作，失敗後也是很心煩，也會埋怨自己，為什麼我做不到？

「在那麼多夜晚，也一定都羨慕過、抱怨過，最後真的發現，那是沒有任何意義。心情煩躁一小時，過了之後還是沒任何改變，也沒任何成長。」他感觸很深，特別是看到父母一把年紀，還要很辛苦的照顧他，那畫面更讓他不想再把時間浪費在抱怨上。

除了不再埋怨，他也不再糾結過去。有些醫師會扮演事後諸葛，分析當初若是將他送到某家醫院，或是交給某位醫師，他的傷勢就不會這麼嚴重，可能根本不用截肢。「我很感謝他們的善意，但是任何『如果』對我來說都不重要，我不想花時間糾結過去。」

與其浪費時間去埋怨、糾結在改變不了的事實，黃博煒寧願向前走。現在的他把握當下，珍惜、享受每天小確幸。「我常常去發掘，今天又有哪些小進展讓我生活得更自在。遇到問題時，我只想著如何改善，而不去埋怨：如果手腳還在，今天根本不用這麼辛苦。」

採訪結束時，已經超過黃博煒的用餐時間，原本想送他去餐廳，但在他的堅持下，只好在路口目送他離去。行人號誌燈上的小綠人已在擺動四肢，他也啟動輪椅馬達，快速向前衝去。如果此時號誌燈轉換成紅燈，他應該也無法轉身回頭。

看著他漸行漸遠的背影，讓人想起電影《一代宗師》的經典台詞：「從此我只有眼前路，沒有身後身，回頭無岸。」夜晚市區的路燈、車燈、霓虹燈將馬路照耀得如白晝般明亮，僅管如此，還是能依稀看到黃博煒輪椅上的警示燈，閃閃發亮。

# Part 2

## 看見醫療團隊的努力

# 打造北台灣燒燙傷醫療的基地

## 項正川院長

塵爆傷者面對漫長的復健與整形之路，新北聯醫抱持的態度是「不離不棄」！新北聯醫照護中心有完善的設施和專業的醫療人員，更有豐富的醫療經驗，期待未來能成為北台灣燒燙傷治療的基地。

與新北市立聯合醫院院長項正川來到三重院區的急重症大樓，只見醫護人員大喊：「院長好！」就連病患看見他到來，也紛紛點頭致意或是報以微笑，彷彿全院的人都與院長熟識。一位拄著拐杖的老奶奶用力挺起身子，開心地對他說道：「院長，我要去做尿液檢查。」原來她是項正川腎臟科的病人，尿液檢查如果狀況不錯，明天就可以出院。項正川立即趨前關心老奶奶的狀況，旁人都能感受到他的親和力。

二〇一五年六月二十七日，八仙塵爆這一晚，新北聯醫三重院區動員三名醫護人員前

往八仙樂園現場救護，同時也有傷患被送到三重院區，但卻因院內沒有專屬的燒燙傷病房而轉送其他醫學中心。此時項正川仍遠在東部擔任國軍花蓮總醫院院長，雖然他早已知道自己即將於七月三日轉任新北市聯合醫院行政副院長，卻不知道生命中最重大的挑戰即將開始。

## 臨危受命，戮力達成

項正川接到正式人事命令剛好是六月二十七日當天。二十九日一大早，國軍花蓮醫院同仁為他舉行歡送會，中午十一點，他就接到新北市衛生局通知，當時新北市副市長侯友宜將在當天下午主持八仙塵爆相關會議，邀他與會，當他搭火車北上抵達時，會議已接近尾聲。

當時參與會議除了侯副市長，還有衛生局局長林奇宏以及新北聯醫院長黃實宏等機關首長，他們決定將新北聯醫板橋院區的外科病房改裝成燒燙傷病房，以收治八仙塵爆傷患，此一重責大任就落在項正川身上。當晚他進見侯副市長，表明自己尚未到任，沒想到副市長說：「我們軍警不管這一套，現在你就是新北聯醫的人，今晚幫你安排宿舍，準備去做吧！」如同作戰一般，這晚他不但走馬上任，並且矢言達成任務。

然而開始進行時卻是兵荒馬亂，國內幾乎沒有燒燙傷病房的前例可以參考。他詢問了台大、榮總等各大醫院，從北到南幾乎沒有一間醫院設有專屬的燒燙傷中心。這是因為燒燙傷在醫療體系中屬於小眾，平常就只有一、兩個傷患，而且分散全國各地，像八仙塵爆這樣一次造成數百人受傷，而且都集中在一個地區的案例前所未有，因此很少有醫院會專門設置具規模的燒燙傷醫療中心。

幸好過去他曾在國軍高雄總醫院擔任主任醫師，高雄總醫院源自軍方體系，其左營分院前身為海軍總醫院。「海總是國內最先開始發展燒燙傷的醫院。海軍的造船廠或船艙維修，每有意外發生便動輒十餘人受到燒燙傷，因此那裡有全國歷史最悠久的燒燙傷病房。」項正川拜託他的老同事、曾擔任左營分院護理部主任的張理君，在她的協助下前往左營分院參訪，於是開始有了燒燙傷病房的建設藍圖，並且在板橋院區著手落實。

## 專案照護，長期陪伴

整個改建過程相當辛苦，要把一般病房改裝成燒燙傷病房，幾乎是打掉重練；侯副市長希望改建工作能在兩週內完成。而位於英士路上的板橋院區相當老舊，因此改建包括整修消防管路以及設備更新。管路問題是醫院引起火災最重要的原因之一，因此各種線路、天花板全部換成防火建材，以符合消防法規。

板橋院區的燒燙傷病房終於在一個月左右完成，其中設置兩張重症病床、八張一般病床、一張固定式水療床、兩張活動式水療床、職能復健室、團體治療室、諮商室等，從急性救治到急性後期復健照護，包含整套的醫療設備。改建工程能夠順利完成，除了同仁們的努力，也有賴於社會善心人士的幫助，已過世的裕隆汽車嚴凱泰董事長前後就捐了一千六百萬元，另外還有新北市醫師公會、宏碁電腦、三星營造慷慨解囊，特別是三星營造，除了捐贈一百萬元，工程團隊更全力投入板橋院區的各項工程施作。

只可惜整建過後的燒燙傷病房，在當時卻無用武之地。「因為所有的傷患都還插管住在加護病房，每天在跟死神拔河，即使醒來也要進行清創植皮，甚至要做截肢等重要手術，根本動不了，也無法轉院。」他驚覺燒燙傷病房必須轉型，於是從燒燙傷急性治療改成急性後期照護復健中心。

雖然板橋院區在改建時，從急性救治到慢性醫療都在規劃之列，但多偏重於急性醫療，如今再次轉型，史無前例的問題再次出現。就是國內極少數成立專屬燒燙傷中心的醫院即使有，卻多偏重於急性期救治，關於急性後期的醫療照護尚付之闕如，因此這一次轉型又經歷了一番波折。

## 從急性轉為急性後期照護

這段期間有幾位重要推手，最重要的是原任職於台北榮總外科部前來新北聯醫擔任院長的馬旭院長，他當時也是台灣整形外科醫學會理事長，在八仙塵爆發生後，領導國內醫護救治傷患備受肯定。他甫上任就帶動醫院提升醫療品質和專業技術，同時致力於推動燒燙傷病房的轉型。另一位是從台大醫院借調的復健科林昀毅醫師，他在此期間前往美國約翰·霍普金斯（Johns Hopkins）醫院燒傷中心，以及哈佛醫學院教學醫院的斯伯丁復健醫院接受燒燙傷照護及復健訓練，並針對燒燙傷後期所需的醫療流程及設備進行規劃。

其後在賑災基金會的資金挹注下，二〇一六年六月二十七日，也是八仙塵爆滿週年時，新北市立聯合醫院板橋院區成立「燒燙傷暨急性後期照護中心」，並與美國約翰・霍普金斯醫院燒傷中心合作，結合完整燒燙傷急性後期照護及復健團隊，提供整外、復健雙專科及物治、職治、心理、社工、營養等多專業聯合看診的「燒燙傷整合照護門診」，各式雷射等疤痕治療以及每日之高強度燒燙傷急性後期照護或門診復健，因應燒燙傷病患各方面的醫療需求。

此時其他醫院的塵爆傷患經過急性治療及住院照護，傷勢穩定後陸續出院，然而傷口疤痕增生、攣縮，造成四肢關節無法彎曲，使得吃飯、走路等生活日常都無法自理，必須

進行後續的治療，新北聯醫的照護中心正好接手負責下半場的醫療與照護。

於是這些傷患陸續來到照護中心，接受職能、物理復健，以及心理諮商、社工輔導，此外也積極接受雷射治療。照護中心從國外引進兩台儀器，可以針對深淺不一的疤痕提供深層二氧化碳飛梭雷射、脈衝染料雷射、銣雅鉻雷射、雅鉻黛雷射等雷射疤痕治療。歷經災難存活下來的四八五名傷患，半數來到照護中心進行治療復健，其中又有一百多人接受雷射治療。

八仙塵爆發生之初，衛福部與新北市政府除了立即下令整建燒燙傷病房之外，並在板橋院區六樓成立「六二七燒燙傷專案管理中心」，於七月十四日正式啟動，以「一人一案，長期陪伴」的方式，整合規劃八仙塵爆每位傷患在急性醫療期結束的後續服務。因此這段期間，新北聯醫除了改建燒燙傷病房，同時也提供場地讓行政人員辦公。

「病房對於醫院來說是非常重要的醫療資源，犧牲這些病房，等於相關的醫療產值就沒了。」新北市政府重視專管中心的服務，由此可見一斑。項正川指出，當時每位傷患都有一個檔案夾，裡面有傷患的基本資料，以及傷勢程度、醫療狀況、家庭環境、經濟問題，團隊派專人協助，從急性醫療開始直到出院回診、復健，不僅限於醫療照護，更整合社工服務、心理諮商，提供傷患就學、就業協助，全方位的幫助傷者。

不論是「六二七燒燙傷專案管理中心」，或是一年後成立的「燒燙傷暨急性後期照護中心」，對於傷患的服務始終持續進行。兩、三年後大多數傷患已出院返家，醫護人員稱之為「畢業」，也就是終於脫離八仙塵爆的噩夢，回歸正常生活。即使如此，中心的服務仍未結束，這些資料都歸檔，如果傷友需要幫忙，仍然可以獲得幫忙，例如照護中心至今持續提供醫療方面的協助。

## 持續關懷，不離不棄

「大概從二〇一八年底到二〇一九年初，所有的病人與家屬，尤其是還在接受雷射治療的病人都很緊張，因為如果沒有善款挹注，雷射治療是很貴的。」二〇一七年從副院長升任院長的項正川特地為此跟傷友及家屬討論，並且做出承諾：「只有四個字：不離不棄！」他強調，即使沒有專管中心，他們都會努力想辦法。不過幸好專案管理中心還是持續運作，賑災基金會也在七月決定繼續撥款一億二千萬，讓新北聯醫進行第四年與第五年的醫療服務。項正川說：「如果醫療費用都由幾十位傷友的家屬來負擔，怎麼受得了？賑災基金會董事長、張景森政務委員非常支持，因為救了一個人，就是救一個家庭。」

除了延續對塵爆傷友的照顧，新北聯醫的照護中心又再一次面臨轉型的問題。因為傷友終究會畢業，在照護中心治療、復健的傷患逐年減少，未來照護中心將會遭遇營運上的困難。燒燙傷終究屬於小眾醫療，除非是戰爭時期，否則醫院幾乎不可能在燒燙傷上的醫療做到經濟規模。項正川說：「醫療院所對於燒燙傷醫療大多選擇不投資，因為人員教育訓練、場地、設備等各方面都所費不貲，否則像新北聯醫照護中心，一年的人事成本就超過兩千五百萬。」

幸而新北聯醫照護中心已有完善的硬體設施和專業醫療人員，更難能可貴的是，還具有豐富的醫療經驗。「傷患需要怎樣的醫療、復健，我們都清清楚楚，不必從頭摸索。未來新北聯醫將成為新北市、甚至是北台灣燒燙傷治療的基地。」

項正川希望未來全國各地有要燒燙傷治療的需求，特別是急性期後照護的傷患，都可以到板橋院區進行醫療照護，甚至是國外傷患也可以來台就醫，讓台灣的燒燙傷醫療為世界盡一份心力。

照護中心雖因八仙塵爆事件而設置，但目標是為所有燒燙傷患者提供醫療救治，只是因為賑災基金會資助，八仙塵爆傷友獲得雷射治療優惠，若非享有優惠，昂貴的治療費用往往令傷者卻步。項正川認為這些並非難題：「台灣是有愛心的國家，不乏善心人士捐款，部分成本則由醫院負擔，還是可以幫助一般燒燙傷患者。只要醫療結果有效、對國家社會有正向作用，就值得去做。」

他強調燒燙傷醫療與癌症、慢性病等其他病症不同，雖然同樣需要投入大量資源，但燒燙傷的醫治過程絕對是愈來愈好。「燒燙傷可以治療到一段落，傷友畢業了，就脫離了。」而照護中心的持續經營，除了嘉惠一般的燒燙傷病患，如果未來萬一不幸再發生類似的公安意外，國內又多了一組有經驗的救治團隊，必定能大幅降低傷亡。

## 全民齊心，創造奇蹟

回首來時路，項正川認為整個八仙塵爆災難的救治，在政府、民間機構或是各醫學中心的表現都可圈可點，無論是急性期治療，乃至急性後期的復健與照護，「都值得按一百個讚！」在各醫院努力搶救下，讓四八五名傷患存活下來，並且造就燒傷達四十%以上的病患僅十二人死亡，死亡率比歐美先進國家的類似案例要低很多的醫療奇蹟。「這不是單一醫學中心的治療結果，而是全國醫療系統通力合作、共同創造的總成績，是每一位參與的醫護人員、每一顆小螺絲釘的共同努力，使這些傷患能夠順利進入急性後期的疤痕治療、復健照護。」

然而社會上也不乏批評的聲浪，認為這項醫療奇蹟是建立在醫護人員的過勞上。對於這樣的說法，他認為是無的放矢。「醫療人員就是要救人，讓病患離苦得樂，這是基本的工作。如果沒有犧牲奉獻的精神，不應該從事醫療工作。」而各醫療機構拚了命要讓傷患活命，更因此大大提升了台灣燒燙傷的醫療水準。「投入了這麼多人力、設備，有時候甚至一組團隊去照顧一位病人。但剛開始大家都是懵懵懂懂，沒有人知道這條路是正確的。」

## 科技進步，資源豐富

項正川回憶，二、三十年前，他還是醫學院學生、實習醫生之時，當時的燒燙傷醫療技術仍非常陽春：「傷患出院後只有一件事能處理，就是穿壓力衣。」他表示，當時的燒燙傷患者每天都得穿壓力衣、戴壓力頭套，全身包得緊緊，只露出眼睛跟嘴巴。「就像電影《星際大戰》裡面的機器人 C-3PO，然後走路也真的像機器人，以蹣跚的步伐一拐一拐地走，更糟糕的是一輩子都要這樣生活。」

然而隨著科技不斷進步，燒燙傷醫療技術也日新月異，而八仙塵爆事件更加擴充了燒燙傷醫療觀念與設備，除了傳統的重建手術，也引進最新的雷射治療，這經驗的累積，讓燒燙傷醫療的標準作業程序更加完善。

其次，塵爆發生時政府所投注的人力、物力以及金錢幾乎沒有底限，當時各方捐款湧入，金額超過十七億。而在急性期治療，由於大量傷患需移植皮膚，來自器官捐贈移植登錄中心、整形外科醫學會與燒傷暨傷口照護學會所提供的人工皮膚、大體皮膚的數量也不計其數，這樣的協助一直到急性後期照護依舊持續。

多次參與新北市政府救災會議的項正川說明，當時市府推動「一人一案，長期陪伴」，是讓市政府每一個局處去劃分責任區，派人認養分布在全國各醫學中心的四百多位傷者，然後每天關懷瞭解，幫忙輔導。新北市可說是傾全力陪著傷者一起度過難關，並且透過資訊彙整，掌握最新進度，每天的出院人數、住院中人數，以及復學、復業人數都一目瞭然。

「以長遠來看，受傷的年輕人幾乎都是不到二十歲的年紀，他們還有半世紀以上的人生。未來他們大學畢業，投入社會都是中堅分子。」他以八仙塵爆傷患中一對情侶為例，不僅共結連理，還生了小孩。「在少子化的年代，他們創造一個家庭、一個新生命，他們跟小孩未來都有機會繼續回饋社會、回饋國家。」他再次強調，燒燙傷救治不是無底洞，常言道：「救急不救窮。」幫助傷友不是救窮，而是救急。

## 起死回生，創造生命價值

回首前塵，雖然早知將轉調新北市聯合醫院，但接管八仙塵爆醫療事務仍可說是臨危授命，從燒燙傷病房改建到成立「燒燙傷暨急性後期照護中心」，項正川在每個階段完成每個任務。「大概是個性使然，很多事不是說我要這麼做，而是事情到手了就去做。」

他過去在海軍總醫院擔任急診部主任，還曾遇到漁船作業的纜繩突然斷裂，繩子的反作用力當場將一名船員打成兩半，更傷到另一位船員：「前一個船員已經沒救，後面的那一位，骨頭被打斷，動脈、靜脈都斷掉，臟器掉出來，還可以活嗎？」傷者送到醫院，他找來所有外科醫生進手術房，先將血管補起來，然後告訴家屬，身體哪些部位受傷、要怎麼補救、手術有什麼風險。接下來，整個團隊把臟器接回去，請泌尿科醫生將尿管接好，最後將骨頭接回去，各科醫生接力開刀共三十六小時……一個月後，傷患走出醫院。

像這樣的突發狀況幾乎天天發生，這也造就項正川處變不驚的做事態度，他曾經歷經高屏大橋斷裂、八八風災等重大災害。面對公安事件，他認為醫療人員就是按部就班做好自己的工作，至於醫療以外的問題，就交給其他專業人士。他堅信國內不乏正能量，每遇重大事件，不論企業或慈善團體，總會適時伸出援手，眾人一起共度難關，這就是台灣潛在的正能量。

# 重新上了一堂雷射治療的課

## 宋定宇醫師

雷射治療雖然費用昂貴，但是傷患不用住院，也沒有手術補皮後疤痕攣縮的問題，而且可以使疤痕變得更軟、更薄，屬於漸進式的治療方式，是疤痕治療的生力軍。

與宋定宇醫師來到新北聯合醫院的「燒燙傷復健暨急性後期照護中心」，他逐一介紹中心內的機器。「這是高階超音波疤痕評估，可以評估疤痕的深淺。」「這是脈衝染料、銣雅鉻雷射治，這是二氧化碳飛梭雷射。這兩部可以說是雷射醫療中的超級跑車，特別是飛梭雷射，就像是法拉利一樣。」言談中展現其幽默的性格。

過去宋定宇醫師都在榮民總醫院服務，八仙塵爆那年，他在台中榮民總醫院擔任整型外科的主治醫師，同時也是燒傷中心副主任。這一晚，北部各家醫院如台北榮總、台大醫

院、長庚醫院等醫學中心的燒傷病房、加護病房都陸續額滿，不少傷患被南送到桃園、新竹、中部等地，其中有三、四位傷患被陸續送到台中榮總，第一時間由急診醫師進行簡單處理後，就進入燒傷病房。

## 急性救治，跟時間賽跑

當時急性期治療多由第一線年輕的住院、主治醫師負責，屬於二線醫師的宋定宇雖然不用參與搶救，卻也沒閒著。他在第一時間跟當時台灣燒傷暨傷口照護學會理事長馬旭聯絡、商討，並且參與院內燒傷中心會議，討論相關的治療程序。「年輕醫生也都很專業的，過去開會其實只是買些飲料、點心去慰勞他們。」儘管說得輕鬆，但他也發現這些傷患燒傷程度非常嚴重，燒傷面積大概有七十、八十％，最嚴重的還有九十九％。

「他們是 fire burn（燒傷），第一時間就已經把皮膚破壞掉，而且大多傷患幾乎都穿很簡單的衣物，甚至只有一條泳褲、比基尼。此外也有的是粉塵掉在身上，黏附在皮膚上，都是直接的灼傷。」他指出這與一般常見的燙傷不同，受傷程度可能更為直接、嚴重。而在急性期治療步驟其實都一樣，就是清創、換藥、植皮，然後提供抗生素，讓傷口慢慢癒合，身體慢慢康復。

除此之外，還必須要注意傷患的心肺等器官功能，如果不注意恐怕會有併發症，導致心肺功能出了問題，或者細菌感染造成敗血症、肺炎；特別是肺部，八仙塵爆的傷患幾乎都有吸入性灼傷。因此，這段期間醫護人員都會犧牲休假，輪班去照顧傷患。即使接下來的一星期到兩星期內，傷患病情穩定，還要繼續進行清創、植皮手術，這些工作都需要由整型外科的專科醫師來執行。

「第一時間傷友都很危急，特別前兩天是最危險的時候，而專科醫師就那幾個人，不可能二十四小時全程守候，他們還是要輪流休息。」根據宋定宇的觀察，有不少從台中榮總醫院離職的醫師，都主動回到醫院幫忙照顧燒傷中心的傷患。「他們有的已經出去開業，離職好幾年了，大家都排時間回來幫忙。」也因為醫護人員都盡了最大的能力，這一次八仙塵爆事件，四九九位傷患，死亡十五人，死亡率比歐美先進國家地區的類似案例要低很多，堪稱是台灣醫療奇蹟。

之後宋定宇再一次接觸到八仙塵爆的傷患是到了急性後期，原本他準備在台中榮總退休，這時馬旭醫師正好接掌新北市聯合醫院院長，因為「燒燙傷復健暨急性後期照護中心」即將在板橋院區成立，就邀請他來擔任整型外科主任。「原本我是要到其他醫院服務，中心草創時期，找人也有些困難，反正我也有意願，就過來幫忙。」

這段時期正好也是傷患受傷後一年，已歷經清創植皮手術，傷口逐漸修復，雖然病情趨於穩定，但是疤痕開始增生，例如在手、腳上長滿厚厚的疤痕，增生性疤痕將造成肢體運動不便，影響他們的日常生活。

## 用雷射治療疤痕

在照護中心，他主要負責的工作就是疤痕治療。一般來說，疤痕治療大概有幾個方向，常見就是重建手術，透過手術把傷患小面積的疤痕切除，然後植皮將傷口縫起來。此外，也有注射類固醇來消除疤痕，近年來則是多了雷射治療。

二〇一六年六月及八月，照護中心先後與美國約翰・霍普金斯醫院燒傷中心（Johns Hopkins Burn Center）、德州蓋文斯頓聖地兄弟會兒童醫院（Shriners Hospitals for Children-Galveston）簽訂合作備忘錄，並引進先進的雷射治療。「在當時國內甚至是全世界，都屬於比較新的醫療技術與觀念，因此在療效評估上並沒有很多的數據。」他指出照護中心的雷射機器幾乎是與美國同步，但是因為八仙塵爆的關係，累積的治療經驗遠遠超過於國外，換句話說，療效也是獨步全球。

雷射治療屬於急性後期治療，用在於燒燙傷的疤痕處理，傷患在受傷後半年至一年的時間，已經進行完清創、植皮手術，才開始使用。主要目的是促進疤痕成熟，讓疤痕變得柔軟，甚至將疤痕磨薄，讓原本凹凸不平的疤痕，更加平整、光滑，另外也可以讓疤痕褪去顏色。目前照護中心有兩台雷射機器，一部主要進行脈衝染料、鉫雅鉻、雅鉻黛雷射治療，另一部則是二氧化碳飛梭雷射。

脈衝染料雷射是以染料為介質，雷射光可穿透真皮層，由血管中含有含氧血紅素的紅血球吸收，並轉化成熱能，達到加熱破壞病灶處血管，但不傷及周邊組織，對於治療肥、厚的疤痕很有效果。「疤痕裡面有細微的血管，當疤痕充血，血流量高時，疤痕會紅通通，此時疤痕很不穩定，一直在增生。而雷射就是讓疤痕血流量降低，當血流量趨近於零，疤痕就會趨於穩定成熟而少變化。」宋定宇解釋疤痕一壓就會反白，放開又馬上變紅，就表示疤痕還沒有成熟，很適合脈衝染料雷射，「治療後原本紅腫的疤痕就會轉為黑色，看起來像是瘀青的模樣。」

鉫雅鉻雷射治療則是利用血管內氧化血紅素及水分對雷射波長的吸收，產生光熱效應，使血管壁結構變性收縮壞死，同時可以加強脈衝染料雷射治療的效果。「有些傷患的疤痕沒有那麼紅，但仍看得出色差，我們就會用鉫雅鉻雷射將疤痕褪色，另外疤痕裡有很多膠原蛋白（collagen），使得疤痕相當硬實，透過鉫雅鉻雷射雷射也可以將疤痕打軟。」他說。

另一部雷射機器為二氧化碳飛梭雷射，其有兩種模式，分別是淺層與深層模式。淺層模式會用在疤痕邊緣，將邊緣較凸出的區塊磨平，也可以做美容模式，將色澤較淺的痣、黑斑去除。至於深層模式則很適合八仙塵爆的傷患，可穿透至組織深層產生作用，刺激膠原蛋白重組，增加組織彈性及延展性。

「簡單來說，可以降低疤痕厚度，改善疤痕增生造成之關節攣縮，長期治療還可以改善疤痕外觀。」然而比起其他雷射，宋定宇強調飛梭雷射屬於強性治療，會立刻產生傷口，一發雷射就會出現一小片正方形的痂皮。「就好像用砂紙在磨，每一次磨一點、磨一點，把疤痕磨平。如果疤痕還沒成熟，還在充血，有時候一發下去，就會有血液流出，因為疤痕裡的血流豐富。」整個一小時雷射治療後，皮膚表面會產生一片片正方形痂皮，就像魚鱗一般。幸好這痂皮並不是嚴重問題，沒多久就會脫落。

## 最適合疤痕治療的方式

一般來說，八仙塵爆的傷患如果疤痕還沒成熟，會先進行染料跟釹雅鉻雷射治療，當疤痕趨於穩定後，就會考慮進行深層飛梭雷射治療。因此，每次雷射前、後以及回診都要照相記錄，追蹤疤痕在各種治療前後的變化，進行比較評估，以調整治療策略。而雷射治療時間短則一、兩年，長則三到五年，事實上傷患治療幾個月後，可以慢慢感受到醫療效果，原本疤痕攣縮導致四肢不能動，經過幾次治療後，能活動的地方就越來越多。另外讓傷患頭痛的疤痕疼痛、搔癢、緊繃、僵硬等不適症狀，也會因雷射治療而趨緩。

「或許不是一次、兩次，可能要三、四個月以上，慢慢的效果會越來越好。」他認為雷射治療屬於逐步改善的治療方式，如果要做到連外觀都可以接受的程度，所需要花費的時間就會很漫長。至於長期可以治療到什麼程度？「我也不知道，因為全世界也沒有這麼長時間的治療經驗，目前最長時間就是照護中心的三年多，當然是越來越好啊！雖然沒有辦法回到本來面目，但一定會比現在要好很多，精益求精啊。」

八仙塵爆事件總共造成四九九名青年受傷，其中有一半的傷患來到新北聯合醫院看診以及進行疤痕評估，而大約有一百二十幾名傷患在照護中心這進行雷射治療，占總人數約四分之一。

宋定宇說：「病人太多，早期根本看不完，要看到晚上八、九點。」治療前還要進行疤痕評估，透過高階超音波對肥厚疤痕進行詳細觀察及診斷，包含疤痕的厚度、範圍、血流量、軟硬度等資訊，提供治療決策參考，並且向傷患解釋清楚怎麼治療。宋定宇認為大部分的傷患都適合雷射治療，臉、手、腳，全身的疤痕都可以。

評估後就是安排時間治療，一個月一次，人數多的時候，可能要安排一到兩個月做一次，這是因為皮膚組織需要休息恢復，不可能連續做。雷射治療後還要照顧肌膚，畢竟雷射治療還是有風險，有時候是皮膚、疤痕會反黑，有時候是疤痕太乾燥而出現傷口，甚至因此起了水泡。這些都不是太嚴重的問題，他會建議傷患在雷射治療後四小時擦一次防曬乳液，讓肌膚保濕，如果肌膚太敏感而有了傷口或是水泡，回門診再進行專業的照護即可。

## 醫療中的法拉利

照護中心的雷射治療，不論是脈衝染料、釹雅鉻，或是更強的二氧化碳飛梭雷射，其功率以及使用的劑量都可能是醫美診所的雷射機器好多倍。「機器設備完全不一樣，就像都是汽車，我們等於是法拉利。醫美診所的雷射劑量低，處理很淺、很薄的斑已經足夠。」

宋定宇喜歡用法拉利超級跑車來比喻，他認為八仙塵爆傷患的疤痕都又厚又腫，非醫美診所的雷射機器所能處理。「就像高雄到台北，如果沒有速限，當然是開法拉利比較快。」

如果將雷射機器看作超跑，那駕馭機器的醫師就像是賽車手，「機器的功率很強，就像超跑隨便一加油門，時速就破一百五，要小心翼翼控制雷射劑量強弱。」他強調在雷射治療過程中，必須去瞭解疤痕。一開始他對雷射機器的操作也沒有熟練到得心應手，也是從低劑量慢慢嘗試、摸索，「不要說不敢開全速，連半速都不敢，就像法拉利速限三百二十公里，開到八十、一百就會膽戰心驚，要慢慢踩油門去抓感覺。過程中我也會問傷友感覺怎麼樣？會不會痛？用手摸摸疤痕，仔細檢查疤痕狀況，一步一步來。」

治療經驗是靠慢慢摸索才逐漸累積，半年、一年，醫生要累積經驗，病人本身也要持之以恆，看得出療效才會繼續願意接受治療，彼此互相配合，才能達成比較好的療效，慢慢有一些初步的成果出來。這些累積下來的經驗，宋定宇也很樂意與年輕醫師分享。過去照護中心就與新光醫院合作，由新光醫院的醫師帶他們的塵爆傷患前來進行雷射治療。

## 值得推廣的雷射治療

八仙塵爆是全國首次發生粉塵燃燒火災，全世界也只有這麼一次，雖然希望未來不要再有類似的事件發生，但從另一個角度來看，這過程累積不少經驗，特別是雷射治療，這是近幾年來才發展出來治療疤痕的方式。畢竟承平時代，全世界沒有這麼多的治療人數集中在同一個地方，或者說同一個醫療單位。在國內或是其他國家的醫療體系，都只有少數幾位傷患，分散在各醫療院所治療，也因此就只有零星的治療經驗，沒有完整的大數據。反觀燒燙傷復健暨急性後期照護中心，有一百多名傷患集中在此治療數年之久。

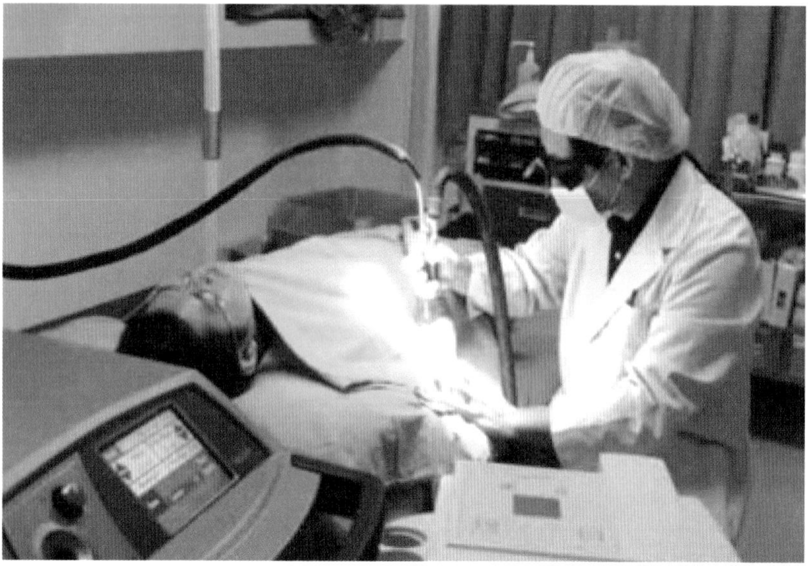

「即使每位傷友情況不同，但總會有共同地方，他們的資訊集中成大數據，就可以預判、推估，百分之幾的傷友會如何？百分之幾傷友能得到什麼樣的效果？會有多少的風險？這些都是史無前例的經驗。」宋定宇認為大數據的累積，在醫學研究上是一大突破，甚至可以建立起疤痕雷射治療的標準作業程序，提供其他整形外科醫師，或是其他相關的醫療院所一個參考的依據，對未來的燒燙傷治療有絕大幫助。

目前照護中心的雷射治療已經有數年的經驗，有一些傷患是是脖子前面有疤痕，疤痕攣縮導致無法抬頭，甚至連張嘴都有困難。雷射治療後，疤痕變軟了，脖子能動，嘴巴也能張開、方便進食。另外有些傷患是腳踝有疤痕增生，不能做彎曲動作，腳板永遠是下垂，不但無法蹲，行走也有困難；而有些傷患則是手背有疤痕，手指握不起來，只能稍微彎曲，或是整個手臂都疤痕攣縮。這些人做完雷射後，腳才能蹲，才能行走，手也才能握，騎機車時能加油也能抓煞車，這些疤痕的改善，讓傷患可以自理生活。

「至於外觀，沒有人不在意，只是說能夠幫多少忙。」宋定宇表示一般雷射治療大概有幾項原則，第一以功能為主，其次才是外觀。「治療時最好是功能與外觀兼具，否則以功能為優先，到一定程度後，併合外觀一起治療。」由於照護中心只有兩部雷射機器，醫護人員也有限，如果一百多名傷患都要在意外觀的話，根本沒有時間與人力能夠滿足需求。「而且雷射治療時，雷射光很傷害眼睛，雖然我們會帶護目鏡，但是還是很傷，平均一天都要施打好幾千發雷射，傷友多時一天也有上萬發。」

三年多以來，除了少數幾位傷患疤痕較厚，大多數傷患都已經完成治療，「後續恢復都還不錯，我覺得有些雷射治療比手術還要好。」相對於手術，宋定宇認為雷射治療一來不需要住院，二來也不是每個人都需要上麻藥，而最重要的是傷害更少。「手術過後要補上新皮，結果幾個月後，新的傷口又長出疤痕，還是會有攣縮問題。雷射治療效果雖然不如手術直接，卻會逐漸進步，長期效果未必比手術差。」

除此之外，雷射也有增進復健的效果，也就是用雷射將疤痕弄軟，甚至是將疤痕磨薄，

「哪怕只有軟一點點，肢體的延展性就會改善很多。例如手要彎進來吃飯，但是手肘的疤痕很厚，手就彎不進來，但我用飛梭雷射把〇．五公分的疤痕磨平成〇．三公分，或是將疤痕弄軟，手就能彎進來。」而復健要達到如此的效果，恐怕需要每天做主動及被動式復健，或是連續好幾星期按摩疤痕才有辦法達到。

儘管宋定宇非常認同雷射治療，雷射治療仍有其瓶頸，首先是很多傳統、資深的醫師並不接受這樣的治療方式，或者是他們學醫、行醫的過程，並沒有接觸雷射治療，沒有實際臨床經驗去支持。「不要說他們，我以前在榮總也沒接觸，我也是來到新北聯醫才開始學習操作，原來真的有效，我也屬於資深醫生，只是沒那麼老，算是半老的醫生。」他笑說自己也是重新上了一課，也因為很多醫師對雷射治療沒什麼研究，在推廣上就有些難度，特別是醫界非常重視師生倫理。

「如果榮總的主任不相信雷射治療，或是其他前輩們不相信，那我說破嘴也推不動。」儘管宋定宇在整型外科界已經算資深醫師，但是他前面還是有前輩，他認為要推廣雷射治療，首先就要說服這些資深前輩，讓他們瞭解雷射治療的效果。「不推廣沒關係，但是先不要反對再說。」話鋒一轉，他再三強調，這不代表前輩醫師的方式是錯的，他認為不論是整型外科的重建手術，或是復健科的復健按摩，都是治療的方法，殊途同歸。

醫療政策需要補助

雷射治療的另一個瓶頸是費用昂貴，一次治療所費不貲，而會用到雷射治療都是大面積燒燙傷，無法一次治療那麼多部位，必須分段治療，治療時間一旦拉長，花費就更加龐大。長期下來，少說幾百萬元，嚴重的傷勢恐怕還要上千萬，若是在國外，治療費用可能還要好幾倍。幸好目前因為有財團法人賑災基金會的善款挹注，讓八仙塵爆的傷患可以免費治療。也因此，有些長期住在中國大陸、香港的外籍塵爆傷患，每個月都會坐飛機來台治療一、兩次，甚至到英國求學的學生，時間一到也會自費機票回台灣，治療完再回去。

然而對於其他非八仙塵爆的燒燙傷的病人，昂貴的治療費用就會讓他們卻步。這些人有些是兒時燙傷，或是因為工作的關係，例如從事電機而被電燒傷，或是瓦斯氣爆而不小心被燒燙傷。宋定宇認為：「很多人無力負擔這麼多治療費用，我們已經打折、打折、打到骨折，他們還是要再考慮，所以要推廣的話，對傷友必須要有一些補助。」

雷射治療的費用昂貴，主要是來自於雷射機器成本與耗材。訪談中，宋定宇多次以「法拉利超跑」形容照護中心的雷射機器，除了強調雷射治療的功率與效果，其實也是彰顯不論是政府、新北聯合醫院，或是像賑災基金會的民間團體，都是不計成本的幫助八仙塵爆的傷患，希望用最新的科技、最好的醫材，讓他們早日走出塵爆陰影，回歸正常生活。

# 從燒燙傷復健到推動急性後期照護

## 林昀毅醫師

八仙塵爆事件引爆了任何人都無法想像的公共安全問題，雖然代價慘痛，卻為台灣醫療界扎扎實實上了一堂課，不論是復健及早介入、日間照護復健，都改變了過去燒燙傷醫療的模式。

「四九九名燒燙傷病患，平均燒燙傷面積達到四十％，卻僅有十五人死亡，死亡率僅三％，比起歐美先進國家地區的類似案例要低很多。這數據震驚國際醫療界，被國外學者稱為『不可思議的成就』。」即使過了五年，談起二〇一五年的八仙塵爆事件，林昀毅還是難掩心中的激動。「死亡率低就代表很多人活下來，很多人活下來就代表他們都非常需要復健，這時候復健很重要。」話鋒一轉，他緩緩道出能夠「活下來」真的不是一件容易的事。

護中心
re Center

當時是林昫毅從台大醫院金山分院回到台大醫院的第一年，在復健部擔任主治醫師。他還記得事件發生是週六晚上，他從電視新聞得知八仙樂園發生重大公安意外，陸續有傷患分送到各大醫院，台大醫院也收了二十幾位病患。「燒燙傷病患送到醫院會先急診搶救，傷口處理好後會送到醫院所屬的燒燙傷中心，由整形外科醫師進一步治療。」身為復健科醫師，林昫毅並不需要馬上回醫院，儘管如此，當晚他就開始思考該怎麼處理燒燙傷病患。

## 籌組燒燙傷復健小組

隔日他寫了一封信給復健部主任王亭貴（現職台大醫院副院長），信中指出這是國內首次大型燒燙傷公安意外，將會產生大量的燒燙傷病患，而不管是住院期間還是出院之後，後續都需要長期復健，他建議主任應該在院內成立一個專門處理燒燙傷病患的復健小組。

六月二十九日，林昫毅邀請復健部裡的物理、職能、語言、心理治療，乃至於營養師等各領域負責人一起開會，成立復健小組，專責院內八仙塵爆傷患的復健工作。成立小組是為了讓復健治療及早進入醫療系統，他說：「病患需要各種復健，有物理、職能治療，有些病患可能有吞嚥、語言問題，需要語言治療，另外心裡諮商、社工輔導也很重要，他們需要完整的照護，但整形外科光是救人、開刀都來不及，所以我們必須進來幫忙。」

很快的，七月一日，整形外科就發給復健小組全部燒燙傷病患的照會單，當天他處理完業務後，開始進入燒燙傷中心巡房，把全部二十幾位病患看過一輪，當回覆完所有病患的照會單時已經是凌晨四點。這也是他第一次看見傷患的狀況。「他們插管躺在病床上，全身包得像木乃伊，身上還插著一堆管線。」傷患大多意識不清，因為插管呼吸會不舒服，很多傷患都注射鎮定劑，呈現昏迷狀態。

林昀毅說來輕描淡寫，然而八仙塵爆所造成的燒燙傷其實非常嚴重，按照醫學標準，只要燒燙傷面積占身體總面積大約二十％以上，都算是嚴重的燒燙傷。當時住進台大醫院的傷患，燒燙傷面積從四、五十％到七、八十％都有。其中傷勢嚴重就得住進燒燙傷中心的加護病房，事實上即使沒有生命危險，由於擔心傷患會有吸入性嗆傷，就必須預防性插管，而插管就必須靠呼吸器呼吸，並且待在加護病房內。

然而燒燙傷中心只有四床加護病床，即使是普通病床也只有六到十床，而要住進加護病房的傷患就有十幾位，病床明顯不足。當時院方緊急將幾間較少使用的加護病房，臨時改造成燒燙傷的加護病房，提供傷患進住，後來陸續還有從其他醫院轉院過來的傷患，台大醫院總共收了三十幾位傷患。

燒燙傷復健可以分成很多時期，最簡單的劃分就是「急性期」與急性後的「慢性期」，而急性、慢性以傷患出院為分界，從燒燙傷發生到第一次出院，這一時期都可稱作「急性期」；第一次出院回家後，都可稱作「慢性期」。其中急性期還可以再細分：送醫後失去意識時算是一期；傷患甦醒後，身體穩定可以進行清創植皮手術又算一期；植皮後到傷口穩定又算一期。

很難想像傷患在意識不清時就要進行復健，「現在國際燒燙傷醫療界的共識，燒燙傷急性期復健從住院第一天就要開始，我也是出國進修後才知道。」林昀毅認為這是八仙塵爆所帶來的改變，復健不再是等到傷患病情穩定或是開完刀後才開始，一個人從急診住院的第一天，就應該進行被動式復健。

「這段時期可以做擺位、關節活動、副木等復健治療。」他解釋燒燙傷病患大多意識不清，即使意識清楚，卻害怕傷口疼痛而長期保持固定姿勢，不敢移動。「最常見的併發症就是關節攣縮，進而造成關節恢復受限。一旦發生就很難治療，要花更多時間復健，甚至是開刀才能矯正，產生很多功能上問題，所以傷友在昏迷時就要幫他進行擺位。」

擺位就是傷患在床上要擺什麼姿勢。一般傷患躺在病床上大都平直、兩手自然垂放，躺臥以舒適為主。然而燒燙傷病患多是大面積、四肢燒傷，在病床上要擺出不容易關節攣縮的姿勢，就像一個「大」字；例如肩膀、腋窩以下燒傷，採一般躺臥，久了後就會攣縮，反而要打開雙手成九十度；也就是哪個部位燒傷，就要把該部位打開。

再來就是早期關節運動。當時八仙塵爆的傷患大都昏迷不醒，久久不動關節會僵硬，治療師必須一一幫他們做關節活動，避免僵硬。至於做副木，則是利用熱塑性塑膠材料，幫傷患量身定做一個護具、支架，讓他的關節維持在一定的角度，避免攣縮。急性期最常做的就是手部、腳踝的副木。

台大醫院有個特殊的個案，算是急性期中最嚴重，由於腦部併發症以及腦水腫問題，當很多傷患都已清醒，將近一個星期了，他仍在昏迷中。此時整形外科、腦神經外科一直在尋找昏迷原因，復健小組也沒閒著，不斷幫傷患進行被動式的復健活動。對此，林昀毅表示：「我沒有其他著力之處，只能幫他擺位，做些關節運動，預防關節攣縮。」幸好傷患後來醒了過來，也因為有及早做復健治療，身體也復原得相當好。

這段時期也要注意傷患因血液循環不佳而產生的水腫現象，此時可以用綳帶纏繞的包紮方式控制水腫。而當傷患恢復意識可以拔管呼吸，卻可能因為插管太久導致聲帶麻痺，拔管後有暫時的吞嚥及發聲障礙，這時需要語言治療師來幫忙復健。之後要盡早讓傷患下床，過去的觀念是手術完後要休息一段時間才能下床運動，但現在歐美的醫療觀念主張要讓傷患盡早下床，連在加護病房裡也是如此。

近年來國際燒燙傷復健的醫學觀念，都認為復健要早期介入，越早介入越不容易產生關節攣縮的併發症，之後的復健治療就不用太費力。然而國內在八仙塵爆之前，燒燙傷復健治療礙於醫療人力不足，復健都是在治療後期才介入，起步太晚。林昀毅在台灣燒傷暨傷口照護學會所舉辦的「燒燙傷進階燒燙傷復健課程」（Advanced Burn Rehabilitation Course, ABRC）中，就加強對復健科醫師、治療師乃至整形外科醫師宣導「復健宜早不宜晚」的觀念，同時他在撰寫復健醫療相關的教科書，也補充不少燒燙傷復健的資訊。

「少數整形外科醫師可能會對復健比較有概念，然而大部分的醫師還是比較陌生，事實上就算在復健科，對於燒燙傷復健的認識也相當陌生。」他解釋在復健醫學上雖然有特別的章節去介燒燙傷的復健，然而燒燙傷所帶來的傷害與外傷、中風、運動傷害所造成的骨骼肌肉損傷不太一樣，因此在復健治療上也相當特殊，加上燒燙傷事件平常發生率不高，嚴重燒燙傷的傷患也不多，因此復健科的醫師、治療師對此也相當陌生。

## 慢性期的復健

急性期時，他開始進行清創、植皮手術。由於必須移植傷患身體其他部位的健康皮膚到傷口上，使傷口盡速癒合，這過程需要五到七天，才能讓新皮膚在傷口上完全癒合。因此這一段時間傷口部位就無法進行復健，但是身體其他部位還是可以做關節活動，而傷口植皮的地方，則要等到二至三週，確保植皮區皮膚完全癒合，才可以開始復健。這段期間可能要進行反覆好幾次，甚至多達十幾次的清創植皮手術，因此也拉長了復健時間。

「復健時還要觀察傷口狀況，如果傷口沒有癒合就要停止復健。比起其他疾病、外傷的復健，燒燙傷復健格外辛苦。」林昀毅強調心理復健的介入也很重要。「傷友每次換藥都大哭大叫，換藥非常疼痛，是外人所無法體會。這段時間臨床心理醫師就要盡力安撫傷患對反覆手術所帶來的焦慮與恐懼，支持他們繼續撐下去。」

出院之後就屬於慢性期，此時傷患的傷口大部分都已經癒合，可是新長出的皮膚還是會有一些零星的水泡或是傷口潰瘍，需要持續進行傷口的清潔與照顧。另一方面，當傷口重新癒合後，為了要覆蓋傷口，新的皮膚組織就會長得很兇，而過多的組織取代正常組織便產生疤痕，當皮膚過度生長就會導致疤痕肥厚的情形。

「因此傷患出院後要穿壓力衣、要打雷射、要做疤痕的按摩治療，整個慢性期的復健治療最主要工作就是處理疤痕問題。」林昀毅認為外界普遍都有錯誤的認知，以為治療燒燙傷疤痕只是為了美觀。「事實上如果疤痕太厚、太緊，可能會造成疤痕增生及攣縮，進而影響關節活動的功能。」

此外，疤痕會痛、會癢，對傷患來說也是普遍難以承受的問題。「疤痕痛起來跟傷口的痛完全不一樣，不是傷口破裂、拉扯的痛，那種痛有刺痛、抽痛、皮膚緊縮的痛，十個傷患就有十種痛的形容，什麼痛都有。」至於癢則又比痛更為難過，在出院的頭一年，很多傷患都跟他抱怨：「疤痕癢到要一直抓一直抓，抓了還是很癢，整晚都睡不著，要到凌晨五、六點才累到睡著，生活品質非常糟糕。」

林昀毅表示，有一位熱愛繪畫的年輕傷友羅雁婷，就畫出自己打著點滴躺在床上，身上爬滿各式各樣的蟲、螞蟻在叮咬，整晚都無法入眠。她相當寫實的把自己的心路歷程畫了出來，畫中有各種藥物、藥水，那是內心最深切的渴望，希望藥物能克制身上的痛癢。

一般來說，可以藉由口服或是擦抹的藥物來止癢，物理治療方式則是利用熱敷、電療、拍打疤痕去減緩搔癢。「有傷患跟我分享，在家用按摩器震動也很有效。」因此他在醫院添購了一台按摩機，藉由全身震動治療、舒緩搔癢。後來他前往美國進修，也得知透過自體脂肪的注射到疤痕裡也能止癢。

相較於疤痕的痛與癢，八仙塵爆傷患在後期所要面臨最大的困難，就是出院以後無所適從的窘狀。根據前人研究，出院後的頭一年到一年半的這段時間內，反而會比住院那段時間更加難熬。林昀毅解釋，住院期間有醫護人員無微不至的照顧，回家之後凡事都要靠家人或是自己，所遇到的問題並不亞於住院時期。

「後來我把一些傷患轉到復健部，這也算是創舉。」林昀毅要求燒燙傷中心在傷患出院前請他去診視，如果走路、爬樓梯沒有問題，才讓傷患出院，並叮嚀他們再回來復健。他的雞婆有其必要，有時傷患的傷口還沒有完全癒合，燒燙傷中心就會通知病患出院。包括台大醫院在內，很多醫院都認為傷口已經處理好，人也沒有生命危險，病患就可以出院，自行居家照顧。然而他們雖然可以走路，但是不能蹲，也無法上下樓梯，返家後會有一堆瑣碎的生活問題需要面對，更別說要從住家回到醫院復健，那可是最遙遠的距離。

## 解決出院後續醫療的難題

林昀毅並進一步篩選即將從台大醫院出院的傷患，將適合留下來做短期復健的傷患轉到復健部。當時復健部有十張病床，他將部分病床留給傷患，讓他們留下來復健，這樣他也能就近在病房照顧，如果傷口發生問題，還可以請整形外科會診。台大醫院因此建立比

較完善的急性期後照護模式，比較嚴重的傷患會轉到復健部繼續住院復健，其他較輕微的傷患出院後回診，除了可以回到整形外科，也能同時回到復健科門診。

然而並非所有傷患都這麼幸運。一般來說，傷患的病歷資料都在整形外科，出院回診還是會回到整形外科，然而有些醫師對於燒燙傷後續復健並不瞭解，或是醫院裡沒有相關的復健科，無法將傷患轉介給相關單位，因此很多整形外科醫師都叫傷患直接去找陽光福利基金會。

出院如同丟包的問題，其實也

直困惱著林昀毅。八仙塵爆事發後半年，當台大醫院的三十幾位傷患都陸續出院，此時復健部門診又收了更多的傷患。「包含原本台大醫院的傷者，我總共經手七十幾位傷患。那時候我正在做有關於八仙塵爆傷患的研究計畫，處理很多疤痕痛癢、復健等問題，大概是這緣故，很多傷患都從其他醫院跑來台大找我。」根據觀察，傷患出院後沒有任何醫療院所可以提供後續醫療服務，進而協助傷患復健，最後他們只能在陽光基金會以及各家醫院「流竄」。

## 燒燙傷復健暨急性後期照護中心

幸好有一次他代表台大醫院到新北市政府開會，針對八仙塵爆案的後續醫療進行討論。當時衛生局的林奇宏局長正好是他就讀陽明醫學院時的老師，局長提到賑災基金會有一筆基金，正討論要如何運用落實在傷患身上。當下他突發奇想，建議局長可以用原本新北市聯合醫院六樓的燒燙傷中心，轉型成為燒燙傷急性期後期照護中心，持續照顧這些傷友。

在局長的支持下，隔年（二〇一六）一月，新北市政府規劃籌組「燒燙傷復健暨急性後期照護中心」，並且向台大醫院借調林昀毅擔任籌備主任。當時他正計畫要去美國進修，他在出國前用一個多月時間召募人力、設備招標採購。三月底，所有籌備事務告一段落後，他出國進修並與約翰・霍普金斯燒傷中心簽署「學術與臨床合作備忘錄」。六月中回國，新北聯醫的「燒燙傷復健暨急性後期照護中心」也正式掛牌成立，這一天是六月二十七日，正好是八仙塵爆滿一週年。

中心主要是負責八仙塵爆傷患的後期照顧，最多時曾有將近一百名傷患前來中心接受復健。除了復健治療，中心也設有整型外科、臨床心理師，方便傷友前來進行傷口、心理治療。中心並備有數台雷射機器為傷友進行疤痕治療，且提供日間照護服務。

「可以讓傷患在這裡待上一整天，早上復健，中午休息吃飯，下午繼續復健，這是學習陽光基金會，在醫療界也算是創新的模式。」林昀毅指出，日間照護服務的好處就是讓傷患不用跑來跑去，免於舟車勞頓之苦。另一方面，因為一整天都可以待在中心復健，比起其他醫院只能復健半小時到一小時，在這裡復健時間長，效果相對會更好。「除了規定時間內傷友必須與治療師進行一對一的徒手治療、關節按摩，其他時間在安全許可下，可以自己使用器材進行復健運動，如此一來勢必加快恢復的進度。」

正因如此，中心成立後，許多交通方便的傷友就會轉到新北聯醫進行復健，包括不少原本是台大醫院的傷患。「即使是台大醫院，受限於體制、人力資源，在燒燙傷後期的復健治療，也無法像新北聯醫提供這麼好的醫療照顧。」他說。

職場的重新適應

五年時間過去了，目前會回到新北聯醫復健的傷患只剩下十多位，這意味著傷患恢復不錯，陸續回到日常生活。這些傷患又以學生為居多，而且大部分學生都復學，學校也非常熱情地支持他們，讓他們順利畢業。過程中教育部也提供不少幫助，透過彈性復學方案，讓他們順利就學及畢業。除了學業，他們在感情生活上也繳出不錯的成績單，有不少傷患在八仙塵爆之前就是情侶檔，之後繼續在一起，進而結婚生小孩。

相較於學業與感情生活的多采多姿，他們在職場上反而遭遇到許多問題。其中有些傷患本來就有正職工作，例如當時台大醫院有一位傷患本來是工程師，做SGS品質檢驗，八仙塵爆後受傷非常嚴重，全身燒傷面積高達六十%，復健相當長的一段時間。回到職場後，公司擔心他無法勝任，也怕他壓力太大身體無法負荷，剛開始讓他做行政、收信等簡單工作，後來是靠自己努力爭取，才慢慢回到原本的工作崗位。

「因為受傷了可能不耐久站，因為傷口疤痕無法做粗重工作，因為排汗問題，無法在炎熱的環境下工作，回歸職場後他們都要重新適應，甚至要調整改做其他較為軟性、輕鬆一點的工作。」林昀毅以另外幾位從事服務業的傷患為例，指出他們因為燒燙傷而影響了外觀，出院後不是穿壓力衣，就是身上都是疤痕，即使公司接納他們，顧客看到了也會有所疑慮，最後不得不轉換跑道。

還有一群傷友遇到比較大的問題是無法就業。他們原本是學生，畢業後卻找不到適合的工作。「有些未必是真的因為受傷而找不到工作，畢竟社會新鮮人本來就不容易找到合適工作，但我更擔心的是有些傷友比較自卑，不願意走出去。」林昀毅發現有些傷者個性較消極，不願積極走進社會，甚至有幾個傷患會一直來中心做復健，或者進行重建手術，中心好像成為他們逃避工作的避風港。

「只要來重建、來復健，就有藉口不用工作，有些傷友給我這樣的感覺。」他甚至懷疑這些傷患產生了心理依賴，認為自己受傷了，應該受到同情，需要受到照顧，他們要走入社會可能還需要一段時間，而社會應該用更寬容的心來包容他們。

## 不可忽視的急性後期醫療照護

隨著八仙塵爆的傷患逐漸康復走入社會，現在來到新北聯醫的「燒燙傷復健暨急性後期照護中心」復健的傷患已經不多，雖然這是件好事，但對中心而言，階段性任務即將告一段落。事實上不只是新北聯醫，八仙塵爆之後有幾家對於燒燙傷復健比較重視的大型醫院，例如桃園長庚、台北馬偕都有成立專屬單位，專責燒燙傷後期復健與治療。八仙塵爆剛發生時，這些機構營運還算不錯，然而事件發生一、兩年後，隨著傷患逐漸恢復健康，回到正常生活，機構的營運就逐漸遭遇困難。

根據林昀毅的觀察，國內還沒有一家大型醫院可以單獨維持急性後期照護所需要的人力與設備。「就算是長庚、馬偕，他們開了許多燒燙傷病患的刀，有很多燒燙傷治療的經驗，也沒辦法負擔。」他再三強調應該由國家成立一間專屬的創傷後期照護復健中心。「這機構平常就是備而不用，或是做復健治療，當發生大量傷患的災害，中心就有資源可以支援傷患去做急性後期的照護與復健，我覺得未來應該要朝這方向進行。」

他認為像這樣的機構不只是負責燒燙傷醫療，應該定位為亦能處理其他創傷後的照護與復健。他說：「像警察執勤被撞斷腿而截肢；工人被電灼傷，治療後骨折、截肢的復健等。因為傷者治療後出院回家，家庭很難提供完善的居家照顧。」這類急性後期照護機構算是醫療中繼站，銜接急性期的醫院治療與後期的居家照顧，歐美很多國家都有類似機構。

事實上八仙塵爆事件發生之前，健保署曾經推動「全民健康保險急性後期整合照護計畫」，針對腦中風患者提供急性期後照護。塵爆事件之後則增加了燒燙傷急性後期照護，制度的設計還是由林昀毅來操刀，他認為效果還不錯：「後來例如創傷性神經損傷、脆弱性骨折、心臟衰竭及衰弱高齡病患等疾病都有了急性後期照護。」

然而這些機構都還是隸屬於各區域醫院。換言之，一旦國內發生重大災害或公安事故，產生大量傷患，同時需要急性治療及急性後期照護與復健，各醫院礙於人事及設備成本，在實務上所能提供的幫助還是有限。他說：「畢竟國內醫療觀念還是重視急性期醫療，其實我們從來不缺急性期的醫療資源，反觀後面的急性後期照護卻做得還不夠好。」

## 八仙塵爆的一堂課

八仙塵爆事件引爆了任何人都無法想像的公共安全問題，造成十五位年輕生命逝去，四八四名傷患身上留下坑坑疤疤的火痕。雖然代價慘痛，卻在燒燙傷復健暨急性後期照護上，為國內醫護人員扎扎實實上了一堂課，不論是復健及早介入、日間照護復健，都改變了過去燒燙傷醫療的模式。這樣的改變，林昀毅相信是有意義的，他以自身為例，坦言五年前他對於燒燙傷復健也是一知半解，幾乎都是邊做邊摸索、邊研究下一步，看書、上網找國內外資料，並且視傷患情況加以調整，才逐步建立一套燒燙傷復健模式。

比起醫學上的收穫，他認為他在傷患身上學到更多。他一直很佩服黃博煒與林佩璇兩位傷友：「他們大概是所有傷患最嚴重的，而且是兩種不同類型的嚴重。博煒身體受損最嚴重，截肢三肢，剩下的左手又不能動。佩璇是整體受損最嚴重，因為她傷在腦部，有認知問題，說話像小朋友。」儘管受傷嚴重，他們的求生意志力卻讓他深深感動。

因此至今他仍為那十五位消逝的年輕生命感到惋惜。「現在安寧緩和醫療意識抬頭，有些家屬不忍傷患受苦折磨，因此放棄了急救，或是不願做侵入性治療。後來想想有些傷患如果在對的醫院，接受妥善的治療，可能有機會活下來，畢竟他們還那麼年輕。」他的言語中帶著不捨。畢竟活下來的四八四名傷者，確實也逐漸恢復健康，慢慢回歸正常生活。

「只要活著就有機會。」因為堅持這樣的信念，五年來林昀毅致力於改善燒燙傷醫療的照護制度與環境，就是為了讓活下來的人有更好的生活品質。

# 和傷患做朋友

## 林育緩護理師

從外科病房護理師，到外科專科護理師，林育緩在燒燙傷復健暨急性後期照護的護理工作中不斷成長，病患的信任與復原是最美好的禮物。

在新北市聯合醫院六樓燒燙傷復健暨急性後期照護中心的雷射手術房，整形外科宋定宇醫師頭戴著護目鏡，手拿著雷射探頭，正小心翼翼為八仙塵爆傷患的雙腿治療疤痕，一旁的林育緩護理師也沒閒著，她也戴著護目鏡，聽從醫生指示調整適合的雷射劑量。只見亮光一閃，滿天都是蚊子飛來飛去，「長時間下來眼睛很容易疲勞，每次治療完後，我跟宋醫生都要休息十到二十分鐘左右。」她苦笑表示。

林育緩原本在基隆長庚醫院外科病房擔任護理師，有將近十年經歷，主要工作是在住

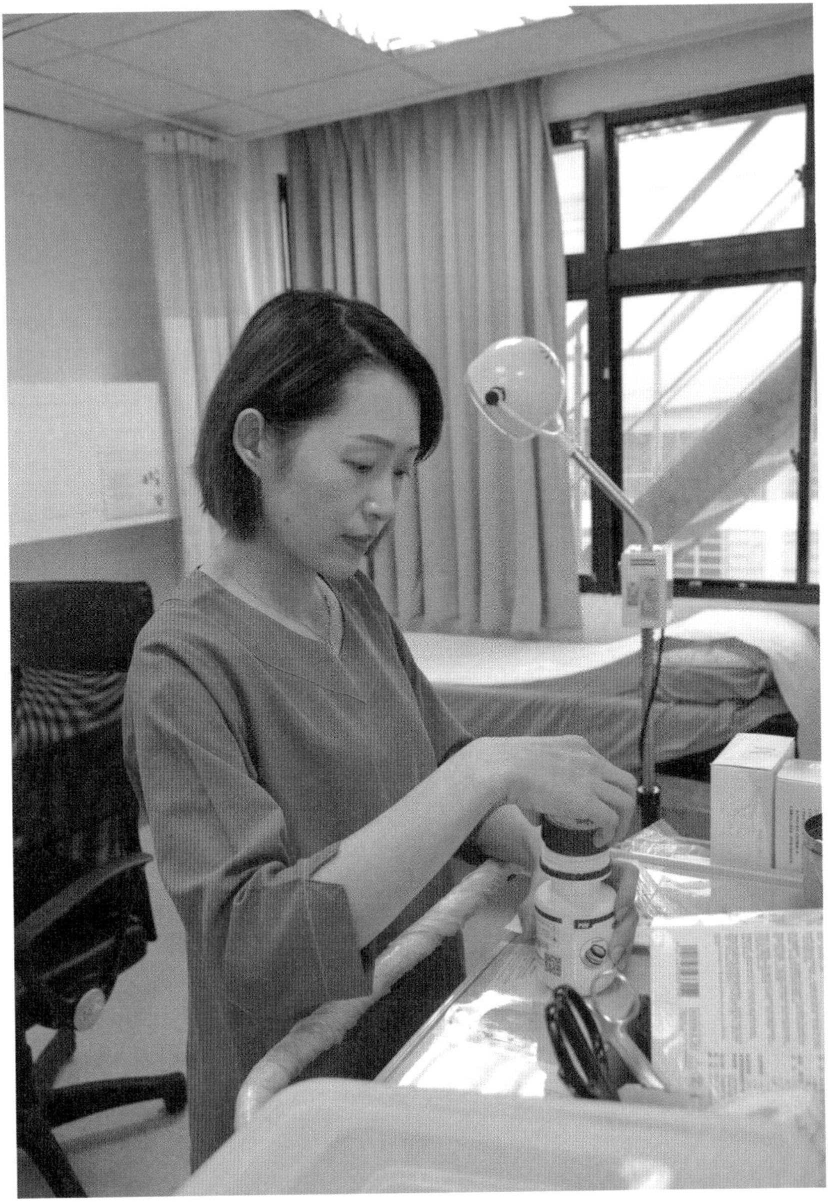

院病房進行巡邏，提供病患藥物，同時也要進手術房幫忙。「手術房工作可以分術前與術後，術前會幫傷患安排抽血檢查並詢問病史，術後就是麻醉後的護理，然後每天為傷口換藥，直到傷患出院。出院時還要為傷患宣導衛教。」她表示過去在基隆長庚比較少接觸到燒燙傷病人，即使有也只是被熱開水燙傷的小事故，「傷口通常不大，只是一度或是淺二度的燙傷。在處理上就是幫忙擦藥膏，有時候傷患不太會處理傷口，回診時幫他們換藥，然後觀察有沒有感染。」她說。

## 提升傷口照護能力

二〇一五年六月二十七日八仙塵爆當天，她剛好放假，由於送往基隆長庚醫院的病患較少，她沒有被緊急召喚回院，儘管如此，看到新聞時還是很吃驚。「他們都很年輕，青春年華就發生一輩子遺憾的事故。」她看到電視上的新聞主播都播報到哽咽，當下內心也很激動，考慮是不是要回醫院幫忙。不過她的擔心是過慮了，事實上當晚只有一位傷患送到基隆長庚，後續相關的急救、照護作業也由加護病房的醫護人員接手。

直到一個多月後，這位傷患病情穩定，從加護病房轉出來到普通外科病房，林育緩才有機會接手處理。「燒傷面積不大，集中在兩隻小腿上，而且已做完清創植皮手術，傷口幾乎快要癒合，只剩一些零星的小傷口。」儘管如此，她每次幫忙換藥時還是可以感受到傷患的不舒服，所以在換藥前半小時，她會先幫傷患打止痛針。另一方面，植皮後雖然傷口癒合，新生長出來的皮膚卻很敏感也容易破皮，「汗腺已經被燒掉，皮膚表面沒有毛細孔可以排出油脂或汗液，傷口會感覺搔癢與刺痛，就要請他多擦乳液，保持滋潤，避免太乾燥又造成傷口潰瘍。」

就在此時，林育緩得知新北聯合醫院即將要在板橋院區成立「燒燙傷復健暨急性後期照護中心」，她興起了轉換跑道的念頭。除了離家近，其次是她過去在外科病房，對於外科傷口的照護相當擅長，針對不同傷口的處理過程，該怎麼護理、用什麼敷料、什麼時候癒合，她都很想瞭解。隔年六月二十七日照護中心成立，她八月就前來報到，之前先到台北榮總受訓，然後參與燒燙傷傷口照護的訓練，主要是針對燒燙傷病患的後續傷口處理，以及基本的復健照顧，上完課後還到馬偕醫院實習。

受訓期間，她逐漸瞭解到燒燙傷急性治療時期的注意事項，「比如尿量，如果是大面積燒傷，傷患體表面積喪失水分的速度很快，我們會給予輸液量補充水分。但是補充不足會休克，過多又容易產生肺水腫等併發症。」她解釋傷患的尿量很重要，必須依據尿液量，透過公式算法調整輸液量，這些知識與觀念都是以前比較少接觸的。其中最受用的則是在燒燙傷傷口的照護，她才知道因為醫療發達，開發了很多不同的敷料。「針對不同的傷口，不同敷料有不同的效果，因此要用什麼敷料都是學問。」她說。

## 協助醫師雷射治療

由於新北聯醫的照護中心屬於急性後期照護，林育緩的主要工作是幫忙宋定宇與邱彥豪兩位整型外科醫師進行雷射治療，有時候也會幫忙照護傷患傷口。「後期照護還是會有傷口需要處理，有時候是舊傷口，就是植皮後還沒癒合的傷口。另外一種是新傷口，傷友後續會一直進行重建手術，手術過後難免又產生新傷口。」

八仙塵爆傷患在經過急性期治療，傷口大多已經癒合，此時傷口開始結疤，產生疤痕增生、攣縮，導致吃飯、行動不便等其他生活功能問題，此時傷患會回到各家醫院的復健科，各地陽光中心或照護中心進行物理、職能復健以及疤痕按摩，有些人甚至還會進行重建手術。

他們大多選擇長庚、馬偕、榮總等醫學中心進行重建手術，手術後休息一陣子後會再回到新北聯醫做復健。雖然不是在新北聯醫進行的手術，護理師都還是會幫忙觀察傷口有沒有癒合，甚至幫忙換藥，如果傷口有異狀，還會請照護中心的整型外科醫師來處理。「傷友在那時候就是想要多方面嘗試，聽說吃什麼高蛋白有效，就一窩蜂去吃高蛋白；聽說雷射有效，就一窩蜂去打雷射；哪家醫院哪位醫生進行重建手術厲害，就跑去做手術，就是希望傷口趕快好。」希望身體康復，是每一位傷患的熱切渴望，自然會尋求很多的方式。

至於雷射治療，通常由一名醫師與一位護理師搭配，林育緩的工作就是幫忙操作儀器，並且為傷患宣導衛教。在雷射手術前，她會要求傷患卸妝，如果身上有抹乳液，也要卸除乾淨。而在雷射治療後，因為皮膚乾澀，會請傷患四小時塗一次乳液，此外還要傷患回家後陸續觀察傷口。雖然雷射治療後不會產生傷口，卻有可能隔兩、三天後會有破皮、水泡的現象，此時傷患要適時換藥，並且記錄皮膚的變化，做為下一次雷射治療的參考。

為了避免傷患因為怕痛而過度緊張，或是傷口範圍太大，在雷射治療前她還會幫病人打麻醉藥。「聽傷友描述，雷射手術就像是橡皮筋彈到，聽起來好像不痛，但每一次雷射療程，一小時有二、三千發，也就是說他們一小時要被彈好幾千下，光是想像就受不了。」這還只是脈衝染料、鉚雅鉻雷射治療，如果是二氧化碳飛梭雷射治療，則是更劇烈的刺痛感。「飛梭有分深層與淺層治療，原以為深層治療比較痛，後來聽傷友分享，淺層更痛。」此時傷患的皮膚還是很敏感，後來他們的做法就是讓傷患敷麻藥，等麻藥藥效發揮後再進行雷射。

在這段期間有一位傷患非常不怕痛，讓她印象深刻。原本傷患是給宋醫師進行雷射治療，醫師調的劑量非常高，然而這位傷患相當耐痛，治療期間也不擦麻醉藥。有一次新光醫院的特約醫生幫這位傷患進行雷射治療，而新光醫師施打的劑量更高。「劑量是調到極限，比如說飛梭雷射，宋醫生可能調八十、一百，新光醫生調到最高一百五十。」她皺著眉頭，表示在治療過程中，就是完全看不出傷患表現出任何疼痛表情，「有可能是疤痕太厚了，真的不會痛，也有可能是強忍住痛楚，那種劑量換成別人，肯定痛得唉唉叫。」

這位傷患是一位內斂、客氣的男孩子，林育緩認為他其實很痛，只是沒有把情緒表現出來。因為每次她問痛不痛？要不要調降劑量？對方都說還好。然而在雷射治療過程當中，傷患卻會緊皺眉頭，身體不自覺的輕微扭動，「看他的樣子，真的會讓人難過，如果講出來應該可以讓情緒發洩，稍稍緩解疼痛。」她猜測這位傷患會特別忍耐，也是希望疤痕能趕快磨平，甚至認為劑量調越高，身體越痛，越能幫助疤痕治療。

## 不求回報的付出

除了國內傷患會接受疤痕的雷射治療，有一些因八仙塵爆受傷的外國朋友也會來新北聯醫進行雷射治療。一般來說，雷射治療大約一小時，一小時要擊發二、三千發雷射，有

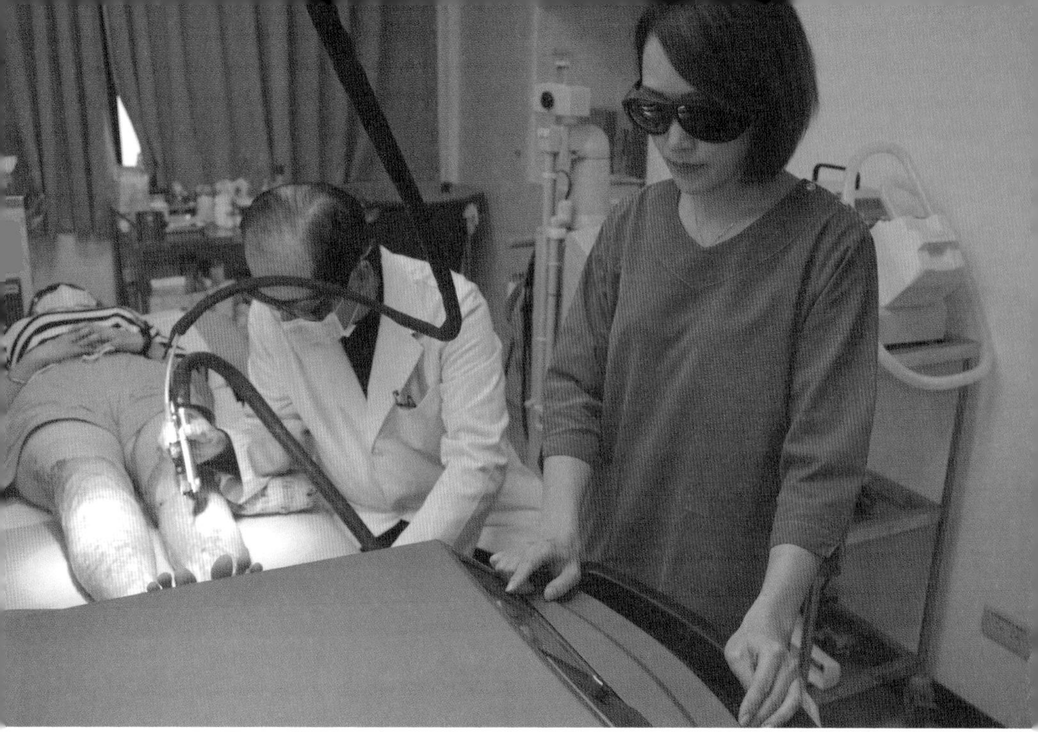

時候還會超時。「宋醫生為了體恤他們長途跋涉，會安排一個小時多甚至到兩個小時，發數就多到五、六千發。」善意的安排對醫護人員卻是嚴苛的考驗，因為傷患是戴著完全遮住的護目鏡，而醫護人員戴的護目鏡只是更深色的墨鏡，雷射閃爍的光芒，還是會從鏡框的四周閃入，一個療程下來，其實對她跟醫師的眼睛來說都是傷害。

二〇一八年，因為八仙塵爆傷患大多康復，漸漸減少前來照護中心，隨著照護中心縮減人事，林育緩也轉到三重院區擔任整形外科護理師，不過每週一和週二還是要回照護中心協助醫生進行雷射治療。之後她完成專科護理師訓練，經中央主管機關甄審合格，成為外科專科護理師。

在照護中心兩年期間，她與八仙塵爆的傷患結成朋友，其中有一位是保險業務員，「他的臉上是一度燒燙傷，有不明顯的疤痕，後續一直在做深層的雷射手術，現在幾乎看不到疤痕。畢竟是保險業，需要拋頭露面，疤痕對工作著實會有影響。」在雷射治療過程中，保險員提到有一根小拇指呈現彎曲狀態無法伸直，醫師跟他解釋是疤痕攣縮所造成，可以透過鬆疤手術，就是切除疤痕的重建手術加以改善。

一般來說，八仙塵爆傷患因為想要盡快恢復正常功能，會崇尚有名氣的醫師，大多會前往馬偕、長庚等大型醫學中心進行手術。「不過傷友與邱醫生諮詢後，還滿信任我們，儘管新北聯醫只是區域醫院，他仍聽從建議，前往我們三重院區整形外科進行手術。」重建手術是由邱醫師操刀，手術房的專科護理師正是林育緩。「在專科護理師生涯裡，他是第一位八仙塵爆的傷友到我服務的整形外科做手術。」對於傷患的信任，她跟主治醫師都感到十分開心，而傷患開完刀後效果也不錯，小拇指也能夠伸直。

根據她的觀察，還有很多傷患其實非常相信新北聯合醫院的的醫師。「雖然照護中心本身沒有重建手術的服務，不過醫師還是會針對問題幫傷友介紹醫生，像宋醫生、邱醫生來自於榮總體系，林昀毅醫生來自於台大醫院，而不是讓他們盲目的隨便找一個醫生，儘管可能有名卻未必適合。」

不只是醫師，八仙塵爆的傷患及家屬對於新北聯合醫院的信任與感謝也包括其他復健治療師、社工師，當然也包括護理人員。在二〇一七年八仙塵爆三週年紀念會上，重度傷患林佩璇的父母就做了一面感謝狀送給林育緩，並親自在上面題寫感謝詞，一字一句都是無法寫字的林佩璇所要訴說的感激。這是她護理師生涯中收到第一面感謝狀，也是最棒的禮物，對她的付出是一種鼓勵。事實上在燒燙傷醫療過程中，護理師的工作相當重要而繁瑣，卻容易被忽視，但因為他們默默付出，才能讓整個醫療工作能夠順利運轉。

# 為中斷的青春搭一座橋梁

## 林郁舒社工師

林郁舒會引導傷友們將眼前的問題與塵爆事件脫鉤，畢竟塵爆意外只是一次事件，不足以代表全部的人生。如果一直將塵爆的枷鎖背在身上，不僅太沉重，也無濟於事。

來到新北市聯合醫院板橋院區大門旁的社會服務室，小小辦公室放了三張辦公桌，讓人很難想像，社工師要如何在這狹小的空間與個案會談？「社工跟病人接觸，未必都是正式會談。透過隨時觀察，反而更能找出問題。」社工師林郁舒以燒燙傷友的壓力衣為例指出，如果穿好長一陣時間，壓力衣會舊、會鬆，鬆掉的壓力衣對疤痕壓抑沒有任何效用，「為何不換新的壓力衣？或是根本不要穿？很顯然的，案情不單純。」她眉頭一皺表示，傷友不肯脫壓力衣絕對不是為了治療疤痕，而是為了遮掩疤痕、保護自己。

社會服務
社會服務室

林郁舒本來在長庚醫院整形外科的顱顏中心擔任社工，顱顏中心的傷患可能是因為燒燙傷、重大意外，或者是癌症等造成顏面損傷，因此較沒有自信，非常需要社工服務。工作快三年後她進修取得東吳大學社會工作學系碩士，專攻燒燙傷患的社工服務，畢業後就在財團法人陽光社會福利基金會南部中心服務。

二〇一五年六月二十七日八仙塵爆這一晚，林郁舒在電視上看到新聞，第一個念頭就是：「真糟糕！新聞畫面裡一片火海，一堆人在火上跑，腿在火裡燒，很多人都只穿比基尼或泳褲，等於就是烤肉啊！」過去在顱顏中心服務三年，由於隔壁就是燒燙傷中心，她十分清楚燒燙傷在急性期的治療。看完新聞後，她徹夜難眠，因此當北部社工人員不足，她義不容辭立刻北上幫忙。

## 家屬與醫院的橋梁

二〇一五年七月十四日，行政院衛生福利部與新北市政府在新北市聯合醫院板橋院區共同成立「六二七燒燙傷專案管理中心」，其中八仙塵爆傷患的社工服務，就是委託陽光基金會協助。然而一次意外造成四百多人受傷，不但使得北部醫療機構的人手不足，病床、人工皮等相關器材不夠，社工人員更是明顯不足，特別是有醫療背景的社工人員。

「社會工作領域很廣，服務對象包括兒童、青少年、婦女、老人、身心障礙者、原住民、勞工等各族群，但不是每一個領域都會碰觸到醫療專業。如果沒待過醫院、沒有醫療背景，可能也施不上力。」林郁舒解釋，在急性期治療時傷患可能全身都是管路，社工師即使介入也無法直接與傷患對話，只能透過醫護人員預估傷患的傷勢。然而醫護人員又都非常忙碌，沒有太多時間跟社工師解釋病情，因此有醫療背景的社工師就能比較清楚醫護人員的想法，很快進入狀況。

七月二十八日，林郁舒北上進入專管中心，接下來她跑了多家醫學中心，接觸五十多位個案，大多數傷勢嚴重，像是截肢的黃博煒，或是腦傷的林佩璇。儘管經驗豐富，但她至今記得，事發快半年後第一次去新光醫院探訪黃博煒時，幾乎無法走進病房。「接到資料時，我的手在發抖。上面有他截肢的模樣，我以前沒看過這麼嚴重的情況。」

可是不管腦子裡如何想像，親眼見到本人還是讓她非常震撼。「他的整個身體變形，四肢幾乎都截肢了，短短的腳在空中搖晃，像嬰兒一樣。跟他講話要非常小心，連我呼出來的空氣都會讓他皮膚發疼，我不曉得要怎麼跟他說話，離他遠遠的。」回憶起那一幕，她壓低聲量，彷彿仍在新光醫院的加護病房。

這段期間，林郁舒可說是醫院跟家屬之間的橋梁。由於傷患多在昏迷中，她能做的反而是安慰家屬。「家屬會陷入無止盡的煩躁和焦慮，聽不進也未必聽得懂醫療術語。他們會一直擔心子女何時甦醒？以後能不能站起來？會不會變很醜？未來要怎麼辦？」

以急性期燒傷的療程來說，前半期家屬會接到很多次病危通知，他們會很擔心傷患的存活機率。有些家屬甚至一天簽過五次病危通知，因此他們不敢回家，也不敢離開醫院太遠。「他們二十四小時都待在醫院附近，就連出去吃飯都有壓力，怕收到病危通知、擔心趕回去見不到子女最後一面，三餐只能靠醫院的便利商店解決。」除此之外，家屬也害怕看到傷重不治的新聞報導。「這些新聞對家屬來說都是傷害，他們會擔心下一個不幸，會不會是我的小孩？」現在回想起來，這些父母的心路歷程她還記得一清二楚。

到了急性期治療的後半段，家屬關心的是何時可以出加護病房？何時可以出院？看到加護病房其他病床的傷患轉到一般病房，甚至可以出院，他們就會懷疑自己的孩子是不是很嚴重，不然為什麼還待在醫院？當其他離開加護病房的人越多，家屬就會越焦慮。「就跟大學聯考一樣，別家的孩子都考上大學，自己的小孩卻留校察看。」林郁舒笑說，很多家長看著別人出院，儘管內心煎熬，還是得堆著笑容道恭喜。

有些傷患轉到一般病房或出院後，沒過幾天又回來，這時其他傷患的家屬會陷入另一種焦慮。「天呀！是因為感染嗎？出院到底好不好？」更有甚者，好不容易盼到子女出院，卻又擔心回家後無法照顧。林郁舒指出，照顧需要技巧，孩子受到嚴重的燒傷，父母整天擔心都來不及，根本沒有心思去學習照顧方法，再加上是至親骨肉，更加不捨。

根據她的觀察，當時很多傷患的父親選擇缺席。有幾次她和護理師連袂家訪，順便幫忙居家換藥，就有傷患的父親尋問到訪時間，希望能迴避。「男性不見得比較堅強，那位父親跟我說，直到傷口結疤為止，都不敢也不捨看女兒的傷口。」她能理解家屬的心情，因為每個孩子都是父母的心頭肉。

## 傾聽、同理與鼓勵、陪伴

林郁舒面對家屬的焦慮，通常只是傾聽與陪伴，不做太多無謂的安慰。「他們十分清楚，再多的安慰、擔保都是假的。他們會說：『孩子就躺在病床上，他明天還會不會是我的孩子？』」他們聽過太多安慰，已經面臨崩潰的臨界點，深怕自己的孩子就是下一個不幸。所以只能讓他們瞭解：不是每一件壞事都會發生，要盡可能跟負面訊息和平共處。」

相較於家屬的憂慮，傷患對於自身的傷勢卻是截然不同的態度。林郁舒直言，傷患醒來後大部分都會假裝樂觀，有時傷患會以跟她走路復健為由避開家人，私下對她吐露心聲。曾經還有一名母親寸步不離的傷患，在談話間趁隙拍了一下她的手，她感覺手裡多了一張紙條，紙條上寫著一支手機號碼，還註明家人不在身邊、可以接電話聊心事的時間。

「傷友私底下跟我說活得好累，問我可不可以放棄。」她會反問：「你為什麼堅持活下來？」結果答案都只有一個：「為了家人。」很多傷友跟她分享，每一次加護病房門打開，都聽到家人在哭泣。他們不願因自己的離世再讓家人傷心，家人焦慮的臉讓他們壓力好大，只好拚了命讓自己活下來，但是沒想到活下來這麼辛苦。「八仙塵爆的傷患大多是年輕人，我們可能會覺得他們是媽寶、很愛玩，卻沒想到他們在生命危急時，還是為家人撐了下來。」

裝堅強的模式會一直持續到復健。傷患為了不讓家人擔心而努力復健，但往往今天復健的一點成效，隔天卻因疤痕增生又全部回到原點。遇到這些挫折，傷友難免想要放棄，會偷偷問林郁舒：「到底要不要繼續？到底有沒有未來？」他們無法跟家人討論這些問題，因為家人一定會說：「不能放棄！」

對於傷友的疑惑，林郁舒通常會鼓勵他們：「你覺得撐不下去？但我覺得你進步很多。你本來躺在床上差點死掉，現在不是活下來了嗎？死掉是零，活下來是一百，我覺得你進步一百分！」或是說：「你原本不能走，現在不是可以走了嗎？下一步有什麼計畫？你不是想騎摩托車環島嗎？」林郁舒認為，他們會疑惑，只是因為有些傷友恢復得快，有些人甚至沒受傷，已經可以馳騁球場，而自己卻還在住院練習走路。所謂「沒有比較，沒有傷害」，別人的成功突顯自己的失敗，他們就會自暴自棄，覺得自己沒有未來。事實上年輕人的理解力很不錯，跟他們說話儘量數字化，鼓勵他們其實並不難。

八仙塵爆的傷友因為年輕，也有一點與過去燒燙傷患者很不同的特色。林郁舒說：「明明住同一間醫院，有些傷友就是不想看到同學。原來是同學約他參加這個活動，結果害他傷得比同學更嚴重。」像這樣的案例，有些是友情破裂，有些甚至導致情侶分手，都是她過去處理燒燙傷個案時未曾遇過的狀況。

還有傷患生日就在六月二十七日，參加粉塵派對是因為朋友幫他慶生。他說：「郁舒姊，我乾脆死掉好了，我都搞不清楚這一天到底是生日，還是忌日！」情感的糾葛使得她在處理問題時更加謹慎，引導個案在人際關係上的分寸拿捏就要更精準。「他們會王不見王，即使之後復健都會刻意錯開時間。」

## 復學、復工路迢迢

二〇一六年六月二十七日，「燒燙傷復健暨急性後期照護中心」在新北市聯合醫院板橋院區成立，林郁舒也從原本的六二七專管中心轉到照護中心。中心成立後，負責服務兩百多位來此進行復健、疤痕雷射治療的傷患。林郁舒的工作則是觀察傷患的復健狀況，進而建議他們復學、就業。

「我會督促他們趕快就學，有些人的同學都要升大四了，他們還在念大二。」她會鼓勵傷友避免與學校脫節，甚至擔心他們放棄學業。「年輕人會覺得自己很失敗，身體受傷是一大主因，家人的憂慮、同儕的比較所帶來的壓力也是原因。另外還有求學的中斷、情感的中斷、就業的中斷……讓他們看不到未來，這是他們人生中一段很大的空白。」

即使有些傷患礙於塵爆事件而與同學、朋友心生芥蒂，不願復學，她也會問他們：「畢業比較重要，還是不要看到同學比較重要？如果你覺得看到同學書就念不下去，姊姊不會強迫你。但是如果畢業、提早回歸社會比較重要，那很多的心結要試著學習放下。」年輕人其實很聰明，分析得失利害之後，轉移焦點，他們自然有所取捨。

林郁舒觀察，相較於復學，本來已有工作的傷患，通常很熱切想要回到職場。「除非是媽寶，被家裡保護太好，要不然他們不想再輸給同儕、不想再跟家裡拿錢，這股動力讓很多傷友沒有做完復健就回去工作。」儘管如此，他們走出照護中心後幾乎舉步維艱。

林郁舒舉例，有一位餐廳廚師，雖然在廚房工作不用接觸顧客、不用在意他人眼光，但廚房悶熱的環境讓他無法久待，因為他皮膚上的毛細孔都燒壞了，已經無法排汗，結果只好調到外場工作。薪水大幅調降之外，還要面對客人異樣的眼光，更糟糕的是，原本的大廚夢想被迫中斷。

另外也有美甲師雙手受傷，無法靈活地為客人指甲彩繪。「女生的指甲很小，彩繪需要非常精密的技術，而且她的指甲也都燒壞了，她不能替自己美甲，也無法展現美麗的指甲給顧客參考。她過不了這一關，常常跟我說：『郁舒姊，我的手好醜。』」後來這位傷友只好轉行賣手搖飲料。

像這樣因為身體受傷而必須轉換跑道的傷友並不少，他們必須重新規劃，這一段停滯、中斷的時間，又會讓他們覺得自己沒有用而感到自卑，過於著急的結果就可能換錯跑道。在眾人期許之下，他們都回歸社會，但林郁舒認為不是回歸社會就好，很多時候他們不是回歸到原本自己所認定的形象，這是他們必須付出的慘痛代價。當然，也有傷友很堅強，堅持回到以前的形象，過程吃了很多苦，拚了命才能讓自己保持完整。

即使必須付出比別人更多努力，即使到最後可能仍須轉換跑道，甚至可能要再延遲時間，很多傷友還是十分積極地想要回到職場。他們絕不會因為領到善款而不工作，大多數傷友會覺得為什麼我要中斷青春？他們復原的速度著實讓林郁舒感到意外，歸納原因不只是年輕這個因素，更重要的是積極的心態。

讓人生與塵爆事件脫鉤

八仙塵爆的傷患之中也有情侶檔，通常男孩子會自責沒有保護好女友，女孩則多會擔心感情無法繼續，或擔憂未來的婆家不接受燒傷的媳婦。雖然這些受傷的情侶大多繼續維持感情，有些後來結了婚、生了小孩，當然也有情侶選擇分手，更有些是離婚收場。

「很多人會將感情問題歸因於塵爆事件，但我會陪他們思考，真的是這樣嗎？一般情侶都不會有問題嗎？你們以前相處都十分愉快，都不會吵架嗎？」林郁舒發現，確實很多情侶因為塵爆事件加深了情感裂痕，但絕不能全部歸咎於八仙塵爆。透過問題的釐清，她引導傷友換個角度思考，畢竟生活上本來就有波折，協助他們淡化對這場意外的怨恨。

林郁舒認為，成天抱怨意外，日子就不用過了。她會幫助傷友回想過去如何解決問題，例如有些情侶因為個性不合分手，其實和塵爆事件無關。「外界對這些情侶總是有美好的想像，認為他們一起經歷重大意外，挺過之後應該會感情升溫，然後終成眷屬，過著幸福快樂的日子。」現實並非如此。結婚前復健之路雖然辛苦，經濟壓力還是比較小，她說：「結婚後很可能小孩生了，房子買下去，才發現壓力好大。」然而這也是社會上一般夫妻可能面臨的困境。換言之，八仙塵爆只是一個事件，並不足以代表全部的人生。

林郁舒強調，這些年輕人未來還會經歷很多事，未必再跟八仙塵爆扯上關係，她會盡量幫他們將目前的問題與八仙塵爆脫鉤，並在處理問題的同時，培養他們新思維，否則一直將塵爆事件的枷鎖背在身上實在太沉重，也無濟於事。

當然，說比做容易，塵爆造成的衝擊太大，她只能陪伴傷友慢慢拉長與傷痛記憶之間的距離。尤其是意外在身體烙印下傷疤，對他們來說更是不可承受的痛。有人會偷偷跟林郁舒說，幸好沒有燒到臉；有人慶幸自己只燒到小腿，認為燒到手很可怕，還戲稱自己「黑腿幫」；有人因為喜歡穿短裙，覺得燒到腳比較可怕。然而這些都是表面，她說：「每當夜深人靜，看著疤痕就會懷念自己以前的模樣。他們會傳以前的照片給我，男的健壯，女的貌美，都可以當網美了，但現在只能晚上偷偷看照片，默默流淚。」身體的變化實在太大，若還無法接受現在的模樣，她會建議他們不用勉強，想哭就哭，把情緒宣洩出來。

林郁舒認為，社會的眼光帶給傷友很大壓力，甚至希望他們接受「健康重於外貌」，只要能恢復健康，美醜並不代表一切。「這些說法都太輕鬆，社會的教條強壓他們，使得他們明明很悲傷，卻連悲傷的權利都沒有，還要表現快樂給大家看。」她以被火紋身的歌手 Selina 為例，指出外表對 Selina 的重要性，「雖然這群孩子不是藝人，不用在舞台上表演，但畢竟還年輕，原本生命中最美好的風華就在此時，怎麼可能不在意美醜？他們會去哀悼以前的自己也是正常。」

## 脫下壓力衣之後

對疤痕的糾結，反映在壓力衣的穿脫。壓力衣是燒燙傷患者在疤痕組織增生時期穿戴，時間長達數個月，以持續的壓力讓疤痕變得柔軟而平滑。只是壓力衣不易穿脫，新手穿脫壓力衣往往得花去大半天時間，但林郁舒直言，穿脫壓力衣事小，最後要拋棄壓力衣才是問題，因為脫掉壓力衣，疤痕就露出來。

「在外界眼中，駝色的壓力衣很容易辨識，把壓力衣脫掉，露出來的就是坑坑洞洞的疤痕。他們十分明白，脫掉壓力衣後，自己在別人眼裡的模樣。」有些傷友還沒有準備好面對外界眼光，因此很長一段時間都穿著壓力衣。林郁舒說，傷友要接受疤痕和自己外觀的改變，不同階段有不同的心理轉折。「剛開始是滿身傷口，然後包滿紗布、繃帶，最後穿上壓力衣。這段時間雖歷經肉體痛苦，卻還可以接受，真正的考驗是徹底把疤痕露出來，這是另一種挑戰，需要長期心理建設。」

每當她看到傷患的壓力衣鬆了，她會刻意問：「壓力衣該換囉！有準備要脫壓力衣嗎？」得到的答案多半伴隨著淚水，她知道傷患還沒有準備好，就會藉機陪他們討論。

## 社會需要更多的關懷與同理心

八仙塵爆發生至今五年，由於傷患逐漸結束復健、完成疤痕雷射治療，隨之離開燒燙傷復健暨急性後期照護中心。傷患人數愈來愈少，照護中心也進行人事調整，目前林郁舒歸屬於新北聯醫社工室。儘管八仙塵爆的社工服務告一段落，還是有很多曾服務過的傷患會透過社群軟體和她互動，她也因此能追蹤到他們的近況。其中不少傷患的燒傷面積高達六、七十%，但很多人還是會繼續追求夢想。她十分肯定這些年輕人，儘管八仙塵爆曾經中斷他們的生活，但他們沒有停止築夢，仍盡可能跟過去有所連結。

相較於醫療、救災體系，可以從人力教育訓練、設備添購以及反覆演習，預防意外災害的發生，在社會工作方面，林郁舒認為，可以從社會宣導和教育方面著手，讓意外發生之後不要再造成二次傷害。她說：「我們要尊重傷患的心理狀態並且給他們空間，不要太過苛責，也不要將整形、雷射治療標籤化。我覺得社會對年輕人的期待有點嚴苛，這部分需要更多的教育。」

以職場為例，雖然人們的觀念愈來愈進步，雇主多可以接受燒燙傷傷友回歸社會，但是相關的知識卻不足。「比如說餐廳業的雇主願意接受燒燙傷傷友成為員工，但是並沒有調整傷友的工作環境。」由於大部分的雇主不瞭解傷友生理及心理的需求，反而覺得給他們這麼多時間、機會，為什麼還無法做全職工作？結果傷友無法重新適應職場，雇主雖有心卻思慮不足，最後兩者都很受傷。

另外在社會上，一般民眾對於燒燙傷疤痕已經不是那麼害怕，但是他們說的話往往會造成另一種傷害。「在醫院常常聽到婆婆媽媽對傷友說：『怎麼會燒成這樣？』『會不會後悔去玩？』『不要去玩不就沒事了嗎？』她們是想要表達關心，但這些話傷者聽了卻相當刺耳。」結果他們的關心沒幫不上忙，反而在傷患心中劃下一刀。

她感歎這些好意常常猝不及防：「這些話有時候來自親朋好友，有時候來自社區鄰居，有時候是任何一個路人甲乙丙，怎麼預防？只好提醒傷友自己要堅強、勇敢一點。」現今台灣社會大部分人很善良，對於燒燙傷的照顧，在物質上也不虞匱乏，但在心理方面的關懷，林郁舒呼籲，對於燒燙傷患者，再多給他們一段時間，再多給他們一片空間，讓他們去整理、恢復情緒，然後尊重、同意他們的悲傷；讓每個人安心地以自己的步調生活，我們的社會將更美好、祥和。

# 自灰燼中綻放

## 王鼎嘉臨床心理師

心理創傷治療是一段漫長的過程，就像赤腳在大火後的灰燼平原上踽踽獨行，走得越遠，感覺越痛。但讓人動容的是，他們有勇氣繼續走下去，並且發現了苦行的意義。

時光飛逝，歲月如流，自事件發生後，五年過去了。在這段時間中，以臨床心理師的角色陪伴傷友，一同經歷了心理創傷、復健、成長的過程，對我而言是一段非常寶貴的經驗，自覺非常榮幸能與這群年輕又勇敢的朋友們一同度過這笑淚縱橫時光。和傷友們相處，就像看著一株受傷乾枯的幼苗，自灰燼中蟄伏、靜止、休眠，重新開始扎根、生長發芽、長出枝枒、生成嫩葉、綻放花朵、並持續開枝散葉的過程。在他蟄伏休眠時，我自己常如熱鍋上螞蟻般心急如焚。我想，這也是家屬們的感受：「為什麼過了一年了，心情還沒有

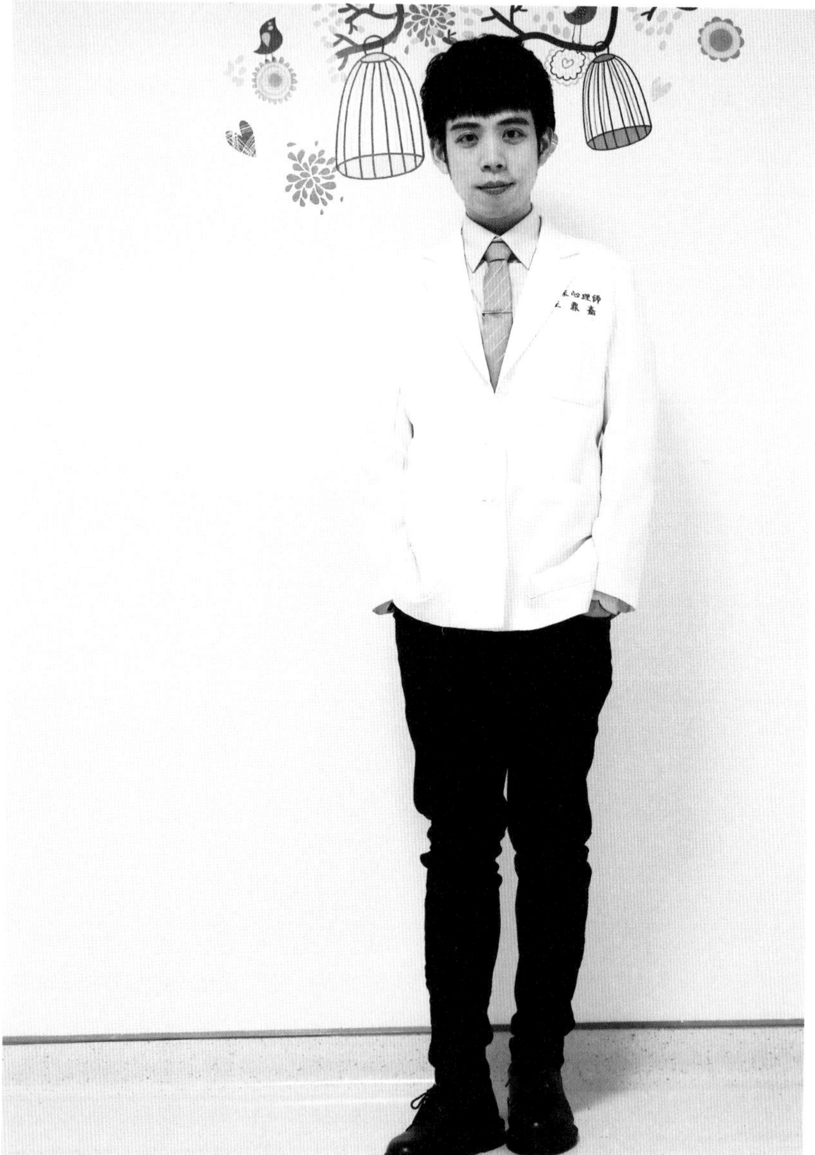
心理師
鼎 嘉

好起來？」「為什麼不能去工作？」「還要多久才會好起來？」或許，我們的心靈也如同植物一般，在受創之後會需要休眠、休養生息，也需要有人協助他們重新創造一個滋養、充滿營養、水分、陽光與空氣的環境。

在心理治療室中，臨床心理師會營造安全、平靜、真誠、滋癒的空間，讓傷友們在這邊得以沉靜、休養、傾訴、重整，再建構受傷的心靈。這段時間的長短因人而異，因為每位個體都是獨一無二的存在，不會有兩個人在經歷同一件災難後，而有相同的受傷與復原的結果。也因為如此，我有幸聽見成百的人生故事，每一個故事均是如此特別且雋永。

## 痛苦中看見意義

在心理治療過程中，常聽見傷友們憤怒的質疑：「為什麼是我？」「為什麼我要做這麼多重建手術？」「為什麼我要比同年的朋友遭受如此多的苦難？」聽到這些尖銳的質問，我會感覺到如被針刺般的疼痛。或許是因為我沒有答案，或許是我感受到問題背後的痛楚，也或許是想到了自身的創傷經驗，我會誠懇地對傷友們說：「真的很抱歉，我也沒有答案，或許有個明確的答案，能讓你釋懷一些。但我感覺你似乎已經明白這件事情是沒有答案的，而你想到要獨自承受這一切時，會感到痛苦、委屈、受傷、孤單與無助。」隨之而來的多半是累積已久的強烈情緒。

在心理創傷帶來的情緒風暴中，痛苦、恐懼、悲傷與無助是最常見的情緒，受創傷者像是無助的掌舵手，面對排山倒海來的情緒，感到恐懼與不知所措。而臨床心理師扮演著協助個案安定的角色，陪伴個案在暴風雨中找到方向。經歷一次次的情緒風暴後，傷友會發現恐懼的強度不再如以往，慢慢感受到自己能夠談論創傷事件、談論害怕、談論弱小無助的內在自我。

沒有人喜歡受傷，同樣的，也沒有人喜歡心理創傷。但在臨床執業過程中，我看見了一些令人訝異的現象，部分的個案開始談論創傷對他而言的「意義」。對大部分人而言，心理創傷會讓人對自我產生新意義這件事情感到不解，明明是件避之唯恐不及的事件，怎麼會對這樣的事件感受到「意義」呢？過去的我也曾抱持著同樣看法，但我發現，當我們的被受害感覺尚未消失時，我們無法對傷痛形成新的看法，我們會想要逃避、尋求安全感，希望有人可以伸出援手。不過，部分的受創傷者似乎逐漸放下了被害者的身分，開始重新檢視自己原本的樣貌、重新思考自己的所需所求。

## 重新認識自己

有人曾對我說過：「心理師，我覺得讓我痛苦的並不完全是燒傷，而是我從以前就不喜歡自己。燒傷是一個新的劇本，讓我更可以完整扮演討厭自己的這個角色。演了兩年，我不覺得我有好過一些，我想，我需要做出一些改變。」我會回應他說：「如果可以的話，你想要怎麼改變呢？」他回答：「或許我需要放下某些身分，然後好好的認識我自己。我想，當我瞭解自己真正的需求時，我就會懂得怎麼愛護自己。」聽到受創傷者談到這樣的深度時，心頭屢屢會為之一震，這表示改變的時刻到了。此般想法就如灰燼中的綠芽，得來不易，又如此脆弱可貴，我們必須持續地呵護與照顧這株幼苗，讓他逐步成長與茁壯。

「創傷後成長」是一個鼓舞人心的名詞，但並不會發生在每位受創傷者身上，也不是一個必須的結果。我們天性喜歡看到浩劫重生、生命鬥士這樣逆境向上的情節，因為這些故事會帶給我們希望。在照顧傷友的四年期間，我聽聞過許多被捧為英雄的故事、新聞，似乎他們必須成為某種生命楷模、勵志典範，才能滿足讀者與觀眾的英雄幻想，然而，這樣的結果是絕非必要的。

治癒心理創傷是一段漫長的過程，有傷友形容，這段過程就像赤腳在大火後的灰燼平原上踽踽獨行，走得越遠，感覺越痛。但讓人動容的是，他們有勇氣繼續走下去，直到看見出口。在過程中，有些人發現了這段苦行的意義，他們重新認識了自己，開始思考如何與傷痛共存。

有位傷友對我說：「心理師，我覺得復原的路走得很痛、很累，也還是會焦慮、害怕，但是我感覺我似乎有什麼地方不一樣了。」我請他說說看哪裡不一樣，他回答：「我好像不再覺得這些感受必須消失，我才會好起來。我該做的是與身體和心理上的傷痛一起活著，然後重新體驗這個世界、繼續我的人生。」談到這邊，我的心情也隨著這段話語震盪起伏，我感受到他的體悟、感觸，也不捨他所做出的犧牲。他不再追求一個傷前的完美自己，而是接納現在的自我繼續前行。

更甚者，有些人會賦予創傷意義，他們覺得創傷不全然是負面的影響，反而帶來了正面的效果。創傷改變了他們對生命的看法，不再覺得自己需要追逐名利，不再想要努力滿足他人，不再想要受到所有人喜歡；在放下過去的價值觀之後，新的感受隨之生成。創傷後成長者會出現比過去更多的平靜感受，更能看到生活中的新契機，對於生命中的人事物產生感謝之情，與他人的互動與連結變得緊密，個人的心理素質變得強韌，活得更自在穩健，更加珍惜周遭的人與世界。

有位傷友說過：「說真的，我覺得很不可思議，我竟然開始感謝有這場災難發生。因為這個事件，我重新認識了自己，發現原來我可以做到這麼多事情。以前要做一個決定前，我會去問好多人的意見，但那只是因為害怕自己沒有做出正確的決定。但現在的我，可以一個人收集資訊，獨立進行判斷，不再害怕一個人。而且，受傷後我體悟到一件事情，就是我開始喜歡與自己獨處的時光。」與自己自在的獨處不是件容易的事，因為我們必須面對內在的黑暗與恐懼。創傷讓部分受創傷者有機會看見內在自我，並試著擁抱與接納真實的自己，這樣的努力總是讓我感到震撼與欽佩。

## 共創美好的環境

「凡是有陰影的地方，就會有光明。」「世上最寬廣的是海洋，比海洋更寬廣的是天空，比天空更寬廣的是人的心靈。」這些名言對我影響深遠，我也很常與個案分享，當看到他們會心一笑時，我也感受到自己被理解與被同理。這或許是心理治療中最美好的時刻吧，因為我們一同存在、共鳴與珍惜當下。我很感謝能有這樣的機會陪伴傷友們成長，在我遵循嚴謹的臨床心理治療架構下執行治療時，他們替我打開了另一扇窗，讓我能從新的角度欣賞這個世界與他們美麗的心靈。誠摯的祝福所有傷友們，祝福他們未來一切平安、自在；也期望閱讀者能瞭解受燒傷所苦的心靈，讓我們一起打造更為友善、包容、滋癒的心理環境，一同幫助所有需要協助的人們。

# 關心永遠在

## 谷德郁職能治療師

谷德郁和傷友的年紀相仿，因此更能體會他們的痛苦與無奈。職能治療不僅只是身體的復健，更希望透過各種儀器的協助，讓傷者的生活早日回歸常軌，擁有平凡的幸福。

看著職能治療師谷德郁轉動儀器上金屬大輪圈，那輪圈之大有如大卡車上的方向盤，幾次左右來回轉動，還真有大卡車司機的氣勢。「這是BTE工作模擬功能復健儀，專門模擬日常生活所需要的動作。我現在就是模擬轉動方向盤，別看我轉得輕鬆，如果是傷友來轉，可是要費一番力氣。」她笑說這是全國首部最新的「工作模擬功能復健儀」，可以模擬生活中各種動作，協助八仙塵爆傷患的生活及工作功能復健，早日回歸日常生活。

在大學時期，谷德郁就對人體的結構構造，例如骨骼、肌肉、肌腱等深感興趣，而燒

Hand & Upper Extremity
BTe
TECHNOLOGIES

燙傷治療復健的啟蒙，來自於實習時期。當時她在基隆長庚紀念醫院的整形外科復健治療中心實習，病患大多是骨骼、肌腱斷裂，經手術縫合後的復健，同時也有燒燙傷患者，在復健治療上相當多元。而一對一的指導老師是資深職能治療師蘇尚文，過往在林口長庚紀念醫院，燒傷醫療經驗非常豐富，經手過燒傷病患不計其數。

## 燒燙傷復健的啟蒙

谷德郁實習時也曾接觸兩、三位燒傷病患，體表燒傷面積不超過五十%，其中有一位年輕學子讓她印象深刻。「好像是被熱水從上灑下來，脖子一側到肩膀，再到胸口都有燙傷傷口。」她解釋傷口癒合後會長出疤痕，如果不處理，疤痕就會攣縮。「脖子會下縮，手無法抬舉，就會變成這樣。」她一邊說，一邊歪著頭擺出縮脖子模樣，可以想像疤痕攣縮對傷患所造成的傷害。

當時蘇尚文治療師就會提醒谷德郁觀察傷患是哪個部位燒傷。「首先觀察位置，緊接著預期疤痕會如何生長，又將如何攣縮，要看疤痕攣縮的方向，我們要反方向去做運動。」晚上傷患睡覺時，則會衛教病患一定要做好正確的擺位。「不能墊枕頭，墊枕頭疤痕就會縮得更厲害。」她利用一些副木、支架或者枕頭，放在肢體等部位進行擺位，擋住傷患脖子、手，在無意識下自動縮回。

「如果疤痕攣縮，脖子、手臂會被疤痕拉住，無法抬高。」谷德郁表示擺位的原則就是抵抗疤痕的攣縮，朝相反方向去進行拉伸。除了睡覺時要擺位，白天時也會指導傷患多做運動。「讓他們維持伸展姿勢，把雙手向外張開，進行伸展運動，目的是把肩膀關節拉開。當然，他的脖子也要盡可能往後仰。」

雖然接觸的燒燙傷患者不多，燒燙傷治療復健卻從此在谷德郁心中埋下了種子。「燒燙傷復健治療是一門專業技術，我很幸運在基隆長庚醫院實習，有資深且專業的職能治療老師與環境，讓我對燒傷醫療有初步認識。大部分的實習生在成人生理實習時，很難接觸到燒燙傷病患，也很難學到燒燙傷職能治療。」她許下心願，希望未來有一天也能夠進入燒傷醫療的領域，幫助更多的傷患。

大學畢業後，谷德郁前往新北市聯合醫院板橋院區擔任復健科的職能治療師，兩年後經由他人介紹轉往宜蘭礁溪工作，同樣還是擔任職能治療師。「工作性質不一樣，職能治療師一般在復健科，大部分接觸的是中風患者。在宜蘭則是遇到很多骨科傷害，比如說骨折、肌腱斷裂、五十肩、腕隧道症候群、媽媽手等各種職業病傷害，中風個案反而比較少。」

## 如果朋友邀約，我也會遭到火吻

中風患者大多是大腦中樞神經損傷，造成中樞神經在支配上產生問題，大腦指令無法傳送，進而影響患者動作功能。「復健治療上主要是透過運動練習與給予感覺回饋，去刺激大腦神經，去幫助受損的神經組織恢復，或重新建立路徑，讓病患隨著動作進步，也可以慢慢恢復功能。」

至於在職能治療的骨科領域方面，有些傷患是久不運動，有些則是肢體如骨骼、肌腱斷裂。「手術完後會有一些組織沾黏、關節僵硬的狀況，要去幫傷患按摩、拉筋，鬆動關節。」她解釋骨科復健需要處理關節僵硬、組織沾黏，這一點與燒燙傷的疤痕攣縮很像。事實上與骨科患者類似，燒燙傷患者多少都會遇到手無法握緊，也不容易伸直的毛病，也因此在宜蘭礁溪三年多的骨科相關經驗，對於後來處裡燒燙傷的復健治療，奠定了一些基礎。

二〇一五年六月二十七日，八仙塵爆那一晚，谷德郁從新聞畫面上看到這麼多人發生意外，感到十分震驚。「很多都是十幾二十歲的年輕人，年紀跟我差不多，他們就是出去玩，運氣很不好，一個晚上就遺憾終生。」她直言當時才二十七歲，人在宜蘭不知道活動內容，但是如果有朋友邀約，也是有機會參與活動。當時還有大學室友在塵爆發生前，有看到彩色派對活動的廣告，只差沒報名參加。「事實上，這些活動就像看電影、唱歌一樣，朋友揪我一起去，我是有機會參加，是不是我也會遭受火吻？」

另一個讓她震驚的是受傷畫面，事後後經由大量的新聞畫面、照片，她看到很多傷患都是大面積燒傷，比起之前在長庚醫院實習時所遇到的燙傷患者，面積更大，傷勢更為嚴重，絕對都是二、三度以上的燒傷，超出過往的醫療經驗。後來她接觸到很多八仙塵爆傷患，他們分享意外發生的當下，並不知道自己被燒得這麼嚴重。

## 再回新北聯醫

「還有傷友事發後馬上打電話給家人說：『我燙傷了。』語氣相當平淡，平淡到家人誤以為是吃泡麵燙傷。這兩者根本無法相比，他們脫了皮，只知道熱熱、痛痛的，有的還以為就像去海邊曬太陽，脫了皮後就沒事。不知道真正嚴重是幾分鐘後，才發覺傷口是越來越痛、越來越痛。」她以自身的專業認為災情嚴重，即使活了下來，往後治療、復健的路途一定是漫長而痛苦。

「幸好第一關都挺下來，絕大部分的傷患都被搶救下來。」谷德郁坦承一開始對塵爆災害很難有樂觀的心情。「他們都是大面積燒傷，身體外觀改變這麼多，活下去需要很大勇氣。」她笑說真的鬆了一口氣，塵爆過了五年，一切都與原本預期不一樣。

能有如此傑出的醫療成果，她把功勞歸功於傷患的堅強，以及第一線醫護人員的努力。此外，臨床心理師、社工師的介入，也提供很大的幫助，處理傷友的創傷後症候群，釐清憂鬱、焦慮狀況，讓塵爆傷患有全新的前進方向，而不是一直都沉浸在災難、傷痛中，永遠都走不出去。

八仙塵爆後，新北市聯合醫院計劃在板橋院區設置燒燙傷復健治療室，針對八仙塵爆傷患提供復健治療以及照護。然而在燒傷醫療復健這一塊，缺少專門的醫護人員，因此過去的組長詢問谷德郁要不要回來上班？她思考一陣子，認為這是難得機會。「一般來說治療師很少有機會接觸到燒傷患者，畢竟燒傷醫療在國內很少有區域級醫院，會設置專門為燒燙傷患者提供復健治療的單位。」

二〇一五年十月，她回到新北聯醫工作。此時板橋院區的燒燙傷復健中心仍在草創，不但病患不多，就連人力配置也不夠健全。當時新北聯醫特別從台大醫院借調復健科林昀毅醫師擔任燒燙傷復健中心主任，再加上另一名物理治療師以及書記，總共也只有四位同仁，由林昀毅主任帶領團隊運作並逐一規劃更完善的治療人力、空間及設備。

全方位的燒燙傷照護復健中心

這段時間，林醫師希望治療師能夠去其他醫院學習，加強燒傷復健及醫療照護技術。谷德郁也先後前往台北馬偕、林口長庚紀念醫院受訓，瞭解其他醫院在處理塵爆傷患，是如何復健治療，同時觀察急慢性期燒傷病患的職能復健治療。這是她第一次接觸到大量的八仙傷患，近距離接觸，讓她再次感受到塵爆所帶來的嚴重傷害。

中心籌備期間人手有限，醫護人員也要應付繁複瑣碎的行政工作。「主要是採購儀器設備，有許多公文流程要跑，並學會儀器操作，這些設備都是相當昂貴且高規格，在當時都是全國數一數二甚至獨一無二。」儘管中心有書記幫忙處理行政事務，然而與醫療儀器相關的操作，還是需要醫護人員親力親為。他們進一步規劃哪一區需要做什麼空間佈置？未來復健的療程該如何進行？

就在林醫師主導下，逐步購置各式高規格儀器，以及招募各專業醫療人員組成燒傷復健照護團隊。半年後，原本簡單的復健治療室，慢慢打造成擁有一整層樓完善醫療空間的復健及照護中心。

二〇一六年六月二十七日，八仙塵爆發生一週年，新北聯醫「燒燙傷復健暨急性後期照護中心」正式開幕，主要提供各項燒燙傷復健治療以及疤痕雷射治療。由於開幕當時正好是八仙傷患全數出院，正需要大量復健、疤痕治療和急性後期照護的疤痕增生期，一開幕就陸續有傷友前來就醫；後來在傷友和家屬們的相互推薦介紹下，到中心接受治療的八仙傷友越來越多。

「原本照護中心也想像美國約翰・霍普金斯醫院燒傷中心一樣，引進設備技術製作壓力面具提供傷友穿戴。林主任希望中心也能像他去進修的美國頂尖燒傷醫療機構一樣，提供更完整的疤痕壓力治療。」谷德郁解釋壓力面具與壓力衣作用一樣，用來抑制臉部的疤痕增生。「人臉就是凹凸不平，一片布貼上來，鼻尖與下巴壓力比較大，其次是鼻梁，至於面頰、眼眶周圍壓力較小，壓力面具就是依照傷患的臉型，做透明面具套在臉上，對臉部皮膚進行均勻壓力，減少疤痕增生。」

## 職能治療強調日常生活

無論是壓力面具還是壓力衣，都需要高難度的技術，成本也較高，經過審慎評估後，往往還是決定以復健治療為主軸。儘管如此，治療師也學會基本的壓力衣評估，若是傷患的壓力衣太緊或太鬆而不適合穿戴，他們都可以提供建議，讓傷患回去原製作處修改、調整。

照護中心全盛時期共有八位職能、物理治療師，在分工上與其他醫院大致相同。「物理治療會強調大關節，例如膝蓋，角度彎曲，如何蹲、跪、站立、走路，腳的肌力與心肺狀況。而職能治療會強調日常生活的各種動作，希望他們早日回到原來的生活。」谷德郁指出在燒傷治療上，職能治療強調日常生活功能，較偏向手部的動作及操作技能。「如果傷友因肢體狀況限制，而無法完成某些動作功能，則可以利用各式各樣的輔具去協助，讓傷友恢復最大的獨立性，期待返家後也能自行生活，甚至回歸學校或職場。」

每一次復健，谷德郁都先處理傷患的疤痕。她會徒手按摩疤痕，透過按、壓將疤痕弄軟。「照護中心的復健跟其他單位不同，會一對一幫傷友做疤痕按摩，這一點很重要，可以放鬆、軟化疤痕組織，其次也能減少疤痕增生。可是燒傷面積這麼大，要花很多時間一點一點按摩。」她表示，每個人都需要花費幾乎一小時按摩，如果疤痕較軟，時間就能縮短，只是大多需要花更長的時間，特別是按摩那些又硬又厚的疤痕。

由於八仙塵爆傷患大都是年輕人，傷後的作息改變，他們都偏向下午才來照護中心復健。上午的傷患較少，此時她就能慢慢的按摩疤痕，將按摩時間拉長，對傷患而言，算是一種早鳥優惠。

## 體外震波儀器

「下午的傷患很多，但不分傷勢輕重，每位傷友都有疤痕按摩的需求，一個人最少都能得到半小時以上的按、壓。其他醫療機構很難提供這樣完整的疤痕按摩。」她再三強調這是一項難能可貴的治療，畢竟國內很少有醫院有專責的燒燙傷復健中心，專門從事燒燙傷復健的治療師也不多，即使有也不可能像新北聯醫有如此充足的專責治療師人力，自然無法提供如此長時間的疤痕按摩治療。

除了疤痕按摩，谷德郁也會協助傷患進行牽拉運動。「通常在關節部位上的疤痕，疤痕攣縮會造成關節僵硬、沾黏而影響關節角度，我會幫傷友做牽拉動作，就是把關節拉開、伸展，增加關節活動度。」她會徒手牽拉，有時候也會根據患者關節的僵硬、沾黏程度，而使用復健器材，例如傷患的肩膀疤痕使得雙手無法抬舉，她就會用肩滑輪或手拉架輔助，讓傷患透過運動將雙手舉高。

有時候治療師也會利用「體外震波」來治療又厚又硬的疤痕。這是當初中心成立時，林昀毅醫師運用先前在台大醫院的研究經驗，發展出一套將體外震波應用在燒傷疤痕治療的創新療法。中心特別購置一部最新的高規格體外震波治療儀，且配備可用於燒傷疤痕的專用探頭，利用聚焦及發散式兩種不同的體外震波施打在疤痕上，然後研究其治療效果。

谷德郁還在疤痕震波治療前後，分別量測疤痕的軟硬度。她發現打完震波後，疤痕的硬度確實有明顯變軟。除此之外，對於疤痕產生的搔癢問題，還可利用一個震波儀上的震動手具，由治療師調整適合的強度與頻率，打在傷患容易產生搔癢的疤痕上，發現可減緩搔癢的程度。

「外觀也會變化，疤痕顏色會變淡。」歷經幾次操作，他們一致認為體外震波儀器在疤痕治療上相當溫和，對於怕痛的病患是一個很好的疤痕治療方式。除了治療疤痕，他們後來也發現體外震波儀在處理傷患的痠痛問題也能立竿見影。很多傷患都反應效果良好，不但減緩痠痛感，身體的肌肉、關節也放鬆很多，算是體外震波儀器的附加價值。

## 就算痛死了也要咬緊牙關

照護中心成立後，傷患越來越多，一天下來平均一位治療師能處理六、七位傷患就已經很緊繃。而在職能治療上，每位傷患大概需要花一小時以上時間進行疤痕按摩，以及關節牽拉。時間看似不長，但對傷患而言，這一小時的痛苦體驗，有如地獄走一遭。

「他們的關節都很緊，假設手指、手肘發生嚴重疤痕攣縮，或是活動的角度有限，還得用力幫他們壓下去，會非常痛。」大多數傷患必須得面對關節牽拉所帶來的劇烈疼痛，有些傷友還會因此痛到哭出來，健康的人很難體會。谷德郁指出外界都有刻板印象，認為男生比較耐痛。「其實女生也很願意忍耐，她們知道復健會進步，就算咬牙苦撐也要繼續。」因此每次看到傷患身體不適，治療師也會減輕力道，慢慢將關節角度拉到位，減少傷患痛苦的折磨。如此一來，花費的時間又得拉長，短痛又變成長痛。

在疤痕按摩、關節牽拉運動後，接下來治療師就會幫傷患做肌力強化。由於傷患住院時長時間臥床，肌肉容易萎縮，肌肉力量跟正常人相比都明顯不足，必須讓他們去做運動來恢復體能、肌力與肌耐力。同時也會針對他們日常生活進行加強訓練，這時候照護中心的「BTE工作模擬功能復健儀」就派上用場，在治療師的協助下，傷患能操作生活相關的一些技能，針對傷友不足的部分進行功能性訓練。

這部國內首度引進的高規格的工作模擬功能復健儀，是林昀毅醫師在美國約翰・霍普金斯醫院燒傷中心參訪時發現的。「當時林主任人在美國，打電話跟我討論，希望我們復健治療中心可以添購。」谷德郁興奮表示，當時新莊扶輪社社長蕭富誠與林醫師聯絡，想要捐贈復健相關儀器，為八仙塵爆傷患盡一份心力。

## BTE工作模擬功能復健儀

工作模擬功能復健儀的價格實在太高昂，超出預算太多，而當時國內尚未引進如此高規格的復健儀器，預算不足的狀況讓蕭富誠社長費了好大一番苦心，最後終於順利籌募到預算經費，成為國內首部配件齊全的工作模擬功能復健儀。另一方面，儀器廠商也很重視此次交易，特別請美國原廠公司人員跨海來台，為照護中心的治療師進行儀器使用的教育訓練，讓他們進一步瞭解如何設定與操作。

「復健儀上有一個轉軸，可以搭配很多配件。如果要練習用手轉開瓶蓋，或是操作工具，手必須要有握、轉的動作，就有類似瓶蓋、螺絲起子的配件，裝在轉軸上，讓傷友練習這些動作。」谷德郁指出除了手部工具操作之外，還有家事模擬，可訓練拖地、掃地，對於傷患都是很好的訓練，經由反覆練習，有助於雙手恢復原本正常功能。同時復健儀也可以將傷患每一次動作表現，例如時間、作功率等數據都記錄下來。

工作模擬復健儀不僅能夠模擬生活技能，還會模擬運動項目。喜歡運動的傷患，也可以練習投球、揮拍等簡單的運動，訓練他們相關的肌肉力量與動作技巧。因為只有一台機器，傷患多的時候，必須排隊輪流使用。此時治療師會進行協調，還沒輪到的傷患，就由治療師進行徒手按摩，或者進行牽拉運動。治療師忙碌時，照護中心還有很多復健器材，例如跑步機、腳踏車飛輪等提供傷患使用。

使用工作模擬復健儀時，治療師會先在電腦上設定參數，再讓傷患練習十到二十分鐘。然後治療師再進行評估，譬如說十分鐘內一直重複、用力練習揮拍，然後看力量數據。三個月後可以統計第一次到最後一次的數據，呈現為曲線圖。若是曲線向上，就說明隨著復健的時間拉長，傷患的肌力、耐力等身體體能有向上提升。

## 幫傷友找工作

由於每位傷患在復健治療上幾乎都超過一小時，治療過程中有傷患會跟谷德郁分享生活心情，讓她印象深刻是其中一位女孩。「她住得很遠，每天搭車來復健，感覺很樂觀、開朗，很會開玩笑。」女孩已經回去上班，她們私下都還有連絡。「她和男友一起去八仙樂園，一起遭受火劫，女孩的傷勢比男朋友嚴重一些，但男友父母對女孩的燒傷有些介意。」對方父母的態度讓女孩感到受挫，每次分享心情，眼淚就不自覺流下來。

「一開始是閒話家常，後來發現我不只是做復健，有時候我也是傷友分享心情的對象，可以與他們談話、交流。」她指出，有些傷患是會排斥進行心理治療，覺得自己沒有問題。「可是在復健過程中，他們並不排斥與我交談，會把我當朋友，自然講出心裡的話。」她表示與傷患交談，並不是要解開他們的心結，太刻意反而讓他們有所防備。

「在復健過程中，可以當傷友的朋友，當一位聆聽者。」她認為當一個人願意分享、抒發心情，心裡多少都會好受一點。而時機成熟，她也會鼓勵傷患就近在照護中心進行心理會談，或去參加外界活動，例如陽光基金會所舉辦的臉部平權運動、圓夢計畫。

另外還有一個案例也很特殊。這位傷患在八仙塵爆中只受到輕微燒傷，只是後來出了車禍，脊髓損傷導致身體僵硬，不但走路緩慢，就連手部活動也相當遲緩。「他來照護中心做職能治療與物理治療，主要是針對脊隨損傷的狀況去安排復健治療項目。復健一段時間後，動作功能進步到趨於穩定，他當時很年輕，我們建議並鼓勵他開始找工作。」

由於是人生第一份面試，醫護人員幫忙出了很多點子，谷德郁與臨床心理師王鼎嘉還指導他如何撰寫履歷，並且模擬面試過程，詢問許多面試容易被問到的問題。她笑說，傷患是男生，王鼎嘉心理師還建議他面試應該穿什麼服裝，以及如何打領帶，最後傷友面試成功。「能夠幫忙應徵工作，我們真的非常高興，還為傷友辦了歡送會慶祝。」

## 傷友回娘家

除了協助傷患復健，讓他們早日回到生活崗位，這段期間照護中心不定期還會舉辦節慶活動，例如聖誕節交換禮物，冬至包湯圓等，每年也幾乎都會舉辦「傷友回娘家」活動。

「照護中心正式啟用是六月二十七日，也是八仙塵爆一週年，因此每次週年，我們會舉辦活動，由個案管理師寄發邀請函，邀請在照護中心復健和雷射治療的八仙傷友回娘家。」她開心表示，舉辦盛大的活動，就是希望大家同樂，而參加活動不只是吃吃喝喝，治療師會設計趣味競賽活動，闖關後還可以兌換一份小禮物。

「其中有個關卡會先讓傷友玩套圈圈遊戲，看套到多少時間，就是接下來的遊戲時間。而這個套圈圈遊戲，就是設計成可以訓練上肢的動作協調，以及手指的精細動作。」然後傷患在限定的遊戲時間內，把豆子從黏土中挖出來。「我們職能治療師事先會把紅豆、綠豆藏在黏土裡，遊戲時就是要傷友練習手指的肌力與精細動作協調。」谷德郁笑說闖關活動全部與復健相關，透過趣味遊戲來進行。物理治療師也會設計活動，例如在海綿墊上運動，讓傷患將沙包踢進紙箱，就是訓練下肢動作以及身體平衡。

每一次舉辦活動都非常熱鬧，來參加的人也不少。前幾年舉辦「傷友回娘家」，就連新北市侯友宜市長也蒞臨一起同樂。而活動選擇在六月二十七日前後舉辦，就是希望在特殊的日子讓傷友回來，一方面可以相互交流、凝聚感情，另一方面也讓他們體會這一年的變化，每一年都有不同的改變，每一年都有成長，重新接受自己，繼續往更好的方向前進。

與傷友交心

二〇一九年一月，由於傷患逐漸康復，前來新北聯醫照護中心的復健傷患逐漸減少，谷德郁則到三重院區，繼續從事復健科的工作。根據她的觀察，大部分傷患都已經回歸正常生活。「有些傷友沒多久就回去上班，可能做秘書、行政工作，或是回到過去的工作岡位，也有從事醫療相關的業務，也不少人選擇創業開店。」大多數傷患都陸續回歸學校、社會，顯然身體的傷勢都恢復差不多，只不過網路對八仙塵爆傷患的霸凌，仍沒停歇。

「我陸續有聽到傷友分享，他們對於這些網路言語也是無奈。」谷德郁感歎，網路上的批評從塵爆發生第一天就開始。「剛開始很多人認為他們愛玩。我還是要再次強調，這是一般人都會遇到的意外，我可能去看電影，電影院突然失火，我就全身燒傷。說他們愛玩、活該，其實很不公平。」

近兩年，隨著事件遠去，大眾對八仙塵爆的關注與討論也減少許多，然而只要媒體上再度出現八仙塵爆的新聞，網路留言又蜂擁而至。「有一些留言很正面，說他們好棒，努力挺過來，要繼續加油，然而負面留言也不少。」她感歎還是有無理的網民，因八仙樂園停業就酸說：「還我八仙」，「我的夏天都沒地方去」。

類似的酸言酸語，在網路上依舊發酵，谷德郁認為這些話沒太大意義，但對八仙塵爆傷患而言，又是一次傷害。「不是發生自己身上，有些人很難去理解傷友的辛苦，我們社會還是需要多一些同理心。」她的語氣中充滿不捨。

儘管已經回歸到新北聯醫三重分院，但在言談中，仍可以感受到谷德郁對塵爆傷患的境況十分關心。近幾年她仍不時會回到板橋院區的照護中心，與其他醫護人員一起籌辦燒燙傷復健課程，網路上的酸言酸語，她無法可管，唯一能做，就是盡自己的專業，讓傷害不再蔓延。

# Part 3

# 八仙塵暴之後的省思

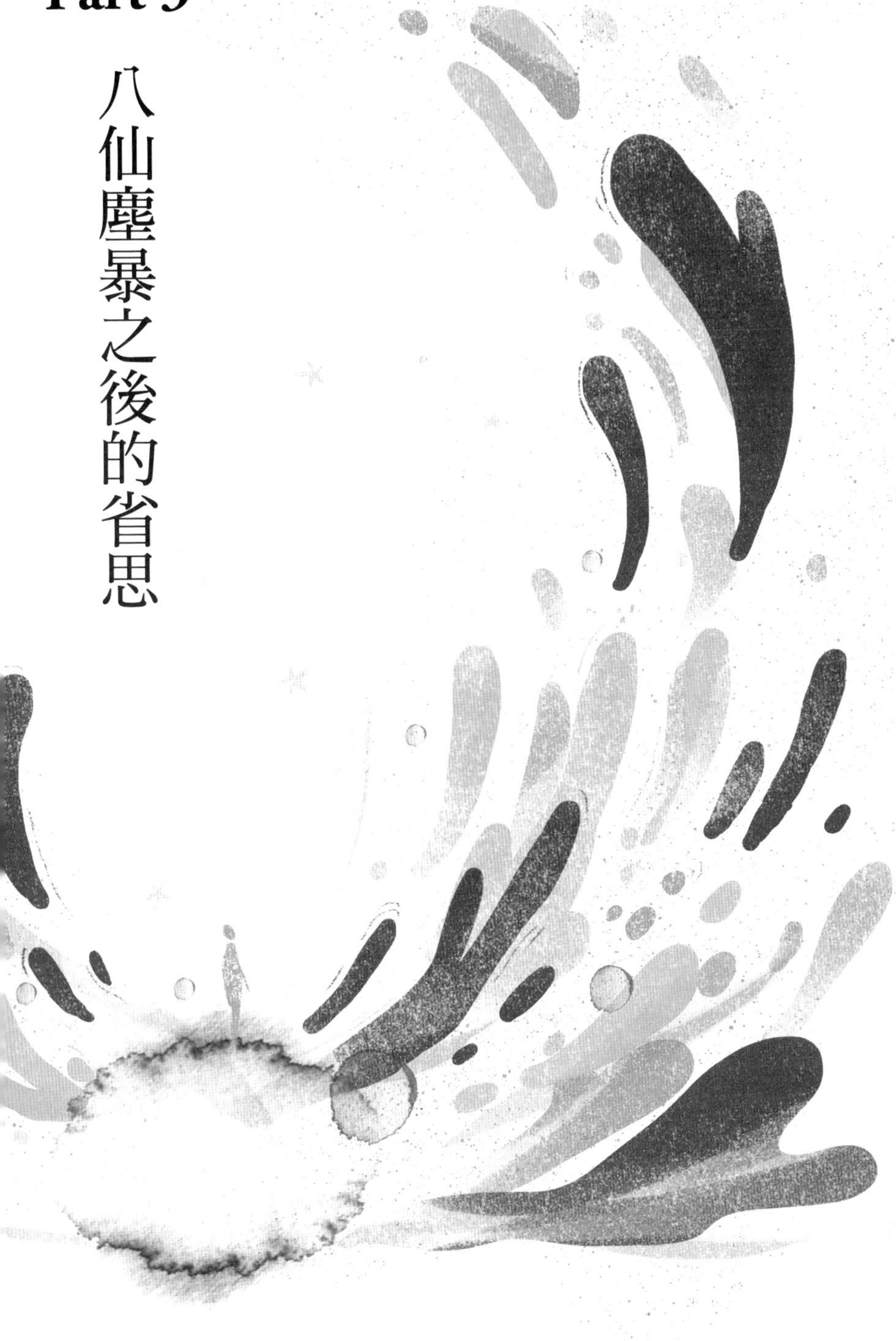

# 是奇蹟，更是轉機

## 戴念梓主任

二〇一五年六月，任職三軍總醫院燒傷中心主任的戴念梓醫師，甫升任整形外科主任，而燒傷中心主任的繼任人選尚未就職，因此他身兼整形外科暨燒傷中心主任，並且剛當選「台灣燒傷暨傷口照護學會」理事長。身兼數職的情況下，八仙塵爆事故發生時，戴念梓便一肩扛起從院內到社會團體的整合與救治工作。他回憶往事，娓娓道來：「我既然擔任這麼重要的工作，就必須要集合大家力量。所以事故發生之後，我在很短的時間內，邀集了學會重要的專家，召開記者會，站出來告訴社會大眾：我們燒傷暨傷口照護學會願意集合所有專家的力量來協助、救治這些不幸的傷患。」

八仙塵爆事故那晚，救護車一輛接一輛將傷患從八里送往各大醫院，整夜呼嘯於街的鳴笛聲，夜半猶不絕於耳，雙北居民想必至今記憶猶新。戴念梓說：「剛開始時，傷患先送到淡水馬偕，所以淡水馬偕首先就爆滿了。接下來向台北市發散，沿路醫院一一爆滿，爆滿了之後就往更遠的醫院送。在地圖上，我們三軍總醫院是離八里最遠的，前面很多醫院都滿了之後，全部都送來三總。當時我們俞志誠院長下達的命令是『收療無上限』，所以最後我們收治了六十五位病患。」於是三軍總醫院內湖院區成為當時全台收治最多傷者的單一院區。

在此之前，三軍總醫院對於治療燒傷病人並不陌生。戴念梓說：「我們曾經接受過幾次比較嚴重而且大量的燒傷病患。比如說兵工廠的爆燃事件，有一次送來了近十位非常嚴重的傷者，燒傷面積大約都是八、九十%以上，並且合併了爆炸造成的開放性骨折。當時動員了整形外科全科的力量搶救，但燒傷面積九十%以上的傷患，最後還是難以挽救。」然而六十五位八仙塵爆的傷患，在三總悉心的治療下，最後全部出院，創下了零死亡率的紀錄。

## 全院動員，分組負責

在一般情況下，燒傷醫療是很困難的工作，病人隨時可能出現各種併發症，稍一不慎即奪走人命。「塵爆當時一下子湧入這麼多傷患，為什麼我們卻可以成功的救治他們呢？我認為非常關鍵的一點是，我們組成了一個很有組織的系統，彼此給予龐大的支持。」由於三總整形外科只有八位主治醫師，院方動員了全院的主治醫師，齊心協力共同救治傷患。第一時間在急診室為傷患做好檢傷分類，再由其他支援的主治醫師分別收療，於是每個病人都有一位主治醫師照護；整形外科醫師則負責統籌，並專注於燒燙傷的藥物及治療手術。在這樣全方位的照護下，才能在第一時間穩住這些傷患的病情。

此外，院方也安排了四間手術室，讓整形外科醫師可以隨時為傷患進行必要的手術。而當時三總也有一項令人稱道的分配措施，就是當傷者脫離初期二十四小時的危險之後，即陸續將其分類：燒傷面積五十％以上的重度病人，分配給中生代到較年輕的主治醫師。這些重度病人中，燒傷面積八十％以上的極重度病人（約有四至五位）又再平均分配，如此一來，每位醫師手上都有幾個重度病人，以及一個極重度病人。此外還有將近一半的病患是屬於燒傷面積四十％以下者，比較沒有生命危險，於是集中交給兩位資深主治醫師。這種取於兵法運用的分配方式，不僅避免了勞役不均，醫師的時間及精力也能夠妥善運用。

八仙塵爆引起社會廣大關注，大家有錢出錢、有力出力，希望能夠幫助傷者早日度過這起悲慘事件，許多退休的醫護人員紛紛回院支援，甚至有些開業的診所院長，也暫停自己的業務來到醫院協助。這些難得可貴的人力，需要妥善的分配與運用，於是戴念梓將所有人力資源分為四個組別。首先將這些愛心支援的醫護人員編入「病房換藥組」，由資深的住院醫師統籌，每組最少四人，負責每天兩次、耗時耗力的病房換藥。第二個是由總醫師帶領的「病房照護組」，提供藥物、水分、營養的供給，幫助病人維持在穩定的狀態。第三則為「手術組」，由主治醫師帶領住院醫師組成，由於病房內有人照顧病人，手術團隊就可以無後顧之憂地做手術。最後一個組別，則是由復健科、麻醉科的疼痛科、精神科等科別所形成，到各病房為病人做衛教、做復健、心理諮商。如此全院動員，所有人都各司其職，將力量發揮到最大值。

除此之外，院方每日召開跨科部的病情討論會，其中最重要的討論內容就是重度病人的治療方式及手術安排，會議中決定第二天手術的順序，而且謹守一個原則：無論時間多晚，排好的手術一定開完為止。如此確保病人都在計畫中接受治療，也能安定家屬的心情。戴念梓說：「剛開始的時候，需要開刀的病人相當多，而且每一台手術花的時間都很長。以我為例，幾乎都是一大早進手術房，最後開到半夜十二點多，甚至到一點才結束。這次塵爆意外有個特色，受傷的都是年輕人，他們都受到家人很大的關注。家屬都希望自己的小孩早一點進行手術，所以我們就跟家屬溝通：『今天安排的手術，不論是排在什麼時候，我們都會把它完成。』因此家屬都很能體諒，也很支持我們，幾乎沒有人抱怨。」

舉國上下，齊心合力

面對這次自九二一地震以後，傷亡慘重的意外事件，政府也全力投入救災。衛福部於六月二十八日即緊急協調各大醫學中心的皮膚保存庫，提供傷者照護使用。並由財團法人器官捐贈移植登錄中心、整形外科醫學會與燒傷學會共同協助「南皮北送」，讓醫院視狀況採用人工皮膚或捐贈的大體皮膚治療傷者。且於六月二十九日隨即召開「衛生福利部因應八仙樂園塵爆事件專案小組」第一次會議，相關單位就「醫療處置與調度情形」、「醫藥材供應規劃」、「心理關懷機制」、「健保費用及自費醫療費用處理」、「傷患慰問金發放」及「研議成立醫療專家小組」進行報告及討論。再於六月三十日成立「八仙樂園事件醫療專家顧問團」，戴念梓亦列席其中。當時各醫院最擔心的健保給付問題，健保局也決定共體時艱，尊重專業，讓醫療團隊依照病人狀況，使用大體皮膚、白蛋白等原本健保給付門檻高或根本不給付的醫材。

在這場意外中受傷的四九九人，平均燒傷體表面積（TBSA）占總體表面積的四十三%，最後死亡十五人，創下三%的低死亡率。這項成就引起全世界的注意，使台灣的緊急應變與燒燙傷醫療模式躍上國際舞台，紛紛為各國效法。戴念梓分析原因，首先當然就是從政府到民間全力支援塵爆醫療工作。許多企業人士捐贈相關醫療器材之外，健保署也將原屬醫院總額的醫療費用改由其他部門的專款支應。如此傾全國力量於單一意外災害，可說是前無僅有。然而，長久以來，撙節支出與醫療品質一直是魚與熊掌無法兼得的難題。知往鑑今，戴念梓表示：「以現在的醫療環境，在我們使出渾身解數的狀況下，如果真的可以完全依照專業判斷，醫療成果當然可以有更上一層樓的表現。但這樣的結果並不表示，我們就應該無限制的使用資源。健保的經費有限，政府與醫界需要更細緻的討論和規範。」

其次則是拜台灣高密度分布的醫院之賜。塵爆發生後，將近五百位病人分別被送到超過五十家醫院，這些醫院幾乎都分布在北部地區，僅有少數位於中、南部。戴念梓說：「台灣的醫療資源讓全世界都感到驚奇，國外的大都市裡可能只有一家大型醫院，不像台灣，僅台北市就有好幾家醫學中心。」醫學中心為因應急重症的需求，都備有加護中心，同時也設置了燒傷中心，在苗栗至雙北地區，燒燙燒病房就有超過一百二十床，這些燒傷中心平日也收療其他重症病人，但保留了燒傷醫療的能量，包括整形外科醫師以及燒傷病房的護理師，隨時可披掛上陣。

此外，成立二十多年的「台灣燒傷暨傷口照護學會」，長期以來結合國內外參與燒傷及傷口照護有關的醫療人員，包含醫師、護理師、營養師、物理治療師、職能治療師、社工師、呼吸治療師等等，提供學術交流平台，提升燒傷醫療及傷口照護效能，在塵爆事件中亦發揮了重要功能。

## 記取教訓，未雨綢繆

八仙塵爆之後大約半年，戴念梓曾在接受媒體訪問時提出：「這次事故發生在醫療密度高的台灣北部，分送病患還算快。若發生地點是墾丁或海邊，附近醫院更少，一次五百個病人要怎麼送？那會是更大的挑戰。」因此除了大量傷患機制，他建議「建置調度『緊急救護站』」，由地區責任醫院編制緊急救護隊伍，若事故發生在偏遠地區，可以就近派出，前往現場緊急處理及後送。

如今看來，政府從意外發生之初的措手不及，到建立災難應變機制，算是相當明快地採取了亡羊補牢的措施。首先，內政部六月二十八日即通報禁止使用可燃性微細粉末辦理任何活動。各縣市政府則精進大型活動管理規範，嚴格要求各項安全措施，包含場地建物結構、消防設備、交通維持、救護設施；在醫療資源調度方面，則指派急救責任醫院與衛生所醫護人員支援災害現場傷患處置，協助緊急救護、檢傷分類等工作；更以此次事件為案例，演練大量傷患災害現場標準作業程序。

至於當災害發生時，緊急醫療服務系統——包括醫院、相關部門和機構——能夠提供傷患三個基本功能：緊急處置以穩定生命跡象、傷患疏散分流，以及傷患收治或轉院，是降低災害風險最主要的資源。塵爆事件發生後，國內諸多學者紛紛運用此事件，著手研究台灣緊急醫療服務系統的韌性表現，以期未來能發揮最大效能。

## 落實國家皮庫功能，造福燒傷重症患者

臨床上，使用大體皮膚在燒傷患者的傷口上，可有效保護傷口、減少感染，也是挽救生命重要手術的一部分。自八仙塵爆事故後，醫界便極力建議政府儘速成立國家級皮庫，終於在二〇一九年，第一家國家皮庫在三軍總醫院成立，大體皮膚成為公共資產，大幅減輕了嚴重燒傷患者的經濟壓力。目前戴念梓擔任國家皮庫主持人，他提到：「我們以國際認證為標準，做了很多大體皮膚品質的改善，再加上合作醫院的機制，因此大體皮膚的入庫量大為提升。往年最多二十五位，但今年截至八月底，就已經有十八位往生者捐贈皮膚。」未來國家皮庫將取得美國組織庫協會AATB的認證，在質與量皆沒有問題的情況下，可望加入國際救援的行列，讓台灣再度與世界接軌。

戴念梓也期待國家皮庫能被賦予最多的任務：「希望日後全國醫院都能納入國家皮庫

的保護傘底下，比照器官捐贈移植的流程，由國家皮庫統一管理與分配，讓皮庫能發揮最大的功能。」

## 提升燒傷醫療品質，加強傷口照護專業

台灣燒傷暨傷口照護學會成立至今二十餘年，長久以來為國內燒傷醫療及傷口照護有關人員專業交流的平台，八仙塵爆意外發生之後，開始每年定期舉辦燒傷急性期救治與推廣專業化的燒傷急救教育訓練之認證課程，包括有鑑於燒傷後急性期有效醫療救治處置的重要性，推出了高級燒傷急救照護術（AEBC）；為提供不同傷口照護決策及相關處理方式，開設了專業傷口照護訓練課程；以及進階燒燙傷復健課程（ABRC），俾使提高燒燙傷患者的功能及生活品質，使其能順利回歸社會。擔任學會理事長的戴念梓說：「我們的課程除了上課之外，還有實作。而且我不要辦那種聽聽回去就忘記的講座，所以上完課還會認證，以確保學員日後可以學以致用。」

由於塵爆事件後，九十七%的傷者從鬼門關前被搶救回來，台灣創下的醫療範例，深受各國關注與肯定，二〇一七年，燒傷學會主辦的亞太燒傷會議，來自亞太地區二十九國的三百多位學者齊聚一堂，交流經驗，現場座無虛席。主辦單位在會議當中舉辦「第一屆

國際高級燒傷急救照護術課程與燒傷復健的工作坊」，讓與會者對燒傷的理論基礎及照顧實作有更進一步的交流。

雖然學會推動燒傷醫療及傷口照護頗有成效，戴念梓對於國內整形外科醫師的人數太少頗為憂心。「台灣完全是整形外科醫師在做燒燙傷治療，這和各國相比，是非常特殊的。以美國為例，他們做燒燙傷的醫生還包括一般外科及創傷科的醫師，所以美國成立了全世界最大的燒傷協會，成員有醫師、護理師、復健師，甚至包含消防人員。而台灣的整形外科醫師除了做燒燙傷治療，也做一些癌症的治療、重建等等，事實上，他們的數量是受到限制的，每年大約只有二十五位左右的專科醫師的員額，所以人數相當少。」

除了人數太少，目前燒燙傷醫療屬於整形外科的一部分，養成訓練頗有不足，戴念梓認為，燒燙傷醫療課程應多所加強。他期待有朝一日燒燙傷也能成為專科，整形外科醫師必須接受更扎實的專科訓練，並通過考試，才能成為燒燙傷專科醫師，以有效提升燒燙傷醫療品質。

## 召開國家安全會議，防患未然

八仙塵爆發生時，外界原預估死亡率將達二十五%，最終為三%死亡率，這項成就震驚世界，歐盟還因此邀請台灣至比利時分享救助成果與經驗，戴念梓也曾遠赴華盛頓向美國衛生部官員報告台灣經驗。從塵爆到二〇二〇年肆虐全球的 COVID-19 新冠肺炎，台灣醫療皆展現了無與倫比的抗壓性，然而台灣處於地震的好發之地，新冠肺炎疫情方興未艾，大屯山更是全球距離首都最近的活火山，氣爆、核災、恐怖攻擊甚至戰爭等新型態的災害類型又隨時可能發生，我們完全沒有輕忽的本錢。戴念梓呼籲政府，應該在此時召開國安會議。「雖然目前看來，我們的表現都很不錯，但這些表現都是隨機應變。我們已可預期不斷而來的天災人禍，是不是還要繼續隨機應變、驚險過關呢？因此我認為應該儘速召開國安會議。這裡的安全並不是指國防安全，而是生命安全、健康安全。在還沒有非常困難的時候，集合警察、消防、軍隊、醫療等各方面專家，提出完整的安全規劃。」

戴念梓回顧前塵，塵爆發生後全力與死神拔河、創造奇蹟的景象猶歷歷在目。不過，「勿恃敵之不來，恃吾有以待之」。奇蹟之後，若能全國上下厲兵秣馬，當災害來臨，我們早已胸有成竹，必將再創奇蹟。

# 預防與預備才是最好的醫療

## 楊瑞永醫師

有句話說：「醫者父母心。」在楊瑞永醫師身上，可以深刻體會到這句話的真諦。訪談過程中，他一邊放映著投影片，一邊發自內心地喟歎著：「你看，血肉模糊……歡樂的音樂剎時轉成淒厲的喊叫……那天的現場真是人間煉獄。」透過他的回憶，八仙塵爆當時火海中慌張扭動的年輕身影、無處逃離的尖叫哀嚎聲，再一次迴盪在歷史的漩渦，充滿驚悚，叮嚀人們記取教訓，永誌不忘。

楊瑞永指著投影片上一張張相片說：「我常常四處演講，談八仙塵爆的省思。對受傷的人來說，這是很漫長的過程，好多次的重建手術，然後復健。一個災難帶給我們的不是只有當下的事件的衝擊而已，後續包括社會、家庭、經濟、能力、身體、精神的影響，不下於事件發生的急性期。」

相片裡令人觸目驚心的畫面，是二〇一五年六月二十七日晚間，在新北市八仙水上樂園乾泳池的彩色派對上，發生粉塵爆燃事件。現場民眾及後續支援人力互相扶持，用摺疊桌、漂漂船、泳圈等隨手可得的物品，將傷者搬離現場，再以救護車、廂型車等輸送傷患就醫。共四九九名傷患，先分散送進全台四十九家醫院，五天後重調，集中在以醫學中心為主的九家醫院。

## 分秒必爭，個別負責，統一連繫

楊瑞永提到醫院的應變措施，充滿了肯定。雖然災難來得快又急，但各大醫學中心展現了平日的訓練有素。以他服務的林口長庚醫院為例，晚間九點三十五分接到消息，六分鐘後就待命完成。除了急診室、救護車待命之外，手術室、病房也立刻動起來。病人送到之後，有些需要做輸液治療；有些要做筋膜切開術；有些必須做初步的處理，維持生命現象，或者給予呼吸器、心電監視，不一而足。

「林口離八里並不算遠，很快的，急診室就人滿為患。除了燒傷中心的團隊之外，還調來整形外科、急診科、呼吸治療科、麻醉師、營養師、感染控制、眼科……」為什麼需要眼科醫師呢？「爆炸的時候很容易損傷眼角膜，但在燒傷之後身體會腫脹，如果不在第一時間檢查，腫脹以後眼睛都打不開，就沒辦法檢查了，所以要在急診時就檢查完成。」

那天林口長庚醫院共收治了五十位傷患，平均年齡二十二、三歲，平均燒傷體表面積（TBSA）是四十六％。一般來說，平均燒傷面積占總體表面積的三十％以上即有生命危險，因此這些傷患燒傷的程度或有深淺，大多都有生命危險，更遑論燒傷面積高達八、九十％的人，根本是在和死神拔河。

楊瑞永特別提到：「燒傷不是只有外表皮膚受到損傷，它最可怕、最致命的地方是『煙霧』，煙霧中有很多有毒氣體，會刺激、腐蝕氣管的黏膜，還會使氣道腫脹、阻塞，造成呼吸傷害。很多時候燒傷沒有外表的傷口，光是濃煙就會使人致命。」

煙霧中的一氧化碳或是硫化氫等有毒的物質，會使得紅血球無法運送氧氣，危及生命。所以即使外表看來屬於輕傷的傷患，包紮傷口之外，仍得做支氣管鏡檢查，確定沒問題後再安排門診追蹤。八仙塵爆的傷者，超過一半需做氣管插管，插管後胃部腫脹，就要放引流管排解胃部的空氣，再放腸管供給營養；有些人傷口腫脹以後血液循環不好，在二十四小時內要做焦痂切開術；全部的傷患都要做輸液治療，除了補充失去的體液以外，還要監測心跳、血氧濃度、血液中的電解質……。各種身體內外的檢查、插中央靜脈管，插胃管、鼻管、插氣管插管，內視鏡檢查等等工作，都必須在急診室完成。

急診室裡分秒必爭，其後又是一連串的考驗。楊瑞永指著密密麻麻的表格：「這是灼傷醫治進程表，每位醫師大約各負責七、八位傷患，每個人的年紀、燒傷面積、已做過什麼治療、什麼時候要清創、什麼時候要植皮……全部都記錄在上面。我們每天更新，並用手機連絡。」醫師們分開負責、統一聯繫，以確實掌握每位傷者的治療進度。

根據林口長庚醫院統計，每位塵爆病人平均約開刀四至六次，當然有的人不需要開刀，或僅開刀一、二次，然而也有必須開刀十次的傷患；補皮的次數則為零至七次，平均是三至五次；插管的分布情況，從不需插管到插管一個半月；住院天數則從十二天到一百四十天不等。

## 全國動員，創下醫療奇蹟

燒傷患者無論換藥、手術都是大工程。由於傷者無法動彈，換藥時需要旁人幫忙翻身，還要照顧傷口，點滴的入口也要更換，管道需要清潔，要有人統計尿量、抽痰……所以每次換藥至少要四至六位護理人員。而每次手術動輒動員十位醫師，如果再加上病人燒傷面積大，或是情況嚴重，開刀時間比較久的，因為擔心病人在開刀過程體溫過低，開刀房都不能開空調。楊瑞永說：「開刀過程還要監測血壓、尿量、體溫、呼吸、氧氣濃度、抽血測量血液的酸度，每個人都很忙。我們穿著隔離衣，有時沒有人手幫忙擦汗，只好側頭到旁邊滴汗。」

一般人看到身穿白袍的醫師，總是充滿敬意，覺得這工作既神聖又高貴，殊不知為了救活病人的命，燒傷醫師除了需要承受心理壓力，還要忍受開刀過程的辛苦，然而這些汗水都在病人狀況逐漸好轉之後化為欣慰的笑容。楊瑞永提到，根據國外醫學雜誌統計，若燒傷面積達五十%，且平均年齡為二十三歲，死亡率大約為十%左右。八仙塵爆發生時，外界甚至預估死亡率將達二十五%，但最終共十五人死亡，死亡率三%，這項成就受到國際高度關注與肯定。楊瑞永認為，創造這項紀錄的功臣是全台灣人民。他說：「塵爆事件撼動整個台灣社會，醫療單位全面應變之外，政府緊急宣布放寬健保給付，並進口大量大體皮膚、人工敷料，要求醫院盡力救治。民間更是動員起來，捐款、捐血的人絡繹不絕。還有許多燒燙傷的倖存者，紛紛到醫院擔任志工，鼓勵這些八仙塵爆的受難者。整個社會氣氛也鼓舞了我們醫護人員，更努力去醫治病人。」五年後，楊瑞永談起那段時間全國上下的團結一心，仍然充滿感動與感謝。

楊瑞永歸納這次意外能夠提高存活率的因素，包括：檢傷分類、輸送資訊、聯繫迅速，醫院及時反應，急救措施、人力及團隊、醫療設施器材供應無缺，各界支持，民間團體、政府、醫療、醫院醫護相關專家配合，國際關心支援，以及醫界互相聯繫競爭。他說：「衛福部常常邀我們開會，燒傷學會也常常開會，醫院內部更天天開會，大家互相鼓勵，也有互相競爭——我一定要把我的病人照顧好，這是良性競爭。國際關心，提供資源，給我們鼓舞，這些都是提高存活率的原因。」

## 復健不可懈怠，才是復原的關鍵

塵爆傷患在全國的鼎力相助與祝福下，大約兩個月後便逐漸出院。楊瑞永印象很深刻的是，傷患在臥床許久之後，終於能夠由旁人扶持下床，從坐在床邊，到慢慢站起來，再緩慢邁開步伐，很多人對此重生的一刻都百感交集，甚至掉下眼淚。

不過，燒傷患者不是出院就沒事了。急救期之後，命救活了，後續還有很多的問題。他們不一定可以順利回到學校或職場，有些人的家庭缺乏照顧的資源，甚至無法回家。而且傷者身上很多地方不能動，不僅活動困難，可能連吃飯都有問題。於是手不能伸直的，醫生幫他動手術拉直；該補的補，該鬆解的鬆解，每次做完整形重建手術，都要再進行復健。所以急性醫護期之後的整形重建期需要不斷復健，此時著重在疤痕的照護、肢體的活動、軟肌力的訓練。復健單位各醫院都有，民間團體著力最深的則屬陽光社會福利基金會，在各地都設有復健站，方便傷友就近復健。

楊瑞永特別強調復健的重要。很多嚴重燒傷的病人，經過重建手術以及不間斷的復健，都能順利回歸社會，也有很亮眼的成績。例如大二時在塵爆事件燒傷面積達七十％的鄧安棋，後來自織品系畢業，從事服裝設計，並創作「以痛吻我」的毛衣作品系列，大放異彩。她的服裝發表會，楊瑞永也前往參加，為她打氣。全身八十％三度灼傷的林思佳，手指頭部分截肢，擅長繪畫的她，用戴著束套的手為楊瑞永畫了一幅油畫肖像，讓他格外感動。而全身六十六．五％燒傷的陳薇涵，在其他醫院治療出院後至林口長庚求診，楊瑞永為她施行重建手術，她也在持續復健後回到海中衝浪，重拾游泳教練的工作。另外還有很多浴火重生的個案，例如回到交響樂團的單簧管女樂手、返回倫敦完成學業的帥哥等等，足以譜成一大本觸動人心的激勵文學！

八仙塵爆意外的傷者也有國外的遊客，楊瑞永記得有個台灣女孩和她的香港朋友同時在塵爆中受傷，台灣女孩傷勢比較重，香港朋友在短暫治療後先行返港。台灣女孩出院後，遠赴香港將朋友帶回台灣繼續接受復健、治療。「出國搭飛機對一般人來說輕而易舉，對燒傷患者而言卻是一番折騰，光是上下樓梯就很不容易，她卻願意長途跋涉去關心朋友。」這樣的患難見真情在災難之中屢見不鮮，格外令人感動。

## 救一個人，等於救一個社會

### 消弭歧視，建立溫暖社會

楊瑞永對於每位病患都如數家珍，關心之情溢於言表。然而，社會上異樣的眼光卻可能阻礙了這些傷友前進的步伐，某些人毫不掩飾的鄙夷或恐懼神情，或者在職場上對傷友的拒絕與不公平對待，讓傷者在忍受身體上巨大的痛楚之後，還得飽受嘲諷與欺凌。目前社會上最嚴重的網路霸凌，對於傷者的攻擊也毫不手軟，許多報導傷者不屈不撓的勵志新聞下方，都可以看見酸民們的冷言冷語。這些有形、無形的歧視與惡意，往往使得傷者的復健之路備加艱辛。

他特別呼籲，大眾應該給傷者更多的支持，讓社會增加更多的中堅力量。他說，這些支持並不是物質上的救助，「給他魚吃不如給他釣竿」，我們應該給傷友更多的包容、鼓勵與扶持，讓每個人都可以自立，不僅可以減輕社會的負擔，更能為社會貢獻一份心力。幸而有一些民間團體在做這些扶持的工作，例如陽光社會福利基金會、兒童燙傷基金會，在傷友的復健課程之外，還開設家屬的照顧訓練，讓家庭發揮功能，傷友不必常跑醫院，降低經濟負擔及健保成本。此外包括工作能力的強化、技藝訓練、心理支持等等，幾乎是全面性照護傷友的需要，為傷友回歸社會鋪上一條平坦大道。

楊瑞永說：「八仙塵爆的傷者都很年輕，我們把他治療好，不僅是救了一個人，也救了一個家庭，更救了一個社會。」這使人想起，多年前在上海拍戲意外燒傷的藝人Selina，浴火重生的她，在八仙塵爆當時也發揮了很大的鼓舞作用。傷者灰心喪志時，想到她不僅樂觀勇敢，且仍在舞台上發火發熱，自然信心倍增。我們的社會就是不斷透過這些善的循環，才能一次又一次共渡難關。

## 加強公共安全教育，避免悲劇發生

回顧八仙塵爆的起火原因是工讀生將彩粉噴向舞台射燈，被燈泡引燃。無論是可食用的玉米粉、麵粉、番薯粉或金屬鋁粉，在局限的空間或密閉空間當中，粉塵堆積的濃度越高，越容易爆炸。根據消防署實驗，當天彩色派對的舞台電腦射燈溫度高達攝氏一二五〇度，吸入粉塵引燃後，再碰到可燃物，火勢因此一發不可收拾。楊瑞永說：「這次事件給我們的省思之一，就是安全意識不足。除了主辦人、工作人員的經驗不足之外，社會大眾的危機意識也不夠。所以應該要更加強公共安全常識教育，居安思危，才能避免悲劇再度發生。」

在日本街頭時而可見小朋友獨自過馬路時，會舉起右手，並自然而然唸出口訣：「向左看、向右看。」確定左右無來車之後，再舉著手過馬路。見微知著，這種簡單而實用的生活安全教育，應該內化為每個人的反射動作，才能創造更安全的社會。楊瑞永說：「因為台灣是個開放社會，塵爆的消息才會快速散布全國，引起注意並且號召許多人前來協助。但一個開放的社會要加上『安全』才算完整。」可想而知，一個開放而危險的社會結果只會造成混亂與恐懼，更遑論經濟成長、安居樂業了。

## 空中轉診設備，及時搶救生命

二〇一六年五月，由衛福部醫事司長王宗曦率領，代表長庚醫院的楊瑞永醫師與台大醫院整形外科主任戴浩志同行，前往比利時布魯塞爾參加「處理大規模燒傷患者」研討會，報告台灣處理大量燒傷傷患的經驗。這次會議是由歐盟執委會（European commission）之下的「人道救援及公民保護總署」（Directorate General Humanitarian Aid and Civil Protection）主辦，有英、德、法等多達二十多個歐洲國家參與，台灣是亞洲唯一出席的國家。會議桌上不但擺放台灣（Taiwan）的字樣，還附上國旗照。楊瑞永說：「我們拍照時還特別拿起那個有國旗的『台灣』牌子。照顧病人是我們的職責，本來並不覺得有什麼特別，但是成果受到世界各國的肯定，好像有替國家做了一些事情。病人和社會大眾也感激我們、肯定我們，讓我覺得很驕傲。」

近年來，歐洲屢次遭遇恐怖攻擊，導致大量民眾被嚴重燒傷，但很多醫院無法容納一、兩百名的傷患，只好透過專機送到不同國家，死亡率大約二十%，甚至高達六十%。反觀台灣是個四面環海的小島，死亡率卻創下新低，歐洲各國都想借鏡台灣經驗，檢討自己的應變能力。

當年楊瑞永曾陪同Selina由上海搭乘醫療專機返回台北就醫，他行事低調，很少提及此事，但Selina始終對他心存感念，曾在陽光社會福利基金會倡議「臉部平權」的活動上大力擁抱他，說：「當年我燒燙傷，楊瑞永就是我的主治醫師，是我的再生『把拔』。」楊瑞永從這次醫療運送經驗開始思考台灣大量傷患的轉送機制。「如果醫院能量不足，卻很有使命感地收治全部病人，你的努力反而會傷害到病人。該分散時就要分散。」由於台灣面積小，救護車就可以達到快速運送的目的，但是八仙塵爆意外發生時，仍免不了有些救護車幾經波折才為傷患找到落腳之地。如果災難發生在離島或偏遠地區，傷患後送的問題更是不可小覷。

楊瑞永提到國人印象深刻的一起意外事件。二〇一八年二月一個風雨交加的夜晚，執行蘭嶼病患後送任務的黑鷹直升機中途失事，帶走六條人命，這是衛福部推動空中轉診後送十五年、執行超過四千次空中後送救援任務以來，第一次在運送病患途中發生的飛安事件，機上人員全數罹難。這次事件突顯了離島地區長期醫療不足的窘況，一年半後衛福部建置「空轉後送遠距會診平台」，大幅降低夜間空中轉診的飛航風險。

然而若發生大型災難，政府又有怎樣的應變措施？若因戰爭或地震引起的火災，現場有時伴隨著爆炸，如何淨空、如何疏散、如何輸送？楊瑞永說：「空中轉診具有相當的危險性，天氣、機場、飛機、機組員精神、醫療設備、病患傷勢等等，都是學問。」空中醫療後送是極具挑戰性的專業工作，必須建立完整的系統，則需要縝密的計畫、完善的設施、專業人員的訓練，缺一不可。

## 防患未然才是治災之道

楊瑞永從傷患的醫療過程談到返回崗位路途上的遍布荊棘，從公共安全教育的提倡再談到離島地區的災難應變，他說：「預防與預備才是最好的醫療！」猶如古人所謂「上醫治未病」，意思是說，醫術最高明的醫生並非擅長治病，而是能夠預防疾病。他念茲在茲的是一個互助、平權的社會，期待政府與民間共創溫暖、平安的生活。

# 八仙塵燃之省思與建言：復健醫療

## 林昀毅醫師

時光飛逝，八仙樂園粉塵爆燃事件（以下簡稱塵燃）發生至今已滿五年。塵燃造成四九九名年輕朋友平均逾四十％總體表面積之大量燒傷，在當時國內醫界全力動員搶救、政府資源及民間善心大量投入下，急性期存活率達九十七％，創下世界醫療史的紀錄。然而眾多存活下來的塵燃傷友，他們的後續復健及長期恢復，也成為國內燒傷及復健醫療前所未有的一大挑戰。

作者於塵燃發生後，先於台大醫院組成專責之燒燙傷復健醫療小組，負責台大醫院四十多名塵燃傷者的急慢性期復健，並進行多面向的長期追蹤研究。隔年又應新北市政府之邀請，借調至新北市立聯合醫院，成立國內首座燒燙傷復健暨急性後期照護中心，總計診療過逾半數的塵燃傷友，長期投入並觀察傷友們的實際復健及身心恢復的歷程。期間又蒙衛福部公費補助，至美國約翰．霍普金斯醫院、哈佛醫療體系的麻州總醫院（Massachusetts

General Hospital）及斯波爾丁復健醫院（Spaulding Rehabilitation Hospital）、專責兒童燒燙傷的聖地兄弟會兒童醫院（Shriners Hospitals for Children）等美國燒傷醫療重鎮進修及參訪，實地觀察美國的燒燙傷醫療。在此謹以個人五年多來之國內外經驗，為國內的燒燙傷復健醫療提出省思與建言。

## 一、急性期復健未妥善落實

燒燙傷之急性期復健應於住院第一天及早開始，才能有效預防後續的各項併發症。這個早期復健的觀念早已成為國際燒傷醫學界的共識和標準，然而在此次塵燃的醫療實務中，鮮少有醫院能做到自第一天起就開始復健治療。探究其原因，首先絕大多數的國內醫院當時都未建立常規的燒燙傷復健服務，沒有專責的復健科醫師及物理職能等治療師負責各院燒傷中心／病房患者的復健需求；即便少數已有專責燒燙傷復健團隊的醫院，受限於人力不足，也難以為各院一次數十位的患者執行復健治療，多數患者甚至得不到每日一次的復健治療，只能數天輪到一次。根本原因，在於平時大面積燒燙傷患者不多，且分散各家醫院，對大多數醫院而言，常設燒燙傷專屬之復健醫療團隊不符成本考量，因而不被重視。改善之道，首先呼籲各醫院及復健科部高層應體認及重視燒傷患者的復健醫療需求，安排適當的復健治療人力負責燒傷治療單位之患者，並於遭遇此等大量燒傷傷患事件（mass burn casualty incident）之際彈性運用人力，因應該院患者數量及需求，組成專責之治療小組以短期提升治療能量（surge capacity）。

## 二、急性後期照護制度規畫良善但實際利用率低

過去大面積燒傷患者於急性期治療結束後，即自醫院燒傷中心或整形外科病房出院返家。然而此時的患者，常留存零星尚未癒合的傷口，加上受限的關節活動度及活動障礙，造成基本日常生活功能的缺損，也造成返家後居家生活及傷口照顧上的困難。這個介於急性期醫療後和慢性期復健間的「急性後期」醫療空窗期，過去一直造成國內燒傷傷友及家人們極大的負擔和困擾。健保署為使塵燃後一到三個月大量出院返家的傷友們得到妥善的醫療照護，於塵燃後便開始積極規劃，並於同年九月迅速推出全新的燒燙傷急性後期整合照護計畫（Burn Post-Acute Care, BPAC），作者當時也協助健保署擬定BPAC的架構及內容。

初期的BPAC設計為兩種模式，一為住院模式，二為日間照護模式；前者為急性期出院後轉至設有BPAC住院服務之醫院住院復健，後者為出院後返家並於白天至有

ＢＰＡＣ日間照護服務之醫院密集復健及於日間給予照護。然而可惜的是，當時全國雖有近九十家醫院加入健保ＢＰＡＣ計畫，大面積燒傷的塵燃傷友於出院時有急性後期醫療需求者據作者實際觀察也不在少數，但最終實際接受ＢＰＡＣ照護者僅十多例，許多有需求的傷友並未受惠於健保署苦心設計的ＢＰＡＣ制度。究其原因，一是雖起初加入ＢＰＡＣ之醫院者眾，但真正有意願及能力提供ＢＰＡＣ所設計之高強度密集復健治療及照護者寡；二者健保署於設計ＢＰＡＣ制度時，認為急性後期照護制度應於社區醫院進行，刻意於ＢＰＡＣ住院模式中排除醫學中心，限定僅有區域醫院及地區醫院可承接，但區域及地區醫院承接住院模式ＢＰＡＣ的意願及能力又有所不足，而有意承接的少數醫學中心又不符合資格，造成平時集中於醫學中心的大面積燒燙傷患者於出院後還是找不到地方接受住院復健／急性後期照護之窘境，實際利用率自然低落。

這個經驗告訴我們，醫療政策及給付制定機構於制定醫療政策或制度時，應考量不同疾病之特殊性，並與臨床醫界及病患團體充分溝通、聽取建言，以免所訂制度立意良善卻難以落實。

## 三、慢性期復健醫療資源缺乏

傷口癒合後，燒燙傷患者們面臨到另一個長期抗戰的開始：慢性期的肥厚性疤痕增生、反覆重建手術，與長期的復健。然而，在塵燃之前，國內可供燒燙傷患者接受完善慢性期復健的醫療院所竟寥寥無幾。這是因為燒燙傷復健治療耗時費力，又需治療師一對一長時間治療。然而在現行健保復健治療一視同仁又低廉的給付制度下，醫院或診所提供患者燒燙傷復健治療的ＣＰ值實在太低（一次約三十到六十分鐘的門診復健治療，健保僅給付不到三、四百元），不符人力成本，造成一般醫療院所普遍不願投入提供燒燙傷復健。塵燃後雖有新北市立聯合醫院等三家北部醫院成立專責的燒燙傷復健中心，但隨著塵燃傷友逐漸畢業結束復健，平時的患者及治療量又不足以支撐一個中心的營收，造成人力縮減及營運上的困難。加上國內多數的燒傷治療機構普遍缺乏良好的橫向及縱向轉介機制，許多出院患者都不知道可以在哪裡接受良好的燒燙傷復健治療。最終國內大多數的燒燙傷患者仍無法得到良好的復健醫療。

## 四、壓力衣、雷射等疤痕治療應納入健保給付

壓力衣、壓力頭套、透明面罩等壓力治療（pressure therapy），早已成為國內外公認的

燒燙傷肥厚性疤痕的標準治療之一。然而一套壓力衣所費不貲，一個部位如手腳的套件就要價數千元，全身整套的壓力衣更要價數萬元，且一次需做兩套以清洗替換，穿久鬆脫每半年左右就需重新購置。一個燒燙傷後的標準治療卻沒有健保給付，需要患者自費購買，長期下來造成燒燙傷患者及其家庭沉重的經濟負擔。塵燃後作者與國內燒傷醫學界的有識之士曾向健保署反映此一問題，爭取將壓力衣等壓力治療納入健保給付，健保署亦認真考慮，卻因遭利益團體的反對而作罷。

此外，各式疤痕雷射治療於近年來在國際燒傷醫界被廣泛研究，並用於燒燙傷後肥厚性疤痕之治療，亦累積許多醫學實證，成為國際上燒燙傷疤痕治療的最新趨勢，在此次塵燃後也被導入國內大量應用在塵燃傷友的治療上，取得良好的臨床效果。然而雷射治療相當昂貴，大面積疤痕治療一次動輒數萬至數十萬起跳，一般民眾實在無力負擔。健保署若要保障燒燙傷患者接受治療的權益，應研議將上述治療納入健保給付或至少部分給付，以減輕燒燙傷患者及其家庭的經濟壓力。

## 五、建立國家級創傷復健中心

上述幾點困境都與同一個事實有關，那就是因社會的進步，平時大面積燒燙傷患者人數已然不多，但零星的嚴重患者其治療卻相對耗用大量的醫療資源及人力財力。國內醫療體系和健保給付的現況，讓個別醫院要經營維持自己的燒傷中心或燒燙傷復健中心都相當困難。好不容易爭取經費建置起相關設備及專業人力，平時卻因病人太少而入不敷出、無以為繼，資源分散卻都未能善加利用，殊為可惜。作者認為，針對燒燙傷、重大創傷這些少量而特殊的傷害，政府應負起責任，投入並集中資源，建立國家級的創傷復健中心，用國家的力量和經費建置及維持最先進完整的設備與醫療團隊，以備不時之需。平時若創傷患者不多可作為一般疾病的復健及急性後期照護中心使用以維持營運；一旦發生天災人禍等重大意外事故，便可立刻轉為大量傷患的後續長期復健及照護的基地。

有人說：「要評價一個社會，就要看這個社會怎樣對待他們之中最不幸的人。」塵燃事件得到舉國關注和各方資源投入，而塵燃傷友們的復健醫療尚且如此艱辛，更何況是其他的燒燙傷患者？有朝一日若全國的燒燙傷患者都能接受到完整完善的復健醫療，那才代表國家社會真正的進步。

# 智者之慮必防患於未然

## 張景森董事長

「四百九十九位傷者，每一位都非常年輕，這場意外徹底改變他們的人生。」時值二〇二一年初，距離八仙樂園塵燃事件已超過五年，在寒流來襲的台北市，行政院政務委員、財團法人賑災基金會董事長張景森先生談起這宗傷亡慘重的公安意外，言談間流露出滿滿的不捨與悲憫。

當時董事長未任公職，然而不論朝野，全國上下都很關心這次事件。「看到這麼重大的意外，當然很關注我們的緊急醫療救護系統是否能發揮功效。事實證明這套系統是經得起考驗的，即使有些缺失，但也都能很快改進，不會重複犯同樣的錯誤。」

政府的緊急醫療系統通過了考驗，但制度上仍然疊床架屋，對於迫切需要立即救助的民眾來說根本緩不濟急。這樣的狀況已非首次發生，二〇〇一年桃芝颱風重創台灣，全台共計一一一人死亡，一〇三人失蹤，農林漁牧損失逾七十七億元，為彌補政府在防救災體系中的不足之處，行政院在當年十月成立財團法人賑災基金會，統籌各界捐款，以善用社會資源，使受災民眾在各界愛心關懷之下得以早日度過難關，重建家園。

## 與時俱進的「賑災」新思維

董事長娓娓道來基金會成立的緣起。「『賑災』是傳統用語，認為造成災害的是老天，但老天不能負責，所以只能靠政府跟民間的力量一起來協助災民。政府本來就有它的機制可以協助災民，但是在當時政府的賑災機制不夠完善，而且政府有它體制上的限制，運作非常緩慢。可是災民的需求是迫切的，政府機能反應不過來，於是透過成立賑災基金的方式，可以迅速而有彈性地協助災民。」

然而足以造成生命財產巨大損失的並不只有天災。二〇一四年高雄市發生石化氣爆炸事故，造成三十二人罹難，三二一人受傷，究其原因乃人為業務過失。第二年旋即發生八仙樂園在抽乾水的游泳池內舉辦的「彩粉」派對，僅長四十秒的火災，即時燒燙傷四九九人，其中燒燙傷面積八十％以上計四十一人，面積四十％至八十％計二四〇人。「同樣是人禍，同樣要靠大家的力量一起幫忙，所以就不是用事故發生的原因是天災或人禍來思考。只要發生大量的傷亡，又不是任何個人或是法人可以承擔，社會各界就應該共同想辦法協助。」

因此，八仙塵爆發生後，賑災基金會隨即修改章程。在天然災害以外之其他重大災害發生後，有協助受災民眾的必要，且經主管機關同意，基金會即可啟動賑災機制，協助收容、安置等相關工作。

除了傷亡慘重，八仙塵爆尚有其異於一般災難之處。「以前救濟的想法是死亡給多少錢、受傷給多少錢，但這些年輕人不是給錢就能解決問題的。我們的目的是讓這些受到傷害的人最終能夠回到學校、回到社會、回到社區。」如此一來，又要再度跳脫「賑災」的舊思維，不僅是給付善款救濟，而是讓傷者在急救過後，進入燒燙傷復原復健的時期，能夠在各方面得到協助。

「我們思考的是傷者需要怎樣的幫忙？他們不只是需要傳統的賑助、慈善的捐款。在受到如此嚴重的燒燙傷以後，疤痕會增生，關節變得不靈活；皮膚不再光滑，甚至一動就痛，整個生活都受到影響，非常辛苦。」一般的想法會認為疤痕就交給整形外科處理，然而整形外科費用昂貴，亦非健保給付項目，遠超過個人或家庭所能負擔。

在醫療手術之外，傷友們也有心理創傷需要療癒：「這可算是個人的災後重建，包括醫療、心理、社會與生涯的重建。」這些整合性的照護需要多方配套，最好的方式就是由一個單位專責處理。由於事件發生在新北市，於是基金會與新北市政府合作成立一個機構，協助進行傷友們的「個人災後重建」，這便是在新北市聯醫板橋院區設立「燒燙傷復健暨急性後期照護中心」的由來。

照護中心提供傷友急性後期的日間照護，結合整形外科、復健科雙專科以及物理治療、職能治療、心理、社工、營養等聯合看診的「燒燙傷整合照護門診」，以及各式雷射等疤痕治療、每日之高強度燒燙傷急性後期照護或門診復健，另有心肺功能測試及訓練、全身水療、自律神經生物回饋療法、體感遊戲治療等服務。幾年來，照護中心名副其實地發揮最大功能，在四百多位傷患陸續出院後，其中約有一成傷友需要長期的治療與照護，除了就近在住所附近的陽光重建中心復健之外，許多人會來到照護中心進行雷射及復健等治療，同時也接受心理會談、生涯輔導等全面性的協助。

然而照護中心的任務不僅止此。「並不是只有像八仙塵爆會發生燒燙傷產生的損害，工廠意外也可能會有很多燒燙傷病人。我們支持新北市立醫院建置這個單位，不論是器材、人員、設備及經驗，都可以在未來照顧其他原因造成的燒燙傷病患。」在這幾年之間，照護中心已蓄積許多照護的能量，未來可以在適當的時機發揮更大的作用。

防災重於賑災

當「賑災」的觀念從「給他魚吃」轉變為「教他釣魚」，賑災基金會以更加積極的角色為自己定位。董事長說：「只要有發生災害、產生傷亡，就需要救助。我們是不是更應該從減少發生這些災害來控制災損範圍？」

近年來防災教育在政府風行草偃之下，從中央到地方都有顯著的成果。而在歷次災害之後，政府在制度上成立災防單位，救災及賑災的相關機制、法令都愈來愈完備，回應的速度也比從前快速許多。「如果政府能做，就回到政府體制去做，基金會則應放在體制以外，難以企及之事。」於是，賑災基金會將焦點放在更需要社會關注的偏鄉角落。

台灣位於環太平洋地震帶，高山地形陡峭，地質不穩定，降雨強度稍大，山崩、土石流、地層滑動都有可能發生。「這些潛在可能致災的山區或原住民部落，我們就協助他們做安全的強化，甚或是改建，避免災害產生，這是更積極的防災。」

舉例來說，泰安的司馬限部落曾因地層滑動，在二〇一〇年搭建臨時組合屋，至今超過十年，已難遮風擋雨。然而政府無法代為興建私人住宅，許多原住民朋友雖有土地，但價值不高，加上收入不穩定，難以貸款。賑災基金會一方面直接幫助部落，一方面將部落的困境回饋給行政院原住民族委員會，希望原民會可以針對問題提供必要的協助。二〇二〇年，基金會成立「司馬限部落賑助專案」，協助部落居民重建永久性住屋。

基金會對部落援助還有更大的目標。董事長表示：「我們不是只有解決居住問題，必須透過部落或住宅改建，重建或者重新恢復部落經濟的活力。要做就要做得漂漂亮亮！將來部落可以發展民宿，可以推動觀光，可以發揚文化，可以提供山區的運輸接駁服務，可以提供山區的經濟農業、有機蔬果等等，最重要的是要重建部落經濟。我們在協助司馬限部落之後再總結經驗，回饋給主政的原民會，希望他們能夠使用這樣的模式來協助其他部落。」一身兼政務委員與賑災基金會董事長，張景森先生因此能協調各部會，結合民間的力量，提高政府效能。

莫蘭蒂風災時的台東紅葉村、八八風災的阿里山來吉村都曾受到嚴重損害，當時基金會即協助重建，如今紅葉村是一個安全、美麗的部落，得恩亞納也成為山區著名景點。所謂「君子以思患而豫防之」，賑災基金會希望在災害發生之前即進行危險聚落改建，預防生命、財產的損失，更讓部落能蛻變為兼具經濟、觀光與文化等功能的美麗家園。

## 積極參與國際性援助行動

台灣在過去幾次巨大天災的教訓中吸取了寶貴的經驗，例如九二一之後各縣市皆成立搜救隊，於災難發生時第一時間趕到現場，接受指揮中心調度，協助黃金時間的搜救工作。有鑑於政府近年來已大幅提升行政效力，而民間救災力量亦日漸茁壯，賑災基金會自許成為平台，倘若國際需要救援，基金會可統合民間組織力量，運用社會資源，匯集政府部門各種資源，達到公私協力，快速有效地進行國內外災害援助。

「災難無所不在，很多地區都是哀告無門。我們雖然能力有限，但應該發揮大愛的精神，一方面得到國際社會的肯定，一方面可以整備自己。」董事長一一舉例，從救災隊伍的集結、人員物資的準備、第一時間趕往現場展開救災工作，這些環節的困難在哪裡？比如說搜救總隊可以和國籍航空公司事先簽訂契約，只要災防中心下令，就要在最短時間內準備好救災物資和人力，飛機也能在最快時間出發。另一方面則和這些可能發生天災的國家簽訂災害協助備忘錄，一旦發生事情就據以互相救援，可以減少人為阻礙，以達事半功倍的效果。

除此之外，救災單位更要加強技術上的熟練，物資、器材如何購買？如何訓練、整備、打包，如何迅速吊上飛機？從軟、硬體技術到航空運輸的準備，以及跟所在國互相支援備忘錄的簽署，在在需要做好詳細規劃，精進國際救援作業程序，以及統合公私救助能量。當他國有需要，我們才能展現非常有效率的國際救災行動。

默默耕耘的幕後英雄

張景森董事長對於基金會的擘劃胸有成竹，讓人感受到他對於防災、救災的清楚概念。令人意外的是，談起八仙塵爆的傷友，他也如數家珍。「參加八仙塵爆五週年紀念茶會時，我覺得非常感動。印象最深的當然是黃博煒，後來我跟他變成臉友，經常在臉書上按讚、打氣。」

黃博煒在塵爆中全身燒傷面積超過九十%，失去了雙腳及右手，僅剩的左手功能亦微乎其微。董事長說：「我看過他受傷前的照片，他原來是一個有活力、英俊瀟灑的年輕人，瞬間就失去了四肢。」他也讀過黃博煒的著作《但我想活》，裡面描述的急救過程，「看了真是驚心動魄。如今他到處去演講，展現樂觀的精神和強烈的生命力，很能激勵人心。」

此外還有雙簧管女孩賴思妤，以及腦傷的林佩璇都讓董事長印象深刻。「你設想一下，你是從鬼門關救回來的人，身心俱疲，全身傷成這樣。她們本來都是非常漂亮的小女生，看了讓人很心痛。幸而他們旁邊都有家人的支持，還有社會無微不至的照顧，這是一幅整體的圖畫。」

的確，八仙塵燃發生至今已超過五年，雖然偶有缺乏同理心的冷嘲熱諷，但整體而言，台灣社會仍然是充滿人性、正面且光明地陪伴這群年輕人行過生命幽谷。「不幸中的大幸是他們生在高度文明的社會，我們看得到各方面對他們的支持。台灣能建構出支持這些傷者的體系與文化，非常值得驕傲。」

賑災基金會協助新北市聯合醫院成立的「燒燙傷復健暨急性後期照護中心」已於二〇二〇年底結束專案。「我們不是只針對八仙塵爆，這個單位延續下來，它已經可以獨力運作，當然我們也建請衛福部針對傷者後續的醫療照護，研議是否可納入健保，俾使類似事件傷者都能得到完善的醫療復健照顧。」

專案結束了，但基金會賑災的行動不會結束。「日後若有塵爆傷友需要幫忙，我們基金會願意作為整合的平台，轉介其他相關單位，可以繼續提供協助。」賑災基金會未來也會朝向整體國家的防災工作繼續努力，「一件事情要完成，不是個別哪個單位、哪個人的功勞，需要整合大家的力量，我們就是默默做這個整合的工作。」

八仙塵爆的傷友在各界支持與自己的努力之下，逐漸度過嚴冬，迎來春天。儘管我們可能還是要面對各種天災人禍，但隨著民眾的危機觀念愈臻成熟，再加上政府與民間的不斷努力，相信這股充滿善意與正面的力量會陪伴著台灣走過一次又一次考驗。

後記

# 在災難中，撕開「八仙塵爆」的標籤

張錦德

生命鬥士黃博煒

黃博煒是我最後一位採訪的八仙塵爆傷友，卻是我第一位知道，也去研究相關資料的傷友。他三隻手腳截肢，只剩一隻左手，是很特殊也很有指標性的傷友，只要提到八仙塵爆，大概第一個想到的人就是他。從知道這一號人物到實際採訪，總共花了一年。

早在採訪前，新北聯醫的醫護人員就告知，他現在一個人住進板橋社會住宅，沒有看護或家人陪伴。一開始我無法理解，是怎樣的勇氣、信心讓他做出不需要看護、家屬照顧的決定？直到採訪後，才知道他不是一開始就辭退看護，是花了一、二年，循序漸進，從改造住所做起，慢慢練習適應，最後等一切上手後才辭退看護，他是有方法，而非盲目的。

這一年多以來，黃博煒依舊如此，即使二〇二一年五月新型冠狀病毒肺炎在板橋地區爆發社區感染時還是如此。當時他自己所在的板橋，是僅次於台北萬華的重災區，也因此當家人勸他回去，他還怕自己回家後，反而是帶了病毒回去感染給家人。

這一波疫情也對他產生重大影響，首當其衝就是原本依靠演講所賺取的生計，因三級警戒連帶使得各項演講活動也必須中斷。其次，三級警戒時，大多餐廳都採取外帶或外送，對於常年來一直在外買便當的他，本來不是太大問題，但當時板橋疫情太嚴重時，導致很多商家是直接關門休息，每次出門買餐，都要坐著輪椅走上好一段距離才找得到。

而他原本申請的家務及日常生活照顧服務也被迫中斷或延後，「最嚴重時有二個月沒人來幫忙，垃圾多到堆門口。」他笑說他又得動動腦想些法子，動手改造吸塵器、拖把讓自己也可以清潔房間。而當疫情減緩後可以申請居家服務時，他又發現似乎不需要了，「好像又解鎖一項技能，算是因禍得福嗎？如果沒有疫情的話，我大概會懶得去做改變吧！」

## 雙簧管女孩賴思妤

由於賴思妤很多動作都得靠嘴巴幫忙。可以想像疫情期間，當嘴巴戴上口罩後要輔助手是一件多麼困難的任務。「好在二〇二〇年，疫情在全球爆發時，我已經花了快一整年時間學會如何戴口罩。」她再度幽自己一默，緊接的又感嘆說：「當時很多事都要靠嘴巴幫忙，但五月疫情最嚴重時，我實在不曉得摸到的，咬到的任何物件，上面到底有沒有病毒？那時後真是心驚膽跳，我總不可能對著嘴巴噴酒精。」

相較於黃博煒矢志做為生命鬥士，雙簧管女孩賴思妤就比較害羞，採訪時很多的問題，她大都是用「是、不是」，「對、不對」來回答，較少能針對問題進行更深入的分享。儘管如此，從採訪中可以感受到她對音樂，特別是雙簧管的喜愛，即使復健很辛苦，仍盡力去克服，讓自己的雙手、肺活量恢復到受傷前的狀況。

而與大多數年輕傷友一樣，在採訪中可以感受到她對於未來的不確定感而到猶豫、恐慌。特別是像她這樣音樂科班的學生，想要從事表演工作，卻在國內樂團有限、競爭激烈的情況下，很難圓夢。而疫情爆發以來，很多演奏活動取消，也影響了他們的音樂夢。

除了表演工作，其他同學、學長姐，畢業後選擇教職工作，但賴思妤又怕身上的疤痕會嚇壞學童。從採訪中可以明顯感受到她很在意身上的疤痕，也因為疤痕讓她害怕面對人群，儘管當時她雙手演奏雙簧管的技巧已經恢復了差不多，但自信仍稍顯不足。

後來聽說她在二〇二一年，結束復健治療後，回學校繼續當學生，但是卻是轉往慈濟大學就讀人類發展與心理學系碩士班。「以後當臨床心理師，我希望能幫助更多人。」這樣的轉變無疑是需要更大勇氣，比起音樂演奏、音樂教學，走入臨床心理這一領域，她要更直接、更頻繁的接觸人群。這意味著她要更坦誠去面對別人，同時也要去面對自己。不過她再三強調，即使轉換跑道，仍不會放棄音樂夢，雖然現在課業繁忙，但只要有演出的機會，也將努力去爭取。

## 健身教練陳勁綸

同樣回學校當學生的還有健身教練陳勁綸，現在回國立體育大學繼續攻讀運動與健康科學學院碩士班。「職場上跟了一群更專業的治療師一起工作，發現自己還需要加強，於是決定再度回到學校進修。」他說。

陳勁綸是相當特別的男孩子，高挑、壯碩的身材，是標準體育系學生的外型。而我所認知、熟悉的體育系學生，個性都較為外放，陳勁綸也是。但讓我訝異的是，採訪中可以感受到他外放個性中還有細膩的地方。例如，當時他正在轉換跑道，從健身產業轉往陽光基金會服務，希望貢獻自己運動方面的專長，幫助更多需要復健的人。

不過當時他堅持不希望將陽光基金會的名稱報導出來，認為自己才剛到陽光服務，對於新工作，一切還在摸索階段，不希望自己的報導影響了公司聲譽。這一小小細節，出自於一位社會新鮮人，老實說真的很不容易。

也因為在陽光基金會服務，負責幫忙陽光義工訓練，常需要與人相處，五月疫情爆發後，陽光停止服務，陳勁綸也轉為居家工作，工作性質則以行政作業為主。而他也在此時考上研究所，等到三級警戒結束後，就辭去工作，將心力放在學業上。求學之餘，目前他仍兼職擔任健身教練，在健身房開設課程，提供健身指導。

## 啦啦隊隊長林相妤

同樣也受到疫情影響的是啦啦隊隊長林相妤，她是非常理性，思緒邏輯相當清晰的受訪者，在還沒開始採訪前，已經將參加八仙樂園彩色派對同行好友，以及各個家長之間的情感糾結，一一釐清，指出問題之所在，希望彼此放下成見，不再執著已經發生的意外。

能夠以坦然的心情面對發生的意外，乃至於身體上的每一道疤痕，是因為她經過心理會談，讓她從原本的排斥，到接受傷口、疤痕，漸漸地與自己和解，甚至決定未來要往推廣心理健康前進。

原本就讀世新大學新聞系的她，畢業後轉而立志成為心理諮商師，轉攻心理與諮商學系碩士班，目前在台北振興醫院進行全職實習。「本來七月就要報到，因為疫情嚴重，一直拖到八月才去醫院實習。」不過她認為疫情的爆發，導致心理健康的推動更快，「國外早就在推動心理線上諮商，國內一直到疫情才真的把這項制度落實、改制，這算是疫情所帶來的重大改變吧！」

目前星期一到星期四，林相妤都要到醫院實習，一星期要接觸七、八位個案，線上諮商，結束後還要整理諮商的逐字稿、分析報告，實習工作相當繁重。儘管如此，她認為醫院的個案較多，遇到的狀況、問題也較為豐富，對於實務操作的精進有明顯的助益。「實習工作要到二〇二二年六月才結束，之後還要準備畢業論文，畢業後才能報考心理諮商相關執照。」看似漫漫長路，她仍甘之如飴，可以感受她對這個領域的熱愛。

除了實習，更讓人驚艷的是二〇二一年十一月，她與朋友前往水漾森林。水漾森林是位於嘉義與南投山區之間的一座堰塞湖，九二一大地震後，嘉義石鼓盤溪上游因河道受阻，形成堰塞湖，杉林因長期泡水頹圮枯死，在水中倒映出凋亡之美，故稱「水漾森林」。

從南投杉林溪出發，走一趟水漾森林，要爬升四百二十公尺高度，來回走上二十公里崎嶇難行的山路，甚至要背負重裝在山上度過一夜，對於沒有受過登山訓練，或者平常缺乏運動的人來說，是一趟艱辛的天堂路。「這一趟走來還真是累人，好險有登山協做、領隊幫忙，我們省去背負一堆裝備，不過還是很累。」她笑說累歸累，卻很享受在山上的感覺。

不過，像他們這些曾經受到塵爆重大傷害的傷友，傷勢雖然恢復，但適合進行登山這一類高風險的活動嗎？林相好表示，由於平常還是保持運動習慣，因此水漾森林之行，身上的疤痕並未帶來影響，也沒有高山症問題。不過由於身上的疤痕，導致她排汗無法如同一般人，她會怕熱、怕曬，因此平常進行登山活動，特別是夏天，也會有身體不適的狀況。所以這一次他們選擇十一月前往位於中高海拔山區的水漾森林，就是盡可能避免自己怕熱、怕曬的風險，她是有經過考量後的選擇。

## 重回實驗室的陳培源

就職於台灣檢驗科技股份公司（SGS），擔任工程師的陳培源，目前繼續在SCS服務。他給我的印象是相當內向的大男孩，採訪的過程，一直給我一股安靜沉穩的感覺，因此聽他說原本公司讓他擔任文書工作，是他努力爭取，才回到原本的實驗室單位，著實讓我很驚訝，我以為他會像大部分安靜沉默的大眾，摸摸鼻子就算了。

積極的態度，顯示他對這份工作的喜愛，而他的爭取，是靠著努力復健，藉由不支薪幫忙來熟練技術，最後達到公司要求才回到原本的崗位上。目前他的雙手靈巧度已經符合公司要求，但是他仍繼續找時間回新北聯醫，針對手跟臉進行雷射治療，特別是雙手，希望自己能夠精益求精。

「疤痕現在都還在，不過都適應了。」只可惜疫情爆發後，三級警戒下使得新北聯醫的「燒燙傷復健暨急性後期照護中心」也暫時停止雷射、心理、復健等相關的醫療服務，他也暫時放下治療。

## 奇蹟男孩吳聲宏

同樣也因為疫情關係而停止了雷射、心理、復健治療的還有吳聲宏、林佩琁、黃品慈等人。奇蹟男孩吳聲宏，也是受訪的八仙塵爆傷友中，傷勢相對嚴重的一位，他因為腦傷而造成行動不便、語言障礙。我對他最初的印象是來自媒體採訪，看著他搖頭晃腦，一個字接著一個字用力發聲回答問題時，總是中心不忍。所幸實際採訪時，他的情況已進步很多。在行動、語言等方面，他的狀況比我所認知的腦傷患者更加良好、進步。採訪剛開始時，他還秀了一手給我看，當時他正在做核心肌力的復健，身體四肢不斷地抖動，仍空出一隻手擺出ＹＡ！的手勢，展現出二十多歲大男孩的頑皮。

吳聲宏大多在桃園地區就近治療與復健，雖然知道新北聯醫的照護中心有提供復健、雷射治療，但是礙於居處較遠、行動不便，只好忍痛放棄。直到二〇二〇年夏天，他才陸續前往新北聯醫三重分院及板橋分院的照護中心，進行高壓氧、針灸、雷射治療、復健。

當時照護中心復健科的林昀毅醫師為他做斷層掃描，發現腦部並沒有太的差異，但是吳聲宏還是覺得高壓氧治療帶來很大幫助，「體力變得比較好，最重要是給我信心，我比較敢嘗試比較困難的復健動作。例如推輪椅，不用任何輔具行走。」只可惜疫情爆發後，他無法前往照護中心，只好在家裡自行復健，利用瑜珈墊做核心運動，或是拄著助行器在社區中庭練習走路。

「疫情時有比較多時間，不用每天趕著去醫院，可以在家練習更多生活上需要的動作。」他笑說以前為了趕時間，常常依賴尿壺，現在上廁所大多可以靠自己走進廁所解決。

這一段時間除了在家運動，他也繼續從事音樂歌詞創作，陸續發表在YouTube頻道、Line平台上。他在音樂老師依拜維吉的建議下，邀約其他八仙傷友到錄音室，為他創作的歌曲〈I do'nt care〉錄製MV。這支影片由他主唱，其他傷友在副歌時幫忙和音，其中還有曾經擔任城市小姐的林佩璇。

## 城市小姐林佩璇

林佩璇是我第二位採訪的傷友，採訪之前我先與林昀毅醫師討論她的狀況，而與所有人一樣，聽完後，內心的感受就只有難過與不捨。後來我陸續前往新北聯醫採訪醫護人員，總會看見一位女孩坐在輪椅上，對著每一位經過的人微笑，我猜那就是林佩璇吧。

林佩璇是八仙塵爆中，受傷程度也是相對嚴重的一位傷友，與黃博煒是嚴重燒及四肢而必須截肢有所不同，她的傷害主要是因為敗血症導致腦中缺氧而受傷，腦傷讓其行動、飲食、說話，甚至連呼吸都受到嚴重影響。儘管後續治療改善了病情，但在行動、說話方面，仍有很大的困難，因此採訪時主要以林媽媽邱蕙娟女士的詮釋為主。

事實上不管任何時候，每一次到新北聯醫時都能看見到她，不知道還記不記得我？她總是保持著微笑，不論對方認不認識。我不清楚她對未來有什麼樣的明確想法，但一看到那溫暖人心的笑容，相信當下的每一刻，她是開心的，開心的活著、笑著。

腦傷的關係使得林佩璇的治療一直都沒有停下腳步，她繼續前來新北聯醫進行高壓氧、雷射治療以及復健，一直到三級警戒時才暫停一陣子。當警戒降到二級時，她又馬上回到新北聯醫進行治療，在時間上大多是與其他傷友錯開。另外她也前往南京東路上陽光基金會的台北重建中心，繼續進行生活起居需要的肢體復健。

## 疤痕男孩黃品慈

黃品慈是八仙塵爆中，疤痕最厚，疤痕成熟最慢的傷友，即使到了今天，每一星期還是持續在新北聯醫進行雷射治療，因此他從事時間較為彈性的攝影工作，只不過疫情爆發三級警戒時，很多活動都取消，他也不得不停下工作。一直到三級警戒解除，十月底，大眾開始熱絡舉辦活動才又開始拍攝。

除了無法工作，三級警戒時他與其他傷友一樣，也暫停了雷射治療及復健。隨後，三級警戒解除，新北聯合醫院照護中心也恢復心理、雷射治療，他也回新北聯醫治療，至於復健則是自行去健身房訓練，加強肌耐力。

說起黃品慈，一定要提到黃媽媽吳霈華女士。當時在規劃採訪人選時，林醫師就強烈建議一定連同黃媽媽一起採訪，他認為：「黃媽媽非常熱心，總是把照護中心當作大家庭，可以說是家屬代表。」不只是黃媽媽，其實從二〇一六年六月開始，當新北聯醫的「燒燙傷復健暨急性後期照護中心」掛牌成立，家屬的陪伴與關懷就是照護中心常見的風景，只是當我著手進行採訪時，大多傷友已經畢業離開了照護中心，因此我能採訪到的家屬就剩下林佩璇的媽媽與黃品慈的媽媽。

## 不可忽視的第三者聲音

實際採訪時，我確實感受得到林媽媽與黃媽媽確實是指標人物，她們的分享代表了大多數傷友家屬的心聲。而與黃媽媽的對談，也拼湊出很多黃品慈不為人知的一面。

黃品慈是一個內向的孩子，害羞、不善於表達，特別是問到與家人相處的狀況，有時候他的回答會避重就輕。可以感受到他不太想讓家人擔心，因此很多事未必會與家人溝通，誠如他所說的：「家人陪伴我，應該很辛苦吧！回家後父母要幫我換藥，還要忍受疼痛時，我的情緒起伏。現在我狀況比較好，他們還要體諒我，體諒我不愛說話。」

不止他自己有如此認知，與黃媽媽一談後，更能感受到他「悶葫蘆」的個性，反而讓家人更擔心；而家人因為擔心所表現出的關懷，則讓黃品慈更悶了，如此一來成了惡性循環，他們彼此帶給對方壓力，無形中也互相傷害。

這是外人很難幫忙解開的結，但是黃媽媽做了突破，不只是受傷前期，黃品慈需要幫忙時盡可能的幫助他，到了後期照護，當黃品慈已經能夠自行處理醫療問題時，她仍來醫院關心。雖然黃媽媽多次表示，來醫院是因為她同時也很關心其他傷友的後續治療情形，幫忙分享相關醫療資訊，甚至尋找醫療資源。然而明眼人都知道，這一群傷友之中，有一位她的兒子黃品慈，而這一份關心，勢必又讓黃品慈的壓力更大。

儘管如此，我認為黃媽媽的「多一份」關心是有必要的，因為黃媽媽確實把新北聯醫當作一個大家庭，把每一位來治療、復健的傷友，以及年輕的醫護人員當作自己的孩子，這一份對全體的關心，適度分散了黃品慈的壓力。

黃媽媽說自己是個「雞婆」的人，即使因為疫情關係，使得她無法再與其他傷友、家屬在醫院相聚話家常，但是她仍透過電話、通訊軟體 Line，盡可能去了解每個傷友的現況。

## 「他們」跟我們一樣

所有八仙塵爆的傷友，一直以來都致力於將「八仙」的標籤從身體上撕下來，讓自己更像一般人，然而不管他們多努力，身上的疤痕都讓外界總是戴著異色眼鏡看著他們。一直到二〇二一年五月新冠疫情在社區爆發感染，全國發佈三級警戒，一場新的災難降臨。

這段時間他們與一般大眾一樣，在工作、生活上遇到了異變，必須嘗試改變生活、工作方式來因應疫情。然而有些時候傷友比其他大眾更加不便，像黃博煒、黃品慈等都遇到工作被迫停止的狀況，而像林佩璇、吳聲宏、陳培源等還有雷射治療、復健需求的傷友，在疫情期間也被迫停止治療，一直到今天，還有些傷友需要相關的醫療資源而不可得。

而比起八仙塵爆，這一次災難的來臨，他們不再受到外界的關注，很多生活、工作、醫療的不便，都需要靠自己的力量才能克服。他們用佈滿疤痕的雙手拔除眼前的荊棘，依照自己的方式，在新冠疫情尚未退散的今天，重新學習適應著新的災難。

# 自灰燼中綻放：一場名為八仙塵燃的震撼教育

2022年6月初版　定價：新臺幣590元
有著作權・翻印必究
Printed in Taiwan.

| | |
|---|---|
| 編者 | 財團法人賑災基金會 |
| 撰文 | 張錦德、倪汝枋 |
| 叢書主編 | 李佳姍 |
| 校對 | 林志璁、張錦德 |
| 封面設計 | 林芷伊 |

| | |
|---|---|
| 出版者 | 聯經出版事業股份有限公司 |
| 地址 | 新北市汐止區大同路一段369號1樓 |
| 叢書主編電話 | (02)86925588轉5320 |
| 台北聯經書房 | 台北市新生南路三段94號 |
| 電話 | (02)23620308 |
| 台中辦事處 | (04)22312023 |
| 台中電子信箱 | e-mail：linking2@ms42.hinet.net |
| 郵政劃撥帳戶第 | 0100559-3號 |
| 郵撥電話 | (02)23620308 |
| 印刷者 | 文聯彩色製版印刷有限公司 |
| 總經銷 | 聯合發行股份有限公司 |
| 發行所 | 新北市新店區寶橋路235巷6弄6號2樓 |
| 電話 | (02)29178022 |

| | |
|---|---|
| 副總編輯 | 陳逸華 |
| 總編輯 | 涂豐恩 |
| 總經理 | 陳芝宇 |
| 社長 | 羅國俊 |
| 發行人 | 林載爵 |

行政院新聞局出版事業登記證局版臺業字第0130號

本書如有缺頁，破損，倒裝請寄回台北聯經書房更換。　ISBN 978-957-08-5857-0 (平裝)
聯經網址：www.linkingbooks.com.tw
電子信箱：linking@udngroup.com

國家圖書館出版品預行編目資料

自灰燼中綻放：一場名為八仙塵燃的震撼教育/財團法人賑災基金會編．張錦德、倪汝枋撰文．初版．新北市．聯經．2022年6月．392面．14.8×21公分
ISBN 978-957-08-5857-0（平裝）

1.災難救助 2.塵爆 3.緊急醫療救護

575.87 110008107